# 경험 설계자

## 이 책에 쏟아진 찬사

"성공한 모든 기업은 곧 고객 경험이 정말 중요하다는 것을 깨닫게 될 것이다. 이 책은 고객들을 위해 변화를 만들고자 하는 모든 리더들을 위한 로드맵을 제시한다."

《이것이 마케팅이다 This Is Marketing》 저자 세스 고딘 Seth Godin

"이 책은 새로운 리더뿐 아니라 최신 사례에 대해 알고 싶어 하는 베테랑들에게도 완벽하다. 쉽게 읽을 수 있으며, 고객의 목소리를 어떻게 받아들이고 처리해야 하는지 그리고 고객의 니즈와 여정을 어떻게 최전선에 전달하는지에 대한 새로운 아이디어를 풍부하게 제공한다. 나는 당장 내일 만날 고객들에게 적용할 수 있는 다섯 가지 새로운 아이디어를 얻었다."

《고객 경험 3.0 Customer Experience 3.0》 저자 존 굿맨 John Goodman

"나는 이 책을 우리 팀을 위한 교재로 사용하고, 연구할 주제들을 선정하여 토론할 것이다. 이를 통해 지식을 향상시키고 팀워크를 개선하여 우리의 비즈니스관행에 적용할 수 있는 실행 가능한 전략을 찾고자 하는 목표에 더욱 다가갈 수 있을 것이다. 이 책은 비용 대비 효과가 뛰어나며, 고객 경험 전문가라면 반드시 구비해야 할 필독서이다."

데브라 벤트슨 Debra Bentson, 카이저 병원 Kaiser Permanente 수석 인력 관리 매니저

"고객 경험에 관한 책은 많이 있지만, 이 책만큼 훌륭한 책은 드물다. 전문성이 풍부하고 숙련된 작가가 쓴 글을 읽고 그 교훈을 적용하면 고객 경험을 이끄는 데 필요한 모든 것을 배울 수 있을 것이다. 이 책을 적극 추천한다."

샌번 앤 어소시에이츠 Sanborn & Associates, Inc. 회장이자 《우체부 프레드 The Fred Factor》 및 《CEO도 반하는 평사원 리더 You Don't Need a Title to Be a Leader》 저자 마크 샌본 Mark Sanborn

"이 책은 제목 그대로 회사의 고객 경험 향상에 집중하는 리더들을 위한 책이다. 만약 회사의 CX를 향상시키고자 노력하고 제대로 굴러가게 하고 싶다면, 이 책은 매우 실용적이고 조직적이며 도움이 되는 도구가 될 것이다. 당장 활용하자!"

《고객 경험 : 무엇을, 어떻게, 왜 지금 Customer Experience: What, How and Why Now》 저자
돈 페퍼스 Don Peppers

"브래드는 이 업계의 전문가이며 성공적인 고객 참여, 유지 및 확장의 핵심을 탁월하게 분석한다. 그는 기업이 성숙해지는 과정의 모든 단계에 적용해 볼 수 있도록 효과적인 고객 경험에 대한 명확한 경로를 제시했다."

에어 튜터 Air Tutors 설립자 겸 CEO, 하싼 알리 Hasan Ali

"이 책에서 브래드 클리블랜드는 통찰력과 실전 경험에서 우러나온 깊이 있는 지식을 놀라울 만큼 명확하고 체계적으로 전달한다. 복잡한 고객 경험의 본질을 쉽고 명확하게 풀어내어, 현업 전문가뿐만 아니라 업계에 관심 있는 모든 이들에게 꼭 필요한 지침서가 되어준다. 이미 많은 경험을 쌓은 전문가들에게도 새로운 시각과 영감을 줄 수 있는 책으로, 자신 있게 추천한다."

전남대학교 경영대학 교수, 정기주

"우리 도시는 많은 사람들이 작은 마을과 야외 레크리에이션 경험을 찾으면서 폭발적인 성장기를 겪고 있다. 바로 이럴 때 우리의 시민, 사업주 및 관광객 같은 고객들에 대한 집중력을 잃기 쉽다. 브래드의 책은 고객 경험에 대한 우리 시청의 헌신을 다시 한번 강조하기에 딱 좋은 때에 발간되었다. 이 책은 전략적 계획, 조직 구조 및 성공에 대한 끊임없이 성찰하고 이를 구현하는 데 있어 소중한 도구이다."

아이다호 선밸리 Sun Valley, Idaho 시장, 피터 헨드릭스 Peter Hendricks

"브래드의 책은 경험이 풍부하고 신뢰할 수 있는 컨설턴트의 작품으로서, 고객 경험의 다양한 측면을 탐구하는 방법을 명확히 알려준다. 모든 수준의 전문가들에게 유용하도록 잘 만들어진 이 지침서의 사례 연구들과 많은 주요 권장 사항들을 즐겁게 읽을 수 있었다. 많은 아이디어와 이를 구현하는 접근 방식으로 이뤄진 이 책의 구조는 전략적 CX 목표에 계속 집중할 수 있는 연속성의 실마리를 제공한다. 또한 당장 활용할 수 있는 핵심적인 내용들이 넘쳐난다."

MBA, 서비스 트리아드Services Triad 공동 설립자 및 SOCAP 캐나다 지부 이사,
피에르 마크 자스민Pierre Marc Jasmin

"브래드는 자신의 방대하고 다양한 산업 경험과 전문지식을 밀접하게 연결하여 급성장하고 있는 고객 경험 분야에 적용했다. 오늘날, 고객 기대가 지속적으로 증가하는 환경 속에서 생존, 경쟁 및 성장을 추구하는 모든 기업의 모험을 건 투자는 그 어느 때보다 활발하게 일어나고 있다. 이 책에 자세히 설명된 개념, 전략 및 전술을 면밀히 검토하고 적용함으로써 CX 분야 리더들은 최고의 자리를 차지할 수 있는 가능성을 확보할 수 있을 것이다."

인사이트 중동 두바이Insights Middle East, Dubai 사장, 도미닉 제이 키내건Dominick J Keenaghan

"고객 경험이 중요하다는 사실은 알지만, 어디서부터 시작해야 하는지 막막한가? 이 책을 통해 브래드 클리브랜드는 바로 이와 같은 질문에 대답하고 있다. 이 책은 성공적인 고객 경험 계획을 이끄는 데 필요한 광범위한 단계와 절차에 대한 필수 가이드다."

토이스터 퍼포먼스 솔루션스Toister Performance Solutions, Inc. 사장 제프 토이스터Jeff Toister

"이 중요한 변화의 시기에, 이 책은 조직이 미래로 가는 성공적인 길을 찾는 데 도움이 될 것이다. 훌륭한 고객 경험을 제공하는 데는 각자가 역할을 가지고 있으며, 이 책은 관련 원칙들을 명확하게 설명하고 이해하기 쉽게 적용하도록 도와준다."

오드 매그너스 바스태드 Odd Magnus Barstad 고객 센터 및 외부 영업 책임자 및
If P&C 보험(핀란드, 스웨덴, 노르웨이, 덴마크) 보험금 청구부서 책임자, 안나 토이카 Anna Toikka

"지금은 과거 그 어느 때보다 모든 조직들이 의미 있는 최고 수준을 유지하기 위한 혁신을 해야만 하는 시기다. 이 책은 고객의 목소리를 듣고, 직원을 참여시키며, 고객이 좋아하는 제품과 서비스를 제공하기 위한 단계별 접근방식을 설명하고 있다."

라디오 플라이어 Radio Flyer CEO, 로버트 패신 Robert Passin

# 경험 설계자

## LEADING THE CUSTOMER EXPERIENCE

고객을 끌어당기는
입소문 전략

브래드 클리브랜드
윤태수 옮김

유엑스 리뷰

나의 어머니,

애니 클리브랜드Annie Cleveland께 바침

## 목차

서문 ... 14
시작하기에 앞서 ... 16

## Part 1
# 경험 설계의 기반

### 제 1장 차별화의 시작, 고객 경험 ... 30
- 고객 경험의 핵심 개념을 정립하라 ... 36
- 검증된 프레임워크로 경험설계를 시작하라 ... 43
- 고객 경험 관리팀을 만들어라 ... 45
- 비전과 목표를 명확히 정의하고 전달하라 ... 50
- 고객 경험을 실패로 이끄는 함정을 피해라 ... 55

### 제 2장 팀 몰입 전략 ... 59
- 직원 몰입 기반을 구축하라 ... 61
- 개인의 목적의식을 강화하라 ... 64
- 고객 경험 중심의 조직 문화를 조성하라 ... 68
- 품질 표준을 고객 경험 비전에 연계하라 ... 80
- 직원의 소리를 적극적으로 수렴하라 ... 84

# Part 2
# 경험 설계의 체계화

## 제 3장  피드백의 전략적 활용                    96
고객의 관점에서 문제를 분석하라                    99
피드백을 성과로 연결하는 시스템을 만들어라         104
고객의 소리를 전략적으로 극대화하라                111
핵심성과지표를 설정하고 지속적으로 추적하라        125
피드백 프로세스를 평가하라                         131

## 제 4장  고객 서비스의 가치 혁신                 134
현재 서비스 가치를 객관적으로 평가하라             137
변화하는 고객 니즈를 반영한 서비스 전략을 수립하라  141
치명적인 고객 불만 인부터 우선 해결하라            145
유기적인 고객 접근 채널을 설계하라                 154
고객 서비스의 전략적 가치를 실현하라               163

# Part 3
# 경험 설계의 프로세스

## 제 5장  고객 인사이트 획득과 활용               170
고객의 이야기를 효과적으로 전달하는 기술을 만들어라  172
능숙한 고객 경험 교육자로 성장하라                 179
고객 여정 지도를 전략적으로 활용하라               181
인사이트 도출을 위한 보조 도구를 적극 사용하라      195
모두가 참여하는 조직 문화를 조성하라                198

## 제 6장  프로세스 및 기술 최적화 — 202

고객 경험 데이터를 시각화하라 — 205
고객 경험 중심 프로세스를 설계하라 — 209
기술의 잠재력을 활용하라 — 215
고객 경험 관리 필수 도구 체계를 구축하라 — 224
변화 관리를 체계적으로 실행하라 — 230

# Part 4
# 브랜드 옹호 문화와 제품 -서비스 통합 모델

## 제 7장  고객 옹호 문화 구축 — 238

고객 옹호의 정의를 조직 차원에서 정립하라 — 241
직원을 통해 더 많은 옹호자를 육성하라 — 247
옹호 문화를 부서 간 확산하라 — 251
브랜드 옹호자를 예우하라 — 257
브랜드 평판 강화를 위한 모멘텀을 만들어라 — 264

## 제 8장  제품과 서비스 혁신 실행 — 268

모두의 참여로 혁신 아이디어를 수집하라 — 271
필요하다면 과감히 다른 길을 택하라 — 276
제품-서비스 통합 모델을 개발하라 — 281
비효율적 요소를 지속적으로 제거하라 — 285
거버넌스 체계로 혁신 속도를 가속화하라 — 293

# Part 5
# 지속 가능한 고객 경험 관리

## 제 9장　데이터 기반 고객 경험 투자 전략　298

　투자 결정을 위한 6가지 핵심 요소를 주시하라　300
　개선 활동의 이익 극대화를 위한 비용편익 분석 도구를 사용하라　307
　현상유지 편향에 따른 리스크–비용 요소를 도구에 반영하라　316
　투자 건전성을 입증하라　324
　전략적 운영 예산을 확보하라　331

## 제 10장　경험 설계의 선순환 구축　336

　최고 수준의 리더십을 추구하라　338
　데이터와 직관을 결합한 의사결정 전략을 활용하라　341
　성과를 축하하고 팀의 사기를 올려라　343
　스스로에게 묻는 3가지 질문　345
　지속 가능한 다음 여정을 설계하라　346


감사의 말　350

참고 문헌　354
용어 해설　356

## 서문

마침내 세상에 나왔다.

지금까지는 고객 경험을 열정적으로 실천해온 사람들은 두 가지 종류의 책들 중에 하나를 선택해야 했다.

한 종류의 책들은 대부분 전통적이고 일화적인 이야기를 통해 CX Customer Experience (고객 경험)가 비즈니스와 그 팀에 가져올 수 있는 차이를 다루고 있다. 또 다른 종류의 책들은 굉장한 통계적 기법을 활용해 회사가 CX에 투자함으로써 얻는 가치를 정량적으로 측정하려는 연구를 기반으로 한 주제를 다룬 것들이다.

어느 접근방식에도 전혀 문제가 없다(사실, 나는 전자의 경우에 해당하는 책 몇 권을 집필했고 후자에 해당하는 주제의 중대성을 파헤치는 것을 좋아한다). 하지만 개인적인 견해로는, 아직까지 어떠한 책도 훌륭한 고객 경험을 창출하고 제공함으로써 회사가 실현할 수 있는 중대한 영향력의 양면 모두를 충분히 담아내지 못했다고 생각한다.

첫 번째에 종류의 책들은 회사가 투자와 집중을 결정하는 데 필요한 충분한 증거를 제시하지 못했다는 비판을 받는다.

두 번째에 종류의 책들은 바쁜 임원들이나 일선에 있는 관리자들에게는 접근성이 떨어지는 방식으로 기술되어 있어, 실제 적용이 쉽지 않다.

왜 "마침내"라는 표현을 썼을까.

그 이유는 브래드 클리브랜드가 자신의 놀라운 경험과 깊이 있는 통찰을 바탕으로 우리에게 매력적인 이야기를 전달하면서도, 동시에 고객 경험에 대한 논거를 입증하는 데 필요한 통계적 검증을 갖춘 연구를 공개하고 있기 때문이다.

그는 독자들이 이해하기 쉬운 따뜻하고 매력적인 스타일로 모든 리더가 실행할 수 있는 세부적인 단계별 계획을 제시하며, 탁월한 고객 경험을 통해 경쟁 우위를 확보할 수 있도록 돕는다.

이 책은 단순히 고객 경험만을 다룬 책이 아니다. 현재 고객들의 조회 수를 늘려가면서 고객의 생애가치를 높이는 방법에 대한 '사용자 설명서'와 유사하기에 CX 전략을 실행하려고 할 때마다 매번 이 책을 선반에서 꺼내어 자주 참조할 것이라고 장담한다.

작가, 연설가, 컨설턴트로서의 경력을 시작하기 전까지, 나는 전 세계적인 방송국에 출연하는, 소위 잘나가는 영화 평론가였다. 아주 가끔 나는 '반드시 봐야 하는 영화'를 발표했고, 영화를 좋아하는 사람이라면 누구나 표를 사서 그 영화를 봐야 한다는 점을 강조했었다.

이제 나는 브래드 클리브랜드의 책에 대해서도 그와 비슷한 추천을 하고 있다. 이 책은 아주 간단히 말해 필독서이다. 고객 충성도를 높이고 고객 경험을 통해 수익성을 확대하고자 하는 비즈니스 종사자와 및 모든 사람들은 반드시 이 책을 읽고 적용해야 한다.

스콧 매케인Scott McKain
〈더 디스팅션 인스티튜트The Distinction Institute〉 CEO 및
《최고의 고객 경험The Ultimate Customer Experience》 저자

―――――― **시작하기에 앞서** ――――――

"1층에서" 경력을 시작했다는 오래된 표현이 있다. 내 경력은 1층 아래에서 시작되었다. 이러한 점을 나는 아직도 감사하게 생각하고 있다.

부연 설명을 하자면…

대학 시절 나는 전기통신과 컴퓨터 시스템을 제공하는 회사에서 파트타임으로 일하며, 처음으로 진짜 직업을 갖게 되었다. 나는 말단 직원으로서 통신 케이블을 설치하는 임무를 맡았고, 이는 비좁고 먼지가 많은 공간을 기어서 조금씩 통과해 나아가야 한다는 것을 의미했다. 손전등의 불빛 밖으로 후다닥 도망 다니는 작은 생물들이 날 반겼고, 뜨거운 유틸리티 파이프를 지나, 거미줄과 온갖 다양한 쓰레기들에 얼굴을 들이밀어야 했다.

더럽고 힘든 일이었다. 나는 때때로 (소리를 지르거나 욕설을 하는 식의) '코칭'을 받곤 했다. 케이블을 잘못된 방식으로 설치하거나 고정하는 경우에는 몇 달 또는 몇 년 후에 고장이 발생할 수 있었다. 욕설을 통해 내가 받은 메시지는 내가 하고 있는 일이 정말 중요하다는 것이었다.

오래 지나지 않아, 나는 고객 대면 업무를 맡게 되었다. 컴퓨터나 사무실의 전화 터미널을 설치하고 고객들에게 전화를 걸거나 메시지를 보내는 방법을 알려주는 업무였다. 그 당시에, 나는 카라가 있는 셔츠를 입고 미소를 짓도록 훈련받았다. "너의 열정이 고객들의 걱정을 덜어내고, 심지어 새로운 시스템을 사용하는 것에 흥미를 가지게 될 정도로 도움이 될 거야"라고 한 고위 설치 관리자가 말했다. "그리고 저 스크린에 있는 지문 좀 없애. 나는 얼룩의 흔적조차 보고 싶지 않다."

내가 이 회사로 온 몇 년 후, 이 회사는 수년 동안 시장에서 1위를 차지했지만, 더 큰 회사에 흡수되었고 결국 폐업을 하게 되었다. 내가 알기로는, 회사는 내가 근무했던 회사를 비롯한 여러 유통업체들이 다시는 회복하지 못할 만큼 심각하게 품질이 떨어지는 제품을 생산했다. 그리고 그것이 내가 고객 경험에 대해 배운 또 다른 교훈이 되었다. 그렇다, 제품 자체도 중요하다.

그 이후 30년 동안, 나는 초급에서 최고 경영자까지 다양한 직책을 맡아왔다. 나는 다른 회사의 리더에게 조언하도록 위임된 컨설턴트로서, 또한 내가 이끌었던 회사의 성과를 궁극적으로 책임져야 하는 리더로서의 양쪽 측면 모두의 일을 해왔다. 나는 글로벌 위기 같은 불경기, 호황기 등을 모두 거치며 리더십 역할을 해왔고, 나의 의사 결정이 직원들, 고객, 비즈니스 파트너 및 내 경력에 미치는 중요성을 깨달았다.

아주 좁게만 느껴졌던 공간들을 기어 다니며 보낸 초창기 시절, 나는 언젠가 1층으로 올라가기를 바랬다. 그 당시의 나는 향후 내 경력이 45개 주와 60개 이상의 국가들(줌Zoom을 통해 일했던 또 다른 5개국 포함)에서 일하게 될 것이라고는 전혀 예측할 수 없었고, 이 글을 쓰는 현재 각 업계에서 순고객추천지수NPS가 가장 높은 회사들의 70% 이상이 나와 일을 하게 될 것이라고는 꿈에도 몰랐다. 나는 그저 열린 문을 통해 걸어 들어갔을 뿐이다. 나는 이러한 경험들과 그동안 많은 사람들로부터 많은 것을 배울 수 있었던 기회들에 대해 무척 감사하게 생각한다.

매년 경험을 통해, 나는 배운 것을 빠르게 비즈니스 수행 방법으로 만드는 것이 얼마나 중요한지 실감하게 되었다. 다양한 회사들이 당면 과제들, 기회들, 진화하는 고객 요구들에 어떻게 대응하는지를 바로 직접 볼 수 있던 것이었다. 나는 가장 효과적인 리더들에게서 나타나는 특성이 겸손함이라는 것 또한 알아냈다. 그들은 자신들이 미래를 완벽하게 예상하지 못한다는 것을 알고 있다. 그들은 자신이 모르는 것이 있다는 것을 인지하고 있고, 적극적으로 고객, 직원, 동료, 자문단의 의견을 경청한다. 그러면서 항상 방법을 찾아내고, 배우려고 한다. 내가 예전에 보아왔던 것들보다 훨씬 더 많은 변화들이 세계의 거의 모든 지역에서 그리고 거의 모든 회사 내에서 발생하고 있다. 인공지능, 데이터 분석, 모바일 기술, 소셜 연결성Social Connectivity 등의 발전은 제품, 서비스 및 고객 기대치의 빠른 변화를 이끌고 있다. 고객의 니즈와 관점은 나날이 진화하고 있다. 다음 달이나 내년에 무슨 일이 일어날지 안다고 확신하는 사람은 스스로를 바보로 만들고 있는 것이다. 하지만 리더로서 우리는 앞으로 무엇이 다가오고 있는지 미래를 내다보고 준비해야 한다. 우리는 무슨 일이 발생해도 작동할 수 있는 원칙에 입각한 리더십에 대한 접근이 필요하다.

나는 고객 경험에 집중하는 것이 이전보다 훨씬 중요해졌기에 이 책을 쓰게 되었다. 유례없는 경제적 난국을 헤쳐나가면서 지금 이 시대보다 우리의 노력이 결실을 맺는 것이 더 중요한 시대는 없었다. 고객 경험은 포용적이고 포괄적이어야 하며, 거의 매번 실패하는 일률적인 처방이 아닌 효과가 있는 원칙에 기초해야 한다. 그리고 그것은 회사, 고객, 독특한 브랜드에 맞게 작동해야 한다. 성공을 이끄는 것은 원칙에 기반한 리더십이지, 최신 프로그램이나 지표에 휘둘리는 것이 아니다.

### 경영학 트렌드는 사라지지만 탄탄한 원칙은 살아남는다

고객 경험에 관한 새 책의 저자로서, 이상하게 들릴 수도 있는 예측을 하나 해보고자 한다. 나는 '고객 경험'이라는 용어가 사라질 것이라고 확신하고 있다. 지난 수십 년 동안 정말 많은 조류가 오고 가는 것을 보아 왔다. 이를테면, 목표 관리MBO, 전사적품질경영TQM, 비즈니스 프로세스 혁신BPR 같은 것들이 있었고, 고객관계관리CRM, 린Lean, 식스 시그마Six Sigma, 고객 성공(기업이 고객이 자사의 제품이나 서비스를 통해 성공하도록 돕는 접근법) 등이 여전히 혼합되어 사용되고 있다.

경영방식의 조류는 금세 구시대적인 것으로 변할 수 있다. 왜 그럴까? 때때로 글로벌 이슈가 과거의 방식과 새로운 현실 사이에 경계를 만든다. 9/11 테러 사건, 2008/2009년 금융위기, 2020/2021년 코로나19 펜데믹 등이 그 예이다. 또한, 지역, 산업 또는 혼란을 초래하는 변화도 비슷한 영향을 미친다. 어떠한 경우라도, 진정한 리더들에게는 항상 앞을 내다보고자 하는 타고난 갈망이 있다. 우리는 모든 것을 잘 알고 싶어 하며, 급변하는 세상 속에서 비전을 갖춘 사람이 되고 싶어 한다.

이름과 라벨은 언제든지 바뀔 수 있다. 하지만 고객 경험을 선도하고자 하는 목표와 원칙은 사라지지 않을 것이다. 우리가 다루는 기본적인 원칙들은 번영과 투쟁의 시기에 상관없이 작동한다. 그 원칙들은 결코 유행에 뒤처지지 않을 것이다. 그것들을 배우고, 실행하고, 연습하고, 다른 사람들에게 가르치면, 앞으로 무엇이 다가오든 직면할 준비가 될 것이다.

### 세계는 고객 경험 리더를 필요로 한다

고객 경험 리더십이 지금보다 더 중요했던 적은 없었다. 거기엔 여러 가지 이유가 있지만, 다른 모든 이유보다 더 중요한 네 가지를 언급하려고 한다. 그중 하나는 직관에 반하는 것처럼 보일 수도 있다.

### 이것은 독특한 여정이다

효과적인 리더십이 중요한 이유 중 하나는 올바른 접근방식을 찾는 것이 각 회사마다 독특한 여정이기 때문이다. 훌륭한 고객 경험을 창출하는 '답안'을 쉽게 얻을 수 있다면 리더십은 중요하지 않을 것이다. 하지만 현실은 포괄적이거나 사례연구, 벤치마킹과 같이 많은 사람들이 찾는 일률적인 접근방식들이 효과가 없다는 것이다.

다른 회사의 영감적이고 고무적인 스토리들은 오히려 우리를 좌절시킬 수도 있다. 아마존Amazon의 강력한 기술 플랫폼, 에미레이트 그룹 Emirates Group의 모범적인 서비스(일등석 승객 전용 리무진), 그리고 2020년 초 줌의 성공적인 스케일업Scale-up 등의 스토리를 아는 것이 중요하다.

하지만 나는 이러한 기업들이 달성한 성공과 동일한 내용적 맥락이나 헌신 없이 그저 모방하려고만 하는 회사들을 너무 많이 보았다. 한 제조업체의 매니저가 "우리는 가전제품의 애플이 되고 싶다."고 말했지만, 애초에 그말은 말이 되지 않았고, 나는 그들이 애플과 닮아가기 위한 조치를 취하고 있다는 증거를 거의 찾지 못했다.

대부분의 리더들은 결코 그런 수준에 도달할 수 없다며 낙담한다. 그들은 할 수 있다. 하지만 그들의 고객과 회사에 맞게 사용할 수 있는 고객 경험에 대한 접근방식을 형성하지 않고서는 그럴 수 없다. 또한, 다른 사람들로부터 배울 수 있어야 하고 배워야만 한다. 자 이제, 아마존, 애플 또는 에미레이트가 아닌 자신에게 맞는 답을 찾아보도록 하자.

### 고객의 기대는 빠르게 진화하고 있다

고객 경험 리더십이 매우 중요한 또 다른 이유는 고객과 그들의 변화하는 니즈 때문이다. 고객들은 어떤 회사의 제품 또는 서비스의 혁신을 보거나 경험할 때, 다른 회사들에게도 변화를 기대하기 시작한다. 고객들이 이제 무엇이 가능한지 알게 된 것이다. 효과적인 리더십은 회사가 여기서 한 발짝 더 나아가도록 하는 데 있어서 매우 중요하다.

리더로서, 끊임없이 고객들이 필요로 하고 기대하는 것을 재평가하고 재조정해야 한다. 훌륭한 고객 경험을 제공한다는 것은 무엇일까? 그 해답은 항상 빠르게 진화하며, 위험부담이 크다. 고객들이 겪은 좋지 않았던 경험을 다른 많은 사람들에게 전달하기란 쉽다. 하지만 현대의 연결된 세계에 속적으로 훌륭한 고객 경험을 전달한다면 강력한 친구가 될 것이다.

### 고객 경험은 회사에게 막대한 영향을 끼친다

수준 낮은 고객 경험을 제공하면 엄청난 대가를 치러야 한다. 선택권이 있다면, 고객들은 다른 곳으로 옮겨갈 것이며, 불만족스러운 고객 경험을 주변에 퍼뜨릴 것이다. 이는 브랜드 가치의 훼손, 직원 불만 등으로 이어질 수 있다. 고객 경험을 제대로 활용하지 않으면 생존 자체가 위협받을 수 있다.

다행히 강력한 긍정적 측면이 있다. 고객 경험 개선은 단지 고객뿐만 아니라 회사에도 상당한 보상을 가져온다. 더 나은 고객 경험은 효율적인 운영, 직원 참여, 제품 및 서비스의 혁신을 촉진한다.

### 고객 경험 활동의 이점은 널리 알려져 있다

잠깐, 뭐라고? 그렇다. 역설적이지만, 고객 경험개선의 가장 큰 걸림돌은 그 활동들이 너무 광범위하다는 점이다. 거의 대부분의 회사들이 고객 경험에 관해 이야기하고 있으며, 올바른 방법론과 원칙들을 채택했다고 믿고 있다. 고객들의 인지적인 측면으로만 본다면 이러한 활동들은 극도로 성공적이라고 볼 수 있지만, 실제적인 결과는 매우 다른 문제이다.

고객 경험이라는 개념이 세상을 휩쓸면서 수백 명의 컨설턴트와 연구원들이 시장에 책, 교육 프로그램, 그리고 다양한 방법론들을 시장에 쏟아냈다. 고객 경험 시장은 어수선해졌고, 나는 문제점들이 나타나는 것을 보았다. 그중 하나가 회사들 내부의 분열된 노력들이다. 한번은 어떤 보험 회사 내에 각각 다른 방법론과 목표를 가진 세 가지나 되는 고객 경험 계획이 있다는 점을 발견한 적이 있었는데, 결과는 좋지 않았다.

또 다른 문제는 종종 광범위한 노력을 추진하지 않는 팀을 중심으로 고객 경험 계획이 통합되고 있다는 점이었다. 복잡한 실행 계획, 세부 전략 및 난해한 용어들 때문에, 회사 전체에 걸쳐 타 부서들을 끌어들이기보다 배제하게 되는 결과를 낳았다.

효과적인 리더들은 이 혼란을 극복한다. 그들은 고객 경험이라는 것을 이해할 수 있는 것으로 만들고 관련된 모든 사람들이 자신의 역할을 정확히 알 수 있도록 한다. 그들은 더 나은 고객 경험을 위한 회사 내의 노력들을 조정하여, 계획들끼리 서로 상충되어 격리되거나 배타적이 되지 않도록 한다.

## 이 책에 대하여

이 책을 시작하기 전에 알아야 할 몇 가지가 있다. 전체적인 구조와 스타일을 이해하는 데 도움이 될 것이다.

이 책은 대화 형식으로 구성 되어 있다. 코건 페이지의 편집장인 케시 스위니가 이 프로젝트를 하며, 독자들이 쉽게 이해하고 접근할 수 있는 고객 경험 책을 만들고자 했다. "유용한 정보들은 아주 많죠. 하지만 대다수는 세부적인 주제들에 너무 집중되어 있거나 너무도 기술적이에요"라고 그녀가 말했다. "새롭게 떠오르는 유명한 리더와 커피를 마시며 나눌 대화는 어떨까? 어떤 이야기를 나누고, 어떤 실질적인 가이드를 제공할까? 피해야 할 함정은 어디에 있을까?"

이 책은 당신이 어떤 역할을 맡고 있든 도움이 되도록 설계되었다. 고위급 리더, 강력한 접근방식이 필요한 스타트업을 운영하는 기업인, 또는 마케팅, 제품 개발 또는 고객 서비스와 같은 기능적인 영역의 리더라면 이 책은 도움이 될 것이다. 아니면 경력을 시작했을 때의 나 같은 위치에 있는 사람일 수도 있다. 당시의 나는 이러한 주제들에 대한 모든 것들을 닥치는 대로 읽거나 들었다. 이 책은 고객 경험에 관심이 있는 바로 당신을 위한 것이다. 자신이 어느 위치에 있든, 미래에 어디 위치에 있고 싶던지 상관없이 바로 도움이 되길 바란다.

이 책은 모든 산업과 회사에 적용 가능하다. 이 책에서 다룰 원칙들은 중소기업에서 대기업에 이르기까지 모든 산업과 회사에 적용할 수 있다. 자신이 속한 회사가 민간 영역, 정부 기관, 비영리 단체든, 고객이 내부, 외부, 또는 둘 다이든 이 책은 유용하다. 또한, B2B Business-to-Business 또는 B2C Business-to-Consumer일 수 있고, 조합일 수도 있다. 어떤 상황이든 선도적인 고객 경험의 원칙은 적용된다. 책 전체에 걸쳐 광범위한 예시들을 들었다.

**그림 0-1** 5가지 주요 테마

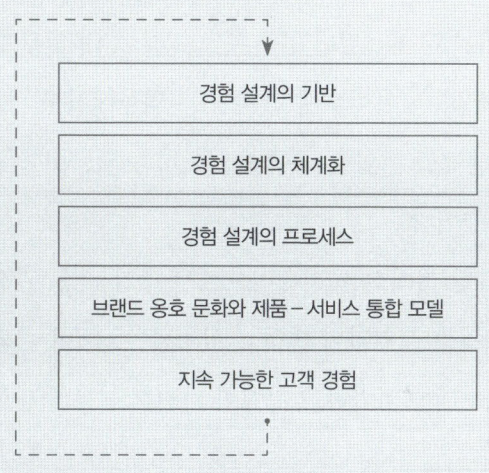

이 책은 사용하기 쉬운 안내서로 설계되었다. 이 책은 다섯 가지 주제를 다루며, 각 주제는 두 개의 장으로 구성된다. 각 장은 서로를 기반으로 하며, 주제들은 서로 연관되어 있다. 각 장은 전체 접근방식의 일부로서 중요한 역할을 하므로, 이를 염두에 두고 읽를 권장한다. 각 장에는 핵심 권장 사항이 포함되어 있으며, 각 장의 끝에 요약이 되어 있고, 책의 마지막 부분에도 모아두었다. 이 책의 모든 내용을 한꺼번에 구현하라고 조언하지는 않지만, 주요 구상 몇 가지를 진행 하고자 할 것이다. 이 책은 이를 지원하기 위해 세부적인 내용을 제공하며, 현재 위치해 있는 지점의 전반적인 목록 작성에 도움을 줄 것이다.

### 지속적인 추구

회사는 모든 단계의 리더를 필요로 한다. 나는 첫 직장에서 내가 보고해야 했던, 약간은 어설펐던 감독관들 덕분에 내 업무가 지닌 가치에 대해 많이 배웠고, 그 이후에 맡은 모든 역할에서도 마찬가지였다. 궁극적으로 매일매일 사람들 사이에 일어나는 일들이 성공과 실패의 차이를 만드는 것이다.

나는 고객 경험 리더십을 지속적으로 추구할 것을 권장한다. 고객의 니즈와 뉘앙스는 끊임없이 변하고 있지만, 이 책이 신뢰할 수 있는 가이드가 되어 문제를 파악하고 자신이 가진 기회를 최대한 활용할 수 있기를 바란다.

나와 함께 해 주셔서 감사하다는 말씀을 드린다. 자, 이제 시작해보자!

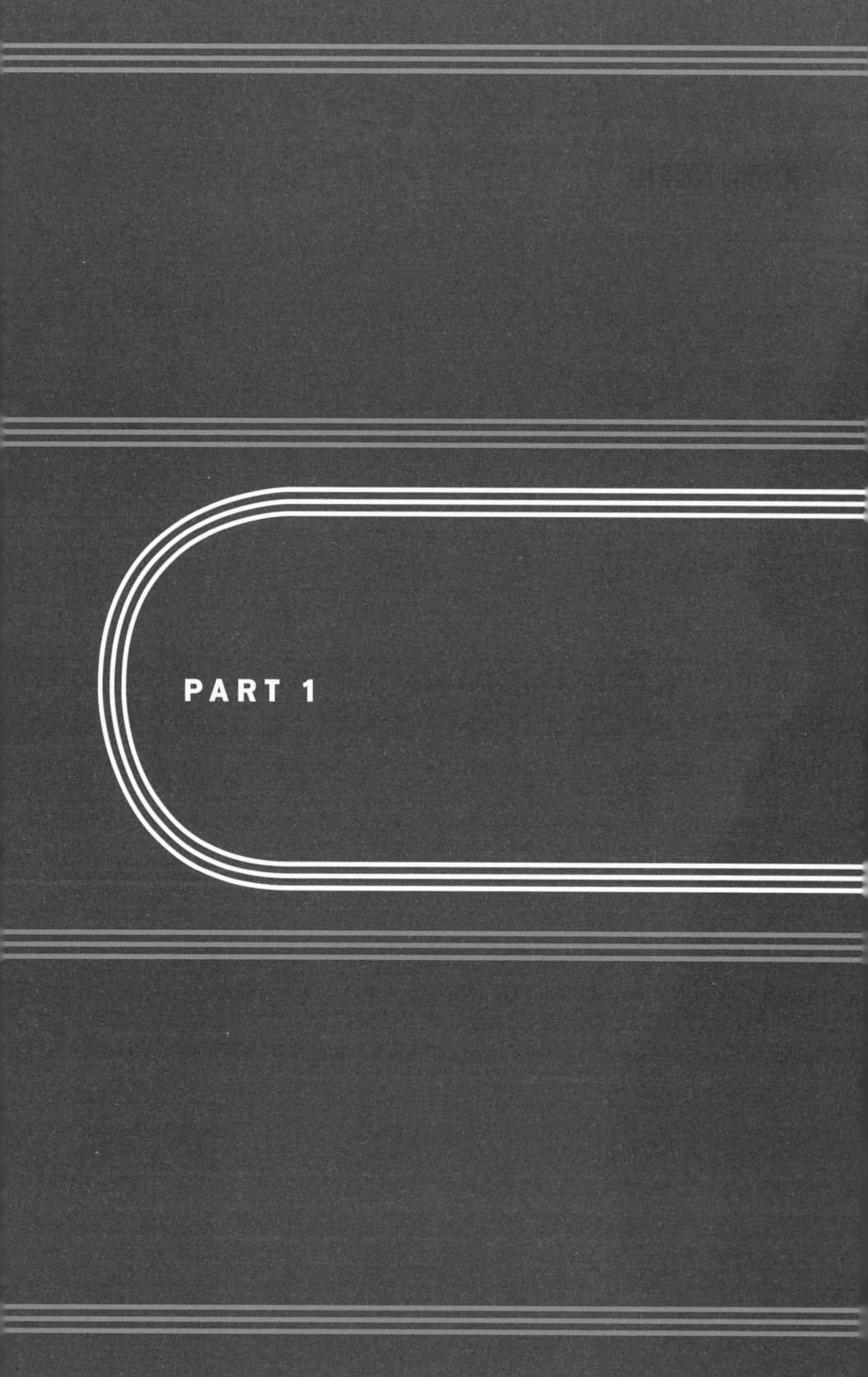

# 경험
# 설계의
# 기반

제1장

# 차별화의 시작, 고객 경험

고객 경험Customer Experience을 위한 서비스는 마치 전쟁터의 참호에 있는 것처럼 첨예하게 그 성패가 갈린다. 내가 경험했던 컨설팅 프로젝트를 통해 하나의 예를 보여드리고자 한다.

당시 나의 컨설팅 업무는 빠른 속도로 성장하고 있는 신생 회사에 일련의 워크숍을 제공하는 것이었다. 토론토에 본사를 두고 있고, 비즈니스용 소프트웨어 패키지를 개발하고 공급하는 회사였는데, 그들은 뛰어난 고객 경험을 제공하는 것에 전념하고 있었고, 그들의 혁신적인 소프트웨어 제품들은 해당 산업을 선도하고 있었으며, 그에 걸맞은 최고의 지원을 하고자 노력하고 있던 시점이었다.

워크숍은 고객의 기대치와 그 기대치가 어떻게 진화하고 있는지에 대한 내용이었다. 회사 측은 자신들이 이 부분에서 앞서 있는지 확인하고 싶어 했다. 마케팅, 기술 지원, IT, 그리고 다른 부서들의 관리자들이 세션에 참가했다. 사전에 나는 이 부분에 대한 평가와 측정을 위해 회의에 참석했고, 임직원들과의 대화를 통해 그들의 기업문화에 대한 힌트를 얻기 위해 며칠을 함께 보냈던 터였다. 깊이 관찰할수록, 나는 더 많은 의문에 부딪히기 시작했다.

예를 들어, 전화, 채팅, 기타 채널을 통해 고객 서비스와 기술 지원을 담당하고 있는 회사의 지원센터는 명백한 비일관성을 보였다(고객 경험의 개념은 고객 서비스Customer service의 개념보다 더 광범위하지만, 우리는 곧 그 개념을 파악할 수 있을 것이다). 당시 부서 관리자는 내게 자신들이 수수께끼 같은 난제와 씨름하고 있다고 말했다. 대부분의 고객 기술 지원 담당자들은 고객 응대에 평균 10분에서 12분을 사용하고 있었다. 한 영업 담당자의 평균 처리 시간은 20분이 넘었는데, 이는 다른 담당자의 두 배에 해당하는 시간이었다. 부서 관리자는 내게 이것이 정상적인 것인지 물어봤다. "우리는 고객들에게 확실하게 좋은 응대를 제공하고 싶은데, 한계가 있는 걸까요?"

나는 그날 오후에 직원들과 대화를 하고 고객지원 관련 통화 내용을 듣는 데 시간을 할애했다. 한 직원은 고객들의 이메일을 수십 개씩 프린트하여 자신의 칸막이용 벽에 붙여두고 있었다. 한 고객은 "훌륭한 서비스에 정말 감사합니다!"라고 말했고, 다른 고객은 "당신이 저희를 구해주셨네요"라고 쓰기도 하였다. 누가 가장 고객 응대 시간이 길었을까? 바로 그 직원이었다!

"그는 약간 수다쟁이예요"라며 그의 한 동료가 나에게 속삭였다. 또 다른 직원은 "지는 저 사람보다 하루에 두 배나 더 많은 고객을 도와드리고 있습니다"라고 말하기도 했다. 내가 문제의 고객 응대 담당자에게 말을 걸었을 때, 나는 그가 자신의 일을 무척 사랑한다는 것과 단지 뛰어난 서비스를 제공하고 싶어 한다는 것을 명백하게 느낄 수 있었다. 그들의 업무량을 조절하고 계획하는 역할을 하는 직원은 '만약에' 시나리오를 몇 가지 실행하고 있었는데, 만약 문제의 고객 기술 지원 담당자의 처리 시간이 표준이라면, 비용 면에서 고객 경험의 성공 가능성을 위험에 빠뜨릴 수 있다고 여겼다.

그날 오후, 나는 부서 관리자에게 돌아갔다. "제가 어떻게 해야 할까요?" 그녀에게는 몇 가지 선택권이 있었다. 하나는 그 문제에 대한 상한선을 정하고 지키는 것이었다. 만약 상담 상한 시간을 넘기면 경고를 받는 식이었다. 하지만 그러면 상담에 가장 긴 시간을 할애하는 고객 기술 지원 담당자는 자신이 최고의 서비스를 제공하는 사람이라고 항의할 것이고, 아마 회사를 그만둘지도 몰랐다. 더 최악의 경우는, 여전히 회사에 남아 여전히 회사에 남아 팀의 사기를 저하하는 등 주변 환경에 악영향을 끼칠 수도 있다는 것이었다.

몇 가지 다른 의문들이 있었다. 그들은 어떻게 평균 시간으로 11분이 옳다는 것을 알 수 있을까? 어떻게 그들이 정하는 시간의 상한선이 적당하다는 것을 알 수 있을까? 11분은 너무 길 수도, 혹은 짧을 수도 있다. 그것은 단지 시간일 뿐이다. 평균이라고 해서 반드시 좋은 목표인 것은 아니다.

그녀는 결국 매우 현명한 접근법을 고안해냈다. 소수의 직원들로만 구성된 작은 팀을 구성했는데, 거기에는 응대 시간이 긴 문제의 담당자도 포함되어 있었다. 그녀는 그들을 긴 테이블이 있는 회의실로 불러, 색인 카드와 마커를 주며 말했다. "우리가 받는 가장 흔한 고객 문의 유형을 파악하고, 각 유형별로 해결 단계를 카드에 적어 순서대로 배열해

보세요." 그녀는 몇 시간 후에 돌아와, 테이블에 체계적으로 정리된 카드들을 보았다. 지원 관련 업무에서 취할 수 있는 전형적인 경로를 반영하며 여러 갈래로 나뉘어 있었다.

그녀가 "무엇을 발견했나요?"라고 묻자 상대적으로 고객 응대 시간이 짧은 한 직원이 먼저 입을 열었다. "저는 반복되는 고객 문의를 확률적으로 최소화할 수 있는 몇 가지 단계들과 조치를 하지 않고 있다는 것을 깨달았어요. 알게 되어서 좋았고, 몇 가지를 수정하고 싶습니다."

다음으로 고객 응대 시간이 긴 문제의 그 담당자가 말했다. "글쎄요, 저는 분명히 다른 직원들이 안내하고 있지 않은 기능과 특징들을 고객들에게 안내하고 있어요. 때로는, 고객의 질문과 직접적으로 관련되지는 않을 때도 있지만, 제가 응대한 고객들은 항상 고마워해요. 많은 사람들이, '와, 저는 이 소프트웨어에 이런 기능이 있을 줄은 전혀 몰랐어요!'라고 말하기도 합니다".

이제서야 그들은 문제의 핵심에 다가가고 있었다. 활발한 토론 끝에 이 담당자와 그의 동료들은 그가 기본적으로, 단순한 기술 지원을 넘어 개인화된 교육을 제공하고 있다는 사실을 알게 되었다. 하지만 그들은 모두 고객들이 이러한 정보들을 필요로 한다는 점에 동의했다.

몇 달 후, 고객 지원 센터를 다시 방문했을 때, 그곳의 분위기가 열정적으로 변했음을 알 수 있었다. 모든 직원들의 응대 시간이 그들이 느끼기에 합리적이라고 생각하는 수준으로 줄어들었고, 팀은 구체적인 서비스 품질 표준을 개발했다. 그러나 내가 가장 흥미로웠던 것은 고객 경험을 개선하기 위해 그들이 내놓은 전략이었다. 그 팀은 다음을 포함한 새로운 계획에 참여하고 있었다.

- 제품 개선책
- 사용자 가이드 및 온라인 콘텐츠 개선
- 사용자의 편의를 더 잘 전달할 수 있는 마케팅 계획
- 고객 간 도움을 주고받을 수 있는 고객 커뮤니티 구축 및 지원

고객 지원 담당자들은 회사 전체의 이러한 업무 그룹에 매달 몇 시간씩을 할애하는 것을 즐기고 있었다. 한때 고객 응대 시간이 길었던 직원은 고객을 위한 온라인 비디오와 참고 사항을 개발하는 일에 참여하고 있었는데 이 일을 좋아했다. "우리는 지원을 요청하는 고객뿐만 아니라 모든 고객에게 도움이 될만한 일들에 집중하고 있습니다!"

=="나는 이 이야기처럼 영웅이 악당이 되는 경우를 많이 봐왔다. … 한때 존재했던 창의성, 인간성, 즐거움이 빠져나가는 것이다. 바로 이 지점에서 훌륭한 고객 경험은 사라지기 시작한다."==

당신의 회사는 규모, 산업 또는 중점 사항 등에서 이 회사와 매우 다를 수 있다. 그럼에도 불구하고, 모든 회사는 고객 경험의 공통적인 특성을 겪고 있을 것이다. 다시 그들의 이야기로 돌아가기 전에 먼저, 이 책의 나머지 부분이 어떻게 구성되어 있는지 설명하고자 한다. 각 장의 모든 주요 소제목은 권장 사항이며, 고객 경험 계획의 일환으로 실행해 보기를 바란다. 각 장은 5가지 권장 사항을 요약한 것으로 마무리된다.

"세상에, 너무 많은데!"라고 생각할 수도 있다. 그렇다. 고객 경험에

는 정말 많은 것들이 있다. 단계별로 차근차근 다뤄보도록 하자. "공식에 따르면 성공적인 고객 경험을 얻을 수 있을까요?"하고 물어볼 수도 있다. "이 책은 요리책 같은 건가요?" 아니다. 고객 경험이 단순히 올바른 재료를 올바른 방식으로 혼합하는 문제라면, 효과적인 리더십이 그렇게 많이 필요하지도 않았을 것이다. 당신은 고객과 회사에 적합한 결정을 내려야 하며 그 해답은 다른 사람들과는 다를 수밖에 없다.

따라서 이 책은 요리책처럼 방법을 제시하는 것이 아니라 의사 결정을 하고 우선순위를 정하는 데 명확한 기준을 세우고 초점을 맞출 수 있도록 조언을 제공하는 가이드북이다. 친절한 조언 몇 가지를 드리고자 한다.

- 다음 주 화요일까지 50가지 권장 사항을 모두 실행하려고 하지 말 것.
- 압도되지 말 것. 이건 하나의 여정이다.
- 권장 사항과 비교하여 회사의 현 위치를 파악하는 목록을 작성할 것.
- 이 장의 권장 사항을 시작으로 몇 가지 주요 권장 사항을 실행할 것.
- 지원 체계를 구축하고 다른 사람들을 참여를 유도할 것.
- 진행 과정을 추적하고 성과를 축하할 것!

자, 이제 시작해보자.

## 고객 경험의 핵심 개념을 정립하라

첫 번째 권장 사항이다. 고객 경험을 이끄는 첫 번째 단계는 고객 경험이 실제로 무엇인지를 이해하는 것이고 팀원들도 똑같은 방식으로 이해하고 있는지 확인하는 것이다.

대부분의 고객 경험에 대한 정의는 '접점'을 언급하고 있다. 즉, 고객 경험은 고객이 회사에 대해 가지고 있는 모든 접점의 총합이라는 것이다. 개인적으로 나는 이러한 정의에 동의하지 않는다. 이러한 정의가 많은 사람들을 혼란스럽게 한다는 사실을 발견했고, 사람들이 접점의 의미에 너무 갇혀있다고 생각한다. 매장에서 발견되는 마케팅 작품이나 상호작용을 떠올리면 충분히 쉽게 파악할 수 있을 것이다. 하지만 인터넷 검색, 친구들이 건네는 의견들, 제품 리뷰들 및 다른 많은 요소들은 어떠한가? 이러한 요소들은 조직과 직접적인 관련은 없지만, 조직에 대한 사람들의 인식에는 영향을 미친다.

그래서 나는 더 단순하고, 덜 설명적인 다른 접근 방식으로 가보고자 한다. 나는 고객 경험(이하 CX)을 다음과 같이 정의한다.

**(잠재) 고객이 회사에 대해 듣는 모든 정보.** 어떤 것들은 귀사의 마케팅 부서로부터 나온 것이다. 그러나 직원들, 다른 고객들 또는 기타 이해 관계자들(비평가, 리뷰어 등)로부터도 많은 정보가 나온다.

**제품 및 서비스에 대한 모든 상호작용.** 여기에는 판매 전후 상호작용,

고객 지원, 제품 및 서비스에 대한 이해와 사용의 용이함, 그리고 제품 자체가 포함된다.

**조직에 대해 고객들이 궁극적으로 받는 느낌.** 결국 고객은 조직에 대한 전반적인 느낌을 갖게 된다. 그것은 평온함, 자신감 또는 재미일 수도 있고, 스트레스나 두려움일 수도 있다. 많은 경우에 있어서, 이 부분은 복합적이다.

그림 1-1 고객 경험은 무엇인가?

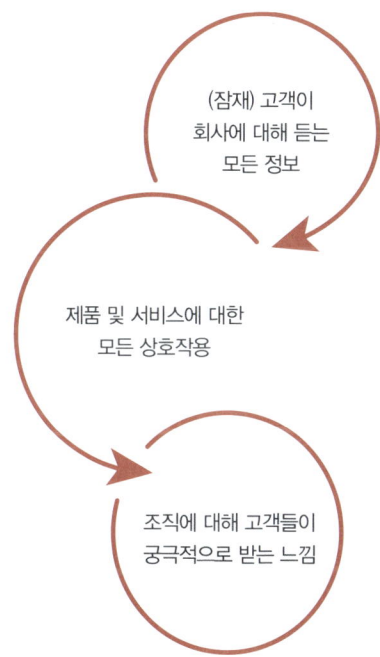

잠재 고객들이 조직에 대해 듣는 모든 정보를 제어할 수 있을까? 물론 그럴 수 없다. 하지만 좋은 점을 얘기하는 경향이 있는 지지 고객층을 만들 정도로 일을 잘할 수는 있지 있을까? 물론이다!

이 부분을 정의하는 데 있어서 고객 경험의 세 가지 공통적 특성을 요약하는 것이 도움이 된다는 사실을 알게 되었다.

고객 경험은 많은 사람들이 생각하는 것보다 훨씬 크기도 하고 작기도 하다. 즉, 고객 경험은 제품 자체, 고객 서비스, 기술 플랫폼보다도 더 중요하다. 고객 경험은 그 모든 것을 아우를 정도로 매우 크다.

또한 고객이 마지막으로 나눴던 상호작용이기도 하다. 나는 한때 즐겨 찾는던 단골 식당의 닭요리에서 사람 머리카락을 발견한 적이 있다. 30년이 지난 지금까지도 난 그 식당을 재방문하지 않고 있다. 사실 어떤 광고를 볼 때마다 나에겐 그 경험이 떠오른다. 얀 칼슨Jan Carlzon은 스칸디나비아 항공Scandinavian Airways 전(前) CEO이자, 오늘날 이뤄지는 고객 경험에 관한 많은 연구에 선구자 역할을 했던《진실의 순간Moments of Truth》의 저자이다. 그는 종종 고객들이 비행기 좌석에 있는 접이 식탁의 청결 상태를 보고 유지보수 서비스의 품질을 판단할 것이라고 직원들에게 상기시켰다. 커피 자국이 묻어있다면? "이런, 엔진 관리는 잘하고 있으려나."

> "모든 노력에도 불구하고 단 한 번의 상호작용만으로도 고객에게 조직에 대해 잊을 수 없는 인상을 남길 수 있다."

만약 당신이 팀이나 부서를 이끌고 있지만 회사 전체를 책임지는 자리에 있지 않다고 해서 변화를 만들 수 없다고 생각하지 마라. 현재 위치에서도 변화는 가능하다. 예를 들어 CEO 또는 최고고객책임자CCO:

Chief Customer Officer라서 모든 부분을 결정할 수 있다고 하더라도, 현재 하고 있는 노력이 끝이 아니라는 점을 명심해야 한다. 개인별로, 팀별로 고객 경험을 실행해 봐야 한다.

고객 경험에 관해서는 리더가 알고 있는 것보다 상황이 안 좋은 경우가 많다. 이러한 특성이 예외적이라고 생각할 수도 있지만, 불행히도 몇 가지 이유 때문에 매우 흔하게 나타나는 현상이다.

그 이유 중 하나는 불만족스러운 소비자들은 회사에 불만을 제기하지 않을 수 있다는 점이다. 그렇다. 그들은 친구들과 주변 사람들에게 나쁜 경험에 대해 얘기하거나 소셜 미디어에 부정적인 댓글을 달 수도 있다. 반면에 해당 회사에 불평하는 것은 별로 도움이 되지 않을 것이라고 느낄 수도 있다. 아니면 그들은 그렇게 하는 것이 번거롭다고 생각해 시도조차 하지 않을 수도 있다.

존 굿맨John Goodman은 저서 《고객 경험 3.0Customer Experience 3.0》에서 빙산 효과iceberg effect라고 부르는 현상을 언급하고 있다. 그의 연구에 따르면 많은 기업들이 문제를 겪고 있는 고객들 중 극히 일부 비율(1~5%)에 대해서만 인식하고 있는 것으로 나타났다. 따라서 10건의 불만이 접수 됐다면, 200에서 1,000명의 고객이 겪고 있는 문제에 대해서 아무것도 듣지 못하고 있다는 뜻이다. 어떠한 문제를 회사가 인지하지 못하고 있는 경우 일반적으로 고객 충성도가 20% 정도 감소하기 때문에, 이 10건의 불만 접수 사항은 40~200명의 고객을 잃었다는 의미로 볼 수 있다. 요컨대 고객의 모든 이야기를 듣고 있지 않다는 뜻이다.

**그림 1-2** 빙산 효과

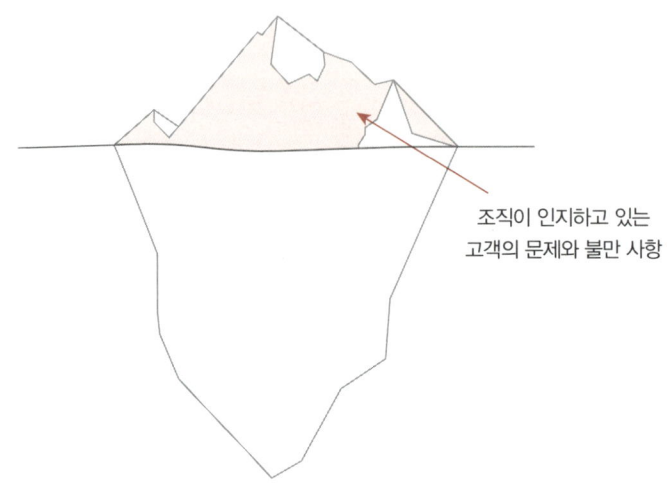

조직이 인지하고 있는 고객의 문제와 불만 사항

또 다른 문제점은 바로 설문조사Survey인데, 이는 비즈니스 환경 전반에 걸쳐 혼재되어 있다. 예를 들어, 빠르고 쉽게 이용할 수 있는 종류의 우버Uber나 리프트Lyft 같은 회사처럼 설문조사를 효과적으로 활용하는 경우도 있다. 하지만 대다수의 기업들은 리더가 필요로 하는 객관적인 정보를 제대로 만들어내지 못하고 있다. 한 가지 명백한 장애물은 바로 우리 모두가 과도한 설문조사를 받고 있다는 점이다. 회사가 아무리 지각 있고, 분별력이 좋다고 하더라도, 고객들은 이미 다른 회사들로부터 막대한 양의 설문조사를 받고 있다. 소비자들은 이미 지쳐있다. 그들이 특별히 기쁘거나 매우 화가 나 있지 않는 한, 대부분의 설문조사는 무시된다.

또 다른 문제는 설문조사를 지나치게 요청하는 경우이다. 내가 차를 정비할 때마다, 담당 어드바이저는 자신들의 성과 측정이 걸려있는 문제라고 말한다. 그런 말들은 효과가 있다. 인간적으로 나의 솔직한 의견이 그 사람에 대한 평가에 반영되기를 원치 않기에, 다른 측면에서 건설적인 피드백을 공유하기를 주저하게 된다. 그리고 가끔은 질문이 너무 엉뚱하다. 최근에 나는 수년 동안 사용해왔던 신용 상태 모니터링 서비스의 오류를 수정하기 위해 매우 번거로운 과정을 견뎌냈다. 많은 시도와 단계를 거쳐 마침내 도움을 줄 수 있는 사람에게 연결됐는데, 매우 훌륭한 분이었다. 상담을 마치고 내가 받은 설문조사 질문은 "만약 당신이라면 이 사람을 고용하시겠습니까?"였고, 나는 "그렇다!"고 답했다. 하지만 해당 상담원까지 연결되는 길고 복잡했던 과정은 설문조사에 반영되지 않았다.

일부 회사는 활용 가능한 데이터를 충분히 활용하지 못한다. 한 가지 문제점은 고객 만족도 점수를 과도하게 일반화시키는 것에 있다. 예를 들어, 고객 만족도가 92%로 보고될 수도 있지만, '다소 만족'과 '매우 만족' 같은 답변을 묶어버리면 되면 문제점을 명확히 파악하기 어려워진다.

이런 문제들은 이후 장에서 다루겠지만, 고객 경험의 전체적 맥락을 파악하지 못하게 될 수 있다.

**고객 경험 개선의 보상은 많은 리더들이 예상하는 것 이상이다.** 몇 가지 좋은 소식이 있다. 고객 경험을 개선하면 놀라운 효과가 나타난다! 그리고 그 효과들은 많은 리더들이 기대하는 수준을 뛰어넘는다.

그중 하나는 회사를 칭송하는 고객들로부터 얻는 마케팅 혜택이다. 이는 목표에 도달하기 위해 필요한 자금을 많이 줄일 수 있다. 하지만 그보다 더 중요한 점이 있다. 끊임없는 고객 경험 개선 노력은 내부 프로세스, 기술 및 서비스 까지 향상시킨다. 예를 들어, 아까 오프닝에서 언급한 이야기 속의 고객 지원센터는 회사로 하여금 직원들을 교육하고, 고객 참고 사항들을 개선하는 데 도움이 되었다. 그들은 고객을 위해 불필요한 서비스 관련 시간 및 관련 비용을 크게 줄였고, 결국 제품 자체의 혁신에도 기여하게 되었다.

따라서 고객 경험은 큰 보상을 가져다줄 수 있다. 하지만 어디서부터 시작해야 할까? 이제 이 책의 나머지 부분을 안내할 프레임워크와 우수한 접근법을 살펴보자.

**그림 1-3  리더십 프레임워크(1장) : 차별화의 시작, 고객 경험**

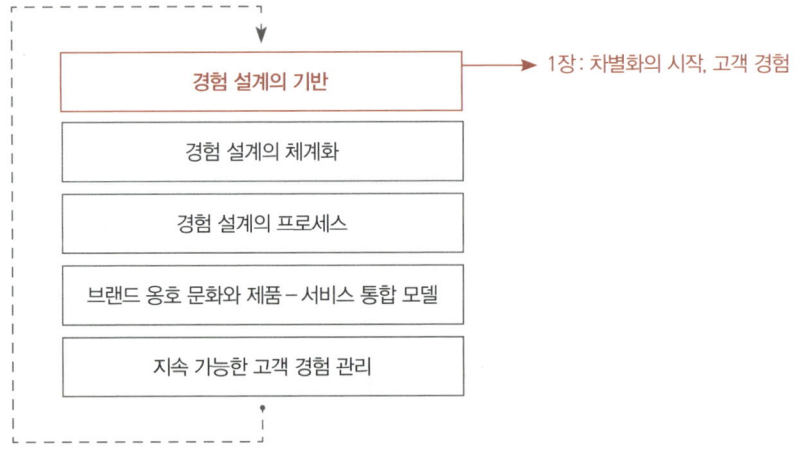

## 검증된 프레임워크로 경험 설계를 시작하라

다음은 내가 고객 경험에 대해 자문할 때 사용하는 간단하고 검증된 프레임워크다. 이 프레임워크는 이 책의 근간을 이루고 있으며, '접근법 수립'으로 시작하는 5가지 주요 주제들로 구성되어 있다. 두 개의 장에서 각각의 주제를 다룬다. 우리가 무슨 내용을 다루게 될지 살짝 엿보도록 하자.

**경험 설계의 기반.** 이 과정은 고객 경험을 이해하고, 비전과 목표를 정의하며, 팀을 참여시키는 것을 포함한다. 다음 장들로 구성된다.
- 제1장 : 차별화의 시작, 고객 경험
- 제2장 : 팀 몰입 전략

**경험 설계의 체계화.** 효과적인 설문조사는 여전히 유효하지만, 우리는 고객 서비스, 직원, 기타 출처를 통해 얻은 통찰력과 피드백이 어떻게 효과적인 '듣기'의 구성 요소가 되는지 살펴본다. 이 섹션에 해당되는 장은 다음과 같다.
- 제3장 : 피드백의 전략적 활용
- 제4장 : 고객 서비스의 가치 혁신

**경험 설계의 프로세스.** 심도 있고 장기적인 개선을 실행하기 전에, 변화를 이끌어낼 방식으로 고객들의 이야기를 전달해야 한다. 또한 고객 경험을 지원하고 확장하기 위한 프로세스와 기술을 구체화해야 한다. 해당 내용의 장은 아래와 같다.

- 제 5장 : 고객 인사이트 획득과 활용
- 제 6장 : 프로세스 및 기술 최적화

**고객 옹호 문화와 제품-서비스 혁신.** 고객 경험 기반으로 구축된 기업 문화는 모든 측면에서 주도적이다. 이상적으로 봤을 때, 회사에 속한 모든 사람은 고객의 니즈를 예측하고 제품 및 서비스의 지속적인 혁신에 기여하는 데 참여해야 한다. 이는 다음 장에 언급된다.

- 제 7장 : 고객 옹호 문화 구축
- 제 8장 : 제품과 서비스 혁신 실행

**지속 가능한 고객 경험 관리.** 변화를 전개하면서 진행 상황을 측정하고, 필요한 경우 조정하며, 성과를 축하하게 될 것이다. 결론에 해당하는 두 장은 다음과 같다.

- 제 9장 : 데이터 기반 고객 경험 투자 전략
- 제 10장 : 경험 설계 선순환 구축

아주 간단하다. 고객 경험은 팀 스포츠이며, 조직의 모든 사람이 자신이 수행하는 역할을 이해하고 있어야 한다. 지속적인 개선에는 고된 작업이 수반되지만, 이 프레임워크는 명확한 계획 수립에 도움을 줄 것이다.

## 고객 경험 관리팀을 만들어라

다음 권장 사항은 핵심 리더십 팀을 구축하는 것이다. 핵심적이라는 것은 고객 경험 종합계획을 안내하고 관리하는 데 직접적으로 관여하는 사람들을 의미한다. 실행에 있어서, 그러한 아이디어들을 실행에 옮길 수 있는 리더들이 필요하다. 헌신적이고 두려움이 없으며, 비전을 가진 리더들이 필요하다.

만약 고객의 여정을 변화시키려 노력하는 상황이라면, 현재의 상황과 항상 해오던 비즈니스 방식에 도전하게 될 것이다. 거의 모든 부서 직원들에게 모든 측면을 검토하며 훌륭한 고객 경험에 대한 장벽과 장애물을 제거하라고 요구하게 될 것이다. 이는 '기존의 업무 방식'을 무너뜨릴 수 있어, 심기를 불편하게 할 수도 있다.

그렇기 때문에 올바른 핵심 리더십 팀을 구축하는 것은 가장 중요한 단계 중 하나다. 안정적인 프로세스로 운영되는 기존 부서와는 달리, 많은 직원들이 CX 리더나 CX 팀에게 무엇을 기대해야 할지 아마 모를 것이다. 지금은 실감하지 못하더라도, 조직 내 많은 이들이 CX 팀이 주도하는 변화에 자연스럽게 영향을 받고, 그 과정에 적극적으로 참여하게 될 것이다.

> "고객 경험 팀을 구성할 때, 이상적인 형태가 있고… 실현 가능한 형태가 있다. 이상적인 형태는 CX 전문가의 권장 사항을 항상 따르는 것이

다. 실현 가능한 형태는? 바로 지금, 자신이 가진 자원으로 할 수 있는 일이다."

## CX 팀 — 이상적인 형태

고객 경험은 최일선에서부터 이사회에 이르기까지 기업문화 전반에 지각변동을 일으킨다. 여기에는 개별 사업부에서 독자적인 노선을 걷거나 대체 전략을 추구할 만한 여지가 없다. 이상적인 형태에서는 한 사람도 빠짐없이 참여해야 한다. 다음은 이상적인 팀에 대한 몇 가지 참고 사항이다.

**C-레벨(최고 경영진)의 고객 경험 챔피언으로부터 시작하라.** 대규모 조직에서는 변화를 위해서 C-레벨급 고객 경험 챔피언이 필요하다. 여기에는 CEO(최고경영자), CFO(최고재무책임자), CMO(최고마케팅책임자) 등이 될 수 있다. 이 사람이 CX 혁명에 필요한 전면적인 변화와 예산을 지원하도록 하라. 고객 경험 챔피언은 고객 중심 문화로의 전환을 주도하고, 협업 목표치를 명확히 하며, CX 계획을 실행할 직원 및 자금 지원에 필요한 자원 할당에 우선순위를 지정한다. 소규모 조직에서는 기업 오너, CEO 또는 핵심 의사결정과 예산 책임을 가진 사람이 챔피언이 될 수 있다.

그리고 강력한 고객 경험 리더를 추가하라. 담당 업무를 주도하고 부서 간 활동, 예산 및 일정을 관리할 사람이 필요하다. 성장하는 조직에서는 CX 챔피언에게 보고하는 CX 관리자를 선정하는 것에서부터 시작할 수 있다. 규모가 더 크거나 성숙한 조직에서는 종종 최고고객책임자 같은 공식적인 직책이 될 수 있다. 소규모 조직에서는 CX 챔피언과 CX 리더를 한 사람이 맡을 수도 있다.

어떠한 경우든지, CX 리더는 고객에 대한 일관성 있는 집중 배양, 목표 및 측정 기준 수립, 도구 수립 등 주요 책임을 맡게 되며 직무 기술서 이상의 일을 하게 된다. 진 블리스Jeanne Bliss는 자신의 저서 《최고 고객 책임자 2.0 Chief Customer Officer 2.0》에서 성공적인 CX 리더는 "특히 일부 리더가 비즈니스 성장과의 연관성에 의문을 제기하는 경우처럼, 업무 속도를 늦추고 위협할 수 있는 의제와 요소를 사전에 탐색하고 발견할 수 있는 사람이 되어야 한다는 통찰력 있는 자격요건을 추가했다.

**팀의 나머지를 구성하라.** CX 챔피언과 CX 리더가 자리 잡으면, 팀의 나머지를 구축할 수 있다. 하지만 누구를? 몇 명이나? 그들의 업무는? 그건 스스로 결정할 문제다. 5억 달러 이상의 매출을 올리는 조직을 대상으로 실시한 최근 설문조사에 따르면, 응답자 65%는 전담 수석 리더와 공식적인 CX 부서가 포함된 팀을 보유하고 있다고 한다. 6명에서 10명의 정규직이 전형적이지만, 더 적거나 더 많을 수도 있다. 많은 조직에서 기존 직무 역할에 CX 책임을 통합하기 때문에 이 수치를 산출하기가 어려울 수 있다.

나는 수십 개의 조직도로 가득 찬 파일을 가지고 있는데, 서로 비슷한 조직도가 하나도 없다. 대다수의 팀은 두 가지의 주제로 구성되는 편이다. 빠른 승리를 가져올 수 있는 방식 혹은 고객 여징 지도 작성, 프로세스 개선 주도와 같은 지속적인 챔임을 가지는 방식이다. 나는 초기에 완벽한 구조를 정의하는 데 집착하지 않을 것을 권한다. 유기적이어야 한다. 그렇다면 무엇을 해야 할까? 목표에 도달하는 가장 효과적인 방법은 무엇일까? 그런 의미에서, 책에 있는 권장 사항들을 훑어보는 것이 좋다. 그런 후에 다시 이 단계로 돌아오라.

### CX 팀─실행 가능한 형태

나는 최근에 1960년대 초 NASA의 엔지니어였던 존 휴볼트John Houbolt의 이야기를 다룬 오디오북을 들었다. 이것은 최근에야 널리 주목을 받는 이야기다. 휴볼트는 1961년 존 F. 케네디 대통령이 "10년 안에 인간을 달에 착륙시키겠다"는 대담한 비전을 선포하며 미국이 달 탐사에 총력을 기울이던 시기의 주요 인물이다.

두 번째 아이디어는 다소 무리가 있는 것이었다. 우주선을 지구의 궤도까지 올려놓고 달로 가는 플랫폼으로 사용하는 것이었다. 휴볼트는 세 번째 대안인 달 궤도 랑데부의 옹호자가 되었다. 달의 궤도로 우주선을 날린 다음 작은 착륙선을 달 표면으로 보내는 것이었다. 이 방식은 이론상 수천 파운드의 연료를 절약할 수 있었다. 그러나 이 방식에는 풀어야 할 커다란 도전 과제가 남아있었는데, 시속 수천 마일로 이동하는 두 우주선이 지구로 돌아오기 전에 먼저 달의 궤도에서 만나야 했다.

휴볼트는 NASA의 초창기에 외로운 싸움을 해야 했다. 처음에는 그의 동료들에게 조롱을 받았다. 하지만 다른 선택들은 실행 불가능한 것으로 판명되었다. 그는 증거자료가 늘어나면서 점점 자신감을 얻었다.

이 시기에 NASA가 다양한 경력의 직원들을 고용하며 성과를 내기 시작한 때였는데, 이는 〈히든 피겨스 Hidden Figures〉와 같은 최근 영화에서 묘사된 이야기다. 휴볼트의 LOR에 대한 확고한 자신감, 그와 그의 동시대인들이 만든 솔루션 덕분에 1969년 7월 20일 아폴로 11호의 승무원들은 달에 착륙했다가 안전하게 지구로 귀환할 수 있게 되었다. 그것은 놀라운 성과였다.

성공적인 CX 계획이 달 착륙만큼 어렵다고 말하려는 건 아니다. 하지만 공원에서 산책하는 것 마냥 쉬운 것도 아니다. 그리고 때때로 가장 가능성이 낮아 보이는 방향이 목표에 도달하게 해주는 길일 수 있다. 나는 국가 행정부가 방침을 바꿔 고객 경험을 획기적으로 개선하는 것을 목격한 적이 있는데, 이 계획은 조직도 상의 아래쪽에 위치한 몇 명의 관리자들이 비전과 끈기를 가지고 시작했던 것이다. 나는 고객연락 센터의 감독자가 관리자가 되고, 부사장이 되고, 이제는 고객 경험 개선을 위한 부서 간 교차적 기능을 총괄하게 된 것을 보았다. 나는 CX 팀과 부서가 전체 조직을 더 나은 길로 이끄는 기폭제의 역할을 하는 성공적인 사례를 많이 보아왔다.

> "나는 성공적인 CX 계획이 항상 일반적인 권장 사항을 따르는 것은 아니라는 것을 계속해서 목격해왔다."

만약 이러한 설명들 중 나에게 맞는 것이 있다면, 비전을 계속 유지하라고 격려하고 싶다. 주장을 펴고, 전진하며, 포기하지 말고, 자신이 가진 것들로 할 수 있는 것을 한 후 어떤 문이 열리는지 보도록 하자.

## 비전과 목표를 명확히 정의하고 전달하라

나는 어떤 회사의 고객 경험 계획을 발표 회의실 뒤편에 앉아, 두 명의 발표자가 75분 동안 개요에 대해 설명하는 걸 들어본 적이 있다. 그들은 30~40개의 슬라이드로 계획의 장점을 설명했고 CX, NPS, CSAT 같은 약어를 사용했으며 설문조사와 응답률에 대해 얘기했다. 차트와 그래프도 보여주었다. 그리고 더 많은 차트와 더 많은 그래프를 보여주었다.

발표가 끝나자 사람들은 줄지어 회의실을 나가기 시작했다. 나는 뒤편에 있었기 때문에 맨 처음으로 회의실을 나갔다. 내 뒤를 따라오던 두 사람이 커피숍으로 향했다. "저거 다 이해돼?" 한 사람이 다른 사람에게 물어보자 그 사람은 "아니"라고 대답했다. "우리 일만 해도 정신없이 바쁜데, 이게 일을 또 만드는 게 아니었으면 해." 그들이 가던 방향을 바꾸자 대화 소리는 멀어져 갔다.

> "올바른 정량적 분석은 확실히 중요하다. 하지만 비전에 있어서는 그렇지 않다. 정량적 분석은 마음과 충성도를 얻지 못한다."

버진 그룹Virgin Group이 창립 당시 높은 순고객추천지수NPS : Net Promoter Score를 목표로 했을까? 일론 머스크가 고객노력지수CES : Customer Effort Score를 신제품 출시의 동기로 언급한 적이 있는가? 아니면 마더 테

레사가 고객만족도CSAT: Customer Satisfaction 측면에서 자신의 일에 대해 논의했을까? 올바른 정량적 분석은 확실히 중요하다. 하지만 비전에 있어서는 그렇지 않다. 정량적 분석은 마음과 충성도를 얻지 못한다.

## 구체적이고 강렬한 비전 수립

직원들을 참여시키고 목표를 조정하며 행동으로 옮기는 데 있어 명확한 비전, 원활한 소통 및 지속적인 추진력은 필수적이다. 비전은 비전 선언문, 사명 선언문, 일련의 가치체계, 중요한 원칙이나 표준을 포함한 다양한 형태를 취할 수 있다. 그러니 비전을 위한 특정한 공식이나 라벨 같은 형식에 얽매일 필요가 없다.

내 동료들은 안경 소매업체 와비 파커Warby Parker의 열렬한 팬이다. 와비 파커는 탁월한 고객 경험 설계로 유명하다. 그들의 사명은 심플하고 강렬하다. "우리는 안경을 사는 것이 쉽고 재미있어야 한다고 믿습니다. 당신의 용돈만으로도 행복하고 멋져 보일 수 있습니다."

한 동료는 자신의 최근 경험을 다음과 같이 설명한다.

"그곳에 가면 친절한 판매직원에게 멋져 보이는 안경에 대한 전문가적인 추천을 받기 위해 기다리는 일이 없어요. 아직 구매할 준비가 되지 않았지만, 내가 가장 마음에 들어 한 제품에 대해 나에게 이메일로 보내주겠다고 알려주기도 했고, 상점에 오지 않고 더 많은 스타일의 제품을 '써보고' 싶을 때는 가상으로 안경을 써볼 수 있는 모바일 앱이 있다고 알려주었죠. 그 앱은 심지어 추천도 하더라구요. 쇼핑몰을 더 둘

러보다 경쟁 브랜드 매장에 가보니, 와비 파커보다 더 비싼 가격을 보고 신이 났어요. 아마 와비 파커 안경 두 개를 살 것 같아요. 하나는 업무용으로, 하나는 주말용으로!"

비전의 몇 가지 다른 예가 있다. 높은 평가를 받는 보험 및 금융 회사인 USAA The United Services Automobile Association는 네 가지 핵심 가치를 기반으로 운영된다. "서비스, 충성, 정직, 진실성." 네 단어가 모여 단순하고 명확한 영감을 준다. 그리고 USAA에서는 네 가지를 기반으로 토론하고 의사 결정에 포함시키기 때문에 강력한 효과를 만든다. 그게 진짜 차이를 만든다.

REI는 아웃도어 장비와 서비스를 제공하는 업체로, 나는 고객 경험을 위한 비전 역할을 하는 그들의 사명을 사랑한다. "우리는 평생의 아웃도어 모험과 자연환경 보호를 위해 영감을 주고, 교육하며, 장비를 제공합니다." 그들은 신입 사원들에게 무엇을 해야 할지에 대한 판단 양식업무 방향성과 영감을 제공한다.

이런 접근은 사기업에만 국한되지 않는다. 호주 연방 정부의 서비스 부문인 '서비스 오스트레일리아'는 "정부 서비스를 단순화 하여 사람들이 일상생활에 집중할 수 있도록 한다."라는 비전을 중심으로 서비스를 간소화하고 개선하고 있다. 이는 이미 좋은 성과를 보이고 있는 명확하고 지속적인 계획이다. 또한 '서비스 BC(브리티시 컬럼비아, 캐나다)'와 미국 보훈처 등 정부 부처들도 변화하는 지역사회의 요구에 부응하기 위해 고객 경험에 강력하게 집중하고 있다.

### 비전Vision, 사명Mission, 가치Values의 예

**와비 파커의 사명**
"우리는 안경을 사는 것이 쉽고 재미있어야 한다고 믿습니다. 당신의 용돈만으로도 행복하고 멋져 보일 수 있습니다."

**USAA의 핵심 가치**
"서비스, 충성, 정직, 진실성."

**REI 핵심 목표**
"우리는 아웃도어의 모험과 자연환경의 보호 관리를 위해 영감을 주고 교육하고 복장과 장비를 갖춥니다."

**서비스 오스트레일리아의 비전**
"정부 서비스를 단순하게 만들어 사람들이 삶을 잘 영위할 수 있도록 한다."

와비 파커, USAA, REI, 호주 정부 등 성공적인 조직은 고객이 원하는 경험을 어떻게 파악했을까? 그들은 고객의 말을 경청하고 이해하려고 노력하며 고객의 행동을 관찰했다. 이렇게 얻은 통찰력을 바탕으로 비전을 수립하고, 고객 경험을 설계 및 실행하며, 성과를 정량화한다. 직원들에게 영감을 주고 비전을 현실로 만들도록 격려하는 것이다.

## 높은 수준의 목표를 찾아낸다

비전이 수립되면, 팀이 올바른 방향으로 가기 위해 사용할 지침을 개발할 준비가 된 것이다. 목표는 자신이 성취하고자 하는 바를 구체적으로 기술해야 한다.

비즈니스 목표는 CX 계획을 정당화한다. 대부분의 조직에서 CX 관련 투자는 CX 원칙 채택이 고객 충성도와 재무 상태를 개선한다는 연구로 뒷받침된 믿음에 기반한다. 그렇기 때문에 비즈니스 핵심성과지표KPI : Key Performance Indicator가 CX 프로그램의 효과를 측정하는 데 있어 친숙해 보일 것이다. KPI는 산업, 성숙도 등 여러 요인을 고려해 조직의 현재 운영 상태를 측정하는 주요 지표다. 예를 들어 연간 고객 이탈 감소, 매출 증대, 고객 수명 가치 향상, 시장 점유율 향상 등이 있다.

고객 경험의 목표는 CX를 성공적으로 개선했는지 측정하는 데 사용된다. 이는 부서별로 다를 수 있으며, 대기 시간, 평균 주문 가격 등 실제 상황을 반영할 수 있다. 일부 목표는 고객 만족도 점수나 고객 경험의 편의성 같은 인식 수준을 측정하며, 어떤 목표들은 반복실행 혹은 실행취소 같은 결론에 이를 수도 있다. 또한 많은 조직이 직원 경험을 주요 목표에 포함시키고 있다.

목표, 정량적 분석법 및 결과에 대해서는 다음 장에서 자세히 살펴보도록 하자. 지금은 설득력 있는 비전과 몇 가지 상위 수준의 목표만으로도 방향을 잡기에 충분하다. 아직은 너무 많은 목표와 정량적 분석법에 매몰되지 않아야 한다. 천리 길도 한 걸음부터다.

## 고객 경험을 실패로 이끄는 함정을 피해라

"고객 경험 계획의 75%가 실패한다!" 자극적인 헤드라인이지만, 이 사실은 사례와 문헌을 조금만 찾아봐도 흔히 발견할 수 있다(실제 추정치는 93%에 달한다). 만약 고객 경험에 집중했던 계획이 실패한다면, 그 대안은 무엇일까? 고객 경험에 집중하지 않는 것? 말도 안 된다. 실제로 조직은 고객 경험에 집중하고 성공을 거두는 것 외에 다른 선택지는 없다.

이 단계에서 직면하는 어려움이 몇 가지 있다. 일부 조직의 리더는 CX를 우선시하지 않으며 CX에 투자하지도 않는다. 그들의 초점은 오직 수익성, 전략적 인수 또는 기타 사항들에 있다. 내 생각에 훨씬 더 어려운 경우는 CX는 아주 중요하다는 립 서비스만 할 뿐, 실제로는 지원을 거의 받지 못하는 경우다. 그들은 CX에 대해 옳은 말은 하지만 지원하지는 않는다. 만약 이 책을 읽는 이가 그런 조직의 일원이라면, 나는 그 마음을 이해한다. 여러분은 가치 있는 싸움을 하고 있다! 부디 버텨내길 바란다! 계속해서 주장해야 한다. 결국 고객 경험에 대해 노력하는 사람은 승리할 수밖에 없다.

CX에 대해 가장 호의적인 환경에서조차 고객 경험은 오해받거나 과소 평가될 수 있다. 나는 몇 가지 진절한 제안을 하고 싶다. 첫 번째로, 적당한 기대치를 갖는 것이다. 때때로 고객 경험이라는 큰 변혁을 향해 가는 데 있어 가장 어려운 부분은 어떻게 시작할지를 결정하는 것일 때가 있다. 2만 명을 대상으로 한 경험 관리 사업을 이끄는 CEO든, 4인으로 구성된 팀에서 열정적으로 일하는 고객 서비스 팀장이든 CX를 어떻게 시작해야 할지 모를 수 있다. 내가 권장하는 것은 이 책에서 다루는 프레임워크를 사용하되 올바른 마음가짐으로 그 틀을 적용해야 한다는 것이다. 고객 경험을 성공시키는 일에는 시간이 걸린다는 예상을 가지고 임해야 한다. 실제로 고객 경험이라는 달리기에는 결승선이 없다. 이는 조직의 정체성을 다듬어 가는 것, 그리고 어떻게 운영해야 하는지 결정해 나가는 지속적 변혁의 과정이다.

> "고객 경험에 대해 말할 때 사용하는 단어도 중요하다. 고객 경험은 프로그램이 아니므로 프로그램이라고 불러서는 안 된다."

프로그램이나 프로젝트는 단기간에 완료되는 노력을 의미한다. 나는 '계획initiative(특정 문제의 해결·목적 달성을 위한 새로운 계획)'이라는 용어를 사용하지만 누구와 이야기하느냐에 따라 그것조차 오해를 살 수 있다. 변혁, 운동, 문화 이동, 심지어 혁명과 같은 단어들이 동료와 직원들과 현실적인 기대치를 설정하는 데 도움이 될 수 있다.

다른 사람들이 충분한 이유 없이 CX에 합류할 것이라고 기대하면 안 된다. 이 여정을 시작하는 데 있어 중요한 것은 고객 경험으로의 변혁이 왜 중요한지를 명확히 하는 것이다. CX가 직원들이 그저 가만히 다음 계획이 나올 때까지 기다릴 수 있는 또 다른 평범한 프로젝트가 되면 안 된다.

현명한 사람들에게 한 가지 더 조언하자면, 아군을 찾아야 한다는 것이다. CEO 역시 고객 경험 업무를 혼자 할 수는 없다. 고객 경험에 대해 타고난 성향을 지닌 주변의 다른 리더들을 생각해 보고 가능한 한 빨리 그들을 참여시켜야 한다.

다행스럽게도, CX에 대한 설득력 있는 사례를 만들기란 꽤 쉽다. 고객 경험을 잘 해내고 있는 조직들이 고객들을 설득하고 시장 점유율을 가져가고 있다. 뒤처진 기업들은 도태될 위기에 처해 있다. 명확한 기대치를 설정하고 강력한 로드맵을 수립하면 성공 가능성이 기하급수적으로 높아질 것이다.

시간이 지나면 노력의 결실을 보게 될 것이다. 원하던 매출, 시장 점유율, 고객과 직원 간 상호작용, 새로운 효율화 방안들 및 기타 주요 목표의 개선이 높은 확률로 이뤄질 것이다. 지금까지 내가 본 모든 사례와 함께 일한 모든 회사의 경험에 따르면, 조직에 대한 고객의 열정은 CX에 대한 접근방식이 얼마나 효과적인지를 보여주는 궁극적인 척도다. 그 열정은 큰 수익으로 이어진다.

더 좋은 고객 경험을 추구한다고 해서 할리데이비슨의 고객들처럼 여러분의 고객들도 문신을 할 거란 보장은 없다. 하지만 조직이 작은 회사든, 스타트업이든, 정부 기관이든, 비영리 단체이든, 다국적 기업이든, 고객들은 자신들의 경험, 비전과 브랜드 사이에서 조화를 느낄 것이다. 제품과 서비스는 큰 반향을 일으킬 것이며, 다른 잠재 고객들에게 회사에 대한 훌륭한 정보를 제공할 것이다.

2장에서는 접근방식을 확립하는 데 필수적인 직원 몰입에 대해 살펴보도록 하자.

**주요 권장 사항**

- 고객 경험의 핵심 개념을 정립하라.
- 검증된 프레임워크로 경험 설계를 시작하라.
- 고객 경험 관리팀을 만들어라.
- 비전과 목표를 명확히 정의하고 전달하라.
- 고객 경험을 실패로 이끄는 함정을 피해라.

# 팀 몰입 전략

    나의 딸 그레이스는 13살이 되던 해, 때 카메라를 샀다. 그레이스는 여러 달 동안 저축을 하며 동네 카메라 가게에서 어떤 모델을 고를지 알아보고 있었다. 그런데 가게 주인이 은퇴하고 사업을 접자 하는 수 없이 코스트코로 가게 되었다. 당황스러울 정도로 다양한 옵션을 마주한 그레이스는 결국 렌즈, 메모리, 휴대용 케이스가 모두 포함된 패키지 상품을 선택했다.

    그레이스는 신이 나서 사진을 찍기 시작했고, 일부 사진은 훌륭했지만, 다른 사진들은 초점이나 색감이 흐릿했다. 나는 단순히 장비 사용법을 익혀가는 과정이라고만 생각했다. 하지만 시간이 흐르면서, 그레이스의 열정은 식어가기 시작했고 카메라는 주로 선반 위에 놓여 있었다. 그러던 어느 주말, 전문 사진작가인 사촌 카이트를 포함한 몇몇 친척들이 우리와 함께 머물게 되었다. 그때 그레이스는 "카메라에 뭔가 문제가 있어요."라고 결론 내렸다. "아마 칩셋이나 렌즈 피팅 문제인 것

같아요."

90일 반품 기한이 한참 지났지만 우리는 카메라를 코스트코로 다시 가져갔고, 그레이스는 서비스 카운터에 있는 사람에게 무슨 일이 일어났는지 설명했다. 그들은 매니저의 허락을 받고 카메라를 즉시 교체해주기로 했다. 그리고 마법 같은 일이 일어났다. 막 근무를 마치고 업무 교대 중이던 카메라 코너의 데본이라는 직원이 그레이스의 새 카메라 포장 풀기, 작동상태 확인, 기본 기능 설명을 돕기 위해 30분 이상을 더 머물렀던 것이다. "너는 이 카메라가 맘에 들 거야! 나도 같은 모델을 가지고 있거든"라고 그가 말했다.

놀라운 점은, 그레이스의 사례가 코스트코에서 일어난 수천 건의 상호작용 중 하나에 불과했지만, 카메라를 포기하려던 청소년에게 미친 영향은 평생 남을 수 있다는 것이다. 어떻게 그런 수준의 직원 몰입을 이끌어낼 수 있었을까. 그리고 코스트코가 할 수 있다면, 환경이 매우 다른 조직에서도 분명히 해낼 수 있다.

1장에서는 고객 경험 리더십을 시작하는 데 필요한 주요 단계를 다뤘다. 2장에서는 직원 몰입에 대해 살펴보고자 한다. 사명 달성을 위해 팀의 참여를 잘 이끌어내는 것은 위대한 지도자의 핵심 특징일 것이다. 이는 조직을 차별화하고 발전시켜 놀라운 결과를 달성할 수 있게 한다. 그리고 이미 많은 리더들이 알아냈듯이, 팀을 참여시키는 것은 고객 경험 리더십에 반드시 필요하다.

좋은 소식이 있다. 타고난 카리스마나 특정한 리더십 스타일은 없어도 된다. 대신 중요한 것들에 집중해야 한다. 직원들의 이야기를 경청하고 적극적으로 참여시켜라. 모순된 목표들, 잘못된 기준 등 어리석은 것들을 제거하라. 진정성을 가져야 한다. 이러한 과정을 거치면 직원 몰입이 올바른 방향으로 진행될 가능성이 매우 높아지고 고객 경험 및 직원 경험에서 긍정적인 결과를 볼 수 있다.

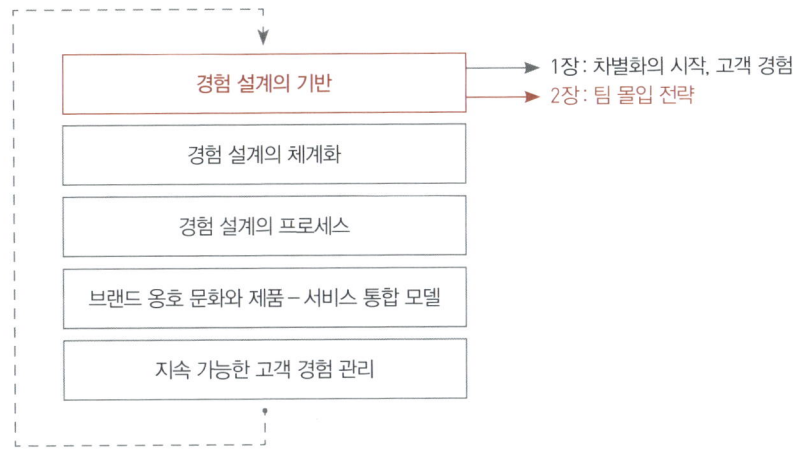

그림 2-1 리더십 프레임워크(2장) : 팀 몰입 전략

## 직원 몰입 기반을 구축하라

산업계의 거인 제너럴 일렉트릭GE : General Electric에서 장기간 CEO를 역임했던 잭 웰치Jack Welch는 조직을 놀라운 성공으로 이끌었다. GE 입사 후 〈캔자스시티 비즈니스 저널Kansas City Business Journal〉과의 인터뷰에서 잭 웰치는 "조직의 전반적인 성과를 알려주는 측정치는 세 가지

뿐입니다. 직원 몰입, 고객 만족도, 및 현금 흐름입니다"라고 말했다. 그는 특히 링크드인 게시물을 통해 다음과 같이 직원 몰입도를 강조했다. "사명을 믿고 그 달성 방법을 이해하는 활기찬 직원들 없이는 어떤 회사도 그 규모에 상관없이 장기적으로 승리할 수 없다는 것은 말할 필요도 없다." 주목할 점은 이러한 조언이 잔인할 정도로 숫자와 성과에 집중한다는 비판을 자주 받아온 사람으로부터 나왔다는 것이다.

지난 수년 동안 직접 이끌었거나 컨설턴트로서 함께 일했던 조직들에서의 경험을 통해 나는 직원 경험의 중요성을 확신하게 되었다. 이는 고객 경험의 진정한 초석이다.

> "고객 중심 조직의 면면을 살펴보면 직원을 존중하고, 직원의 통찰력과 아이디어를 장려하며, 모든 단계에 참여시키는 강력한 문화를 발견할 수 있다."

고객이 귀사를 통해 겪는 여정에 대해 생각해 보자. 기본 단계에는 마케팅 자료, 웹사이트 또는 영업 담당자를 통해 제품 또는 서비스에 대해 배우는 것, 상점, 파트너 또는 웹사이트를 통해 구매하는 것, 모바일 앱, 온라인 리소스 또는 연락처 센터를 통해 접근하는 것 등이 포함될 수 있다. 모든 제품, 서비스, 기술 및 프로세스는 직원들이 선택, 설계, 실행 및 관찰한 것이다. 고객 경험을 위한 최선의 계획은 헌신적인 직원들 없이는 아무 소용이 없다.

연구 결과들이 직원 경험과 비즈니스 성과 간의 상관관계를 입증하고 있다. 지난 20년 동안 갤럽Gallup은 일련의 연구를 통해 높은 직원 몰입도와 건강한 조직의 결과 사이에 연관성을 밝혀냈는데, 여기에는 고객 만족도 및 충성도 향상, 생산성 및 재무 결과 개선 등이 포함된다. 고객 경험 원칙이 비즈니스 용어의 일부가 되면서, 다양한 매체의 수많은 연구들이 통찰력을 더 해주었다. 예를 들어, 템킨 그룹Temkin Group의 조사에 따르면 고객 중심적인 회사에서 일하는 직원들은 업무에 전념할 가능성이 30% 더 높다.

고객 경험의 여정을 이제 막 시작한다면, 또 다른 '경험'인 직원 경험이라는 개념에 익숙해져야 한다. 고객들과 마찬가지로 직원들도 양질의 제품, 서비스 및 지원을 원한다. 충성도가 높은 고객이 조직에 대해 좋은 말을 하는 것처럼, 특히 감정적으로 연결되어 있다고 느낄 때 직원들도 그렇게 한다.

그렇다면 직원 몰입이란 무엇일까? 우리가 자주 듣고 사용하는 용어지만, 정확히 무슨 뜻일까? 우리는 그것이 직원 만족도와 같지 않다는 것을 알고 있다. 직원은 실제로 참여하지 않고도 지리적 근접성, 직원 간의 친밀도, 보상체계 등 다양한 이유로 자신의 직업에 만족할 수 있다.

내가 정의하는 직원 몰입은 다음과 같다.

> "직원 몰입 : 직원이 조직과 그들이 하는 일에 대해 가지는 열정과 정서적 헌신."

그렇다면 이렇게 팀 및 조직 전반에 걸쳐 몰입을 장려하고 이를 기울 수 있을까? 핵심 원동력은 목적의식이다. 직원들은 맡고 있는 일이 중요하다고 믿고 있을까? 스스로 변화를 만들고 있다고 생각할까?

## 개인의 목적의식을 강화하라

많은 사람들이 깨어 있는 시간의 대부분을 일하는 데 보내고, 그 이유는 대체로 매우 실용적이다. 우리는 필요로 하고 원하는 것을 살 수 있는 수단이 필요하다. 현실적인 이유로 일을 해야 하는 것이다. 그런 점에서 일이란 부정적인 이미지를 연상시키기도 한다. 치과 치료를 받고 차도 고치려면 결국 일을 해서 돈을 벌 수밖에 없다. 하지만 자신이 하는 일을 사랑하는 사람들이 있다. 70대 친구에게 복직 이유를 물었더니 "은퇴에 실패했다"고 했다. 그는 그 수입이 필요하지 않을 만큼 충분히 부유하다. "그냥 은퇴할 기회를 놓쳐버렸어."라고 그는 말했다.

《우리는 왜 일하는가 Why We Work》에서, 베리 슈워츠 Barry Schwartz 는 우리가 일과 연관될 수 있는 세 가지 방식에 대해 요약했다. 직업으로 일하는 것, 경력을 위해 일하는 것, 또는 소명을 가지고 일하는 것. 일을 직업으로 보는 사람들은 주로 일을 돈벌이 수단으로 본다. 그들은 급여와 복리후생 이상의 어떤 종류의 보상이나 성취감도 얻지 못한다. 일을 경력으로 보는 사람들은 더 높은 수준의 동기를 가지고 있다. 즉, 그들은 자신이 하는 일을 더 잘하고, 새로운 책임을 맡고, 조직에서 승진하기를 원한다. 일을 소명으로 보는 사람들은 가장 동기부여가 되어 있는 부류다. 그들은 자신이 하는 일이 다른 사람들에게 어떻게 긍정적인 차이를 만들어 주는지 이해하고 있다.

팬데믹으로 인한 일자리 감소와 변화로 이러한 관점이 한동안 흔들

렸을 것이다. 많은 직원들이 일자리를 얻거나 유지하거나 찾는 것에 행복했다. 하지만 정상적인 상황으로 돌아오면서 성취감이 다시 중요해졌다. 일은 직업적으로나 개인적으로 성취감을 줄 수 있고, 주어야 한다. 진정한 직원 몰입의 토대는 일이 중요하다는 것, 그것이 가치가 있다는 것을 아는 것에서부터 시작된다. 따라서 몰입된 환경을 만드는 비결은 직원들의 업무와 그 업무가 타인에게 미치는 영향 사이의 연관성을 확립하는 것이다.

## 다른 마음가짐

"나는 관점과 접근방식을 달리했더니 직원들의 몰입이 180도 바뀐 경우를 여러 번 보았다."

고객 서비스 부서에서 이례적으로 높은 이직율을 기록했던 대형 소비재 회사가 기억에 남는다. 새로 이직해온 이사가 조언을 받기 위해 나를 불렀다. 대화를 나눈 지 얼마 되지 않아 그는 자신이 해야 할 도전에 대한 밝은 전망을 얘기했다. "저는 지금 당장 무엇이든 할 수 있을 것 같고, 다 잘될 수밖에 없는 기분이에요."

과연 그랬을까. 고객들의 반응은 끔찍했고, 기업 문화는 숨 막혔으며, 직원들은 다른 직장으로 옮길 수 있는 그 어떤 기회도 마다하지 않았다. 이 부서는 수만 명의 직원 중 연간 전사 직원 만족도 조사에서 두 번째로 낮은 만족도를 기록했다. 내가 제안했다. "이왕 할 거면 정말 제대로 해보는 게 어때요?"

그의 팀원들이 이미 답을 알고 있었었다는 사실을, 그는 곧 깨닫게 될 것이다. 단지 그 답을 끌어내기만 하면 됐다. 그는 직원들에게 추구하는 가치와 목표에 대해 물어보는 것으로 첫 회의를 시작했다. 회의실 뒤쪽에 구부정하게 앉아있던 한 직원이 이렇게 대답했다. "저희는 하루 종일 소비자 불만을 처리하고 있어요. 그게 중요한 일이 될 수 있나요?" 그들은 어떻게 하면 고객과 회사에 더 가치 있는 사람이 될 수 있을지 알아가기로 했다.

며칠 후 간단한 분석 결과, 특정 청소 제품에 대한 고객 접촉의 11%가 뚜껑이 너무 단단해서 제거할 수 없기 때문인 것으로 밝혀졌다. 대부분의 고객들이 스프레이 노즐을 잘라 강제로 떼어냈다고 했다. 불만사항은 모두 다음과 같은 것이었다. "이보세요, 방금 이거 사는 데 5달러를 썼는데, 사용할 수가 없어요! 빨리 이 일을 끝내야 한다고요!" 팀원들은 고객들이 겪었을 불편함과 금전적 손실에 대해 언급했고, 특히 회사가 패키징을 잘못 만든 문제로 인해 고객들이 겪는 어려움에 대해 공감했다.

팀원들은 이 정보를 패키징 공급업체와 공유했고, 그들은 뚜껑을 다시 설계했다. 이제 그런 불만 접수는 사라졌고, 미래의 많은 잠재 고객들은 더 나은 제품으로 혜택을 누릴 수 있게 되었다. 이 일로 팀은 자신들의 잠재력을 확인할 수 있었다. 이 작은 승리가 팀에 새로운 활력을 불어넣기 시작했다. 그 후 몇 달 동안, 이 부서는 마케팅, 시스템 개선, 그리고 제품 개발 과정에 참여하게 되었다. 한 고위 임원은 나에게 해당 팀이 회사의 연구 개발 과정의 "숨은 보물"이 됐다고 말했다. 1년 뒤

이직률이 한 자릿수로 떨어졌다. 직원들은 고무됐고, 그 부서의 직원 만족도는 회사 내 두 번째로 높은 수준이 됐다. 고객, 동료, 그리고 회사의 성공에 대한 그들의 진정한 영향력을 보았을 때, 그들은 자신들의 가치와 잠재력을 이해하기 시작했다.

직원들은 얼마나 몰입해서 일하고 있을까? 이 점에 대한 신속한 평가를 위해, 국립경영연구소는 몰입된 직원의 6가지 특성을 밝혀냈다.

### NBRI의 몰입의 6가지 특성

몰입된 직원들의 특징
- 조직을 믿는다.
- 더 잘해보고 싶어 한다.
- 비즈니스의 맥락과 큰 그림을 이해하고 있다.
- 동료를 존중하고 돕는다.
- 추가적인 성과를 내고 싶어 한다.
- 해당 산업의 최근 발전 동향을 알고 있다.

이러한 맥락에서 자신의 팀과 조직을 재점검해보자. 모든 게 잘 돌아가고 있을까? 어떤 장애물이 있을까? 이 장의 뒷부분에서 직원 경험을 측정하고 추적하는 데 도움이 되는 필수 계량분석법을 제안하고자 한다. 현재 상황을 기록하기 시작하고, 스스로가 본보기가 돼야 한다. 조직의 사명을 이해하고 대화를 통한 의사 결정을 습관화해야 한다.

## 고객 경험 중심의 조직 문화를 조성하라

　여기서 실제로 말하고자 하는 것은 고객 경험에 초점을 맞춘 조직 문화다. 물론 공정한 임금과 복리후생, 안전하고 괜찮은 근무 환경, 누구나 동등하게 승진할 수 있는 기회, 직원과 조직에 최적화된 일정 관리 등 기본적인 것들을 갖추어야 한다. 그러나 매력적인 고객 경험이 결코 우연히 발생하지 않는 것처럼, 직원 몰입을 형성하는 경험 또한 그냥 생기지 않는다. 직원들이 매일 스스로 변화를 만들어낼 수 있는 힘을 이해할 수 있도록 도와야 한다.

　몇 년 전, 내가 가장 좋아하는 광고 중 하나이자 나에게 큰 인상을 남긴 홈디포Home Depot의 광고가 방영됐는데, 원가절감과 형편없는 서비스로 인해 발생했던 부도 위기를 지나 이제 막 회사가 호전되던 시기였다. 이 광고는 나무집을 짓는 방법이 혼란스러워서 스트레스를 받고 있는 한 아빠가 그것에 대해 잘 설명해주는 판매원에게 조언을 받는 모습을 묘사한다. 마지막 장면은 아빠와 어린 아들이 새 나무집 안에서 침낭에 누워 밤을 보내는 모습을 보여준다. "아빠 고마워요."라고 사랑스러운 아들이 말한다. 광고는 건축자재 매장 안에서 '단순한' 대화로 시작하지만 이 대화를 고객들이 얼마나 중요하게 생각할지 그 당시 누가 알았을까? 물론 이는 광고이자 마케팅의 산물이었지만, 이는 직원 모두의 역할을 강조하는 홈디포의 사고방식의 변화를 반영한 것이기도 했다. 결국 이 새로운 관점은 회사의 전환점이 되었다.

## 그림 2-2  고객 경험을 지지하는 문화의 특성

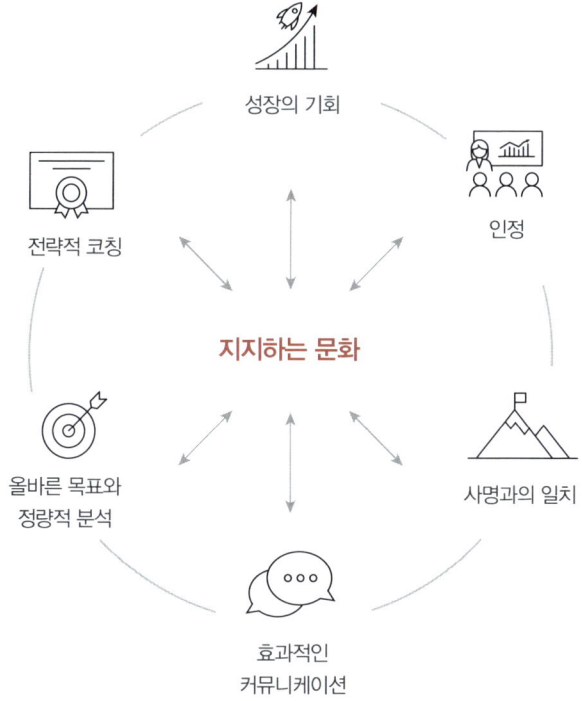

## 말 이상의 것

가장 헌신적인 직원들로 인해 성공한 조직들의 공통점은 무엇일까? 나는 실패 없는 비전, 가치, 커뮤니케이션, 협업 등 몇 가지 원칙들을 발견했다. 핵심은 '실천'이다. 말뿐만 아니라 행동으로 보여야 한다.

## 사명과의 일치

몰입의 환경을 만들기 위한 중요한 단계는 '무엇'과 '왜'를 다루는 것이다. 조직이 존재하는 이유는 무엇일까? 우리는 무엇을 성취하려 노력하고 있을까? 고객, 직원, 주주 및 이해관계자들의 내면에는 무엇이 있을까?

내가 수년간 함께 일해온 분야 중 하나는 가스 및 전기 시설 산업이다. 외부인이 볼 때는 여러 조직 간에 문화의 차이보다 유사점이 더 많을 것이라 추측할 것이다. 하지만 나는 엄청난 차이가 있다는 것을 알게 됐다. 한 회사의 수리기사는 자신의 역할에 대해 "저는 우리 지역 사회의 가족들과 사업체들이 정전 없이 지낼 수 있도록 돕는 일을 합니다"라고 말했다. 반면 다른 조직의 한 수리기사의 설명은 이렇다. "저는 그들이 시키는 대로 합니다. 여기서는 일감이 떨어질 때가 없거든요." 이처럼 관점의 차이가 있다. 어떤 회사가 화재, 정전, 생명과 재산에 대한 막대한 손실로 어려움을 겪고 있는지 추측해보라. 두 번째 회사를 골랐다면, 정답이다. 나는 이 문제가 그 직원의 잘못이라고 말하고자 하는 게 아니다. 그는 단지 조직 문화에 결여된 직원 몰입을 시사하고 있을 뿐이다.

리더로서, 말하는 것보다는 행동이 훨씬 중요하다는 것을 기억하라. 수 많은 조직들이 정책과 실행을 통해 자신들의 사명과 가치와는 전혀 다른 행동을 장려한다. 훌륭한 고객 경험을 제공하는 것이 목표일 수 있지만, 충분한 인력 자원이나 표준 없이 물량 중심의 생산성을 강조하는 것은 상충되는 메시지를 만들게 될 수 있다.

## 효율적인 커뮤니케이션

커뮤니케이션이 중요하단 말이 식상할 수도 있지만 사실이다. CEO부터 작은 팀의 감독자까지 모든 직급의 효율적인 리더들은 항상 팀에 대해 잘 알고 있으려 한다. 좋든 나쁘든, 그래서 아무도 의심하거나 의아해하지 않는다. 긍정적인 의사소통이 부족할 때 나타나는 증상은 뻔하다. 몇 개 예를 들자면 상충된 목표, 불분명한 업무 우선순위, 낮은 사기 등이다.

이때 많이들 간과하는 부분에 대해 질문을 해보자면, '무엇을 얘기해야 하는가?'이다. 커뮤니케이션을 많이 하는 조직들을 관찰해보니, 규칙, 방침, 하향식 격려 등 불필요하거나 역효과를 내는 부분들이 너무 많았다. 어디에 초점을 맞추는 게 좋을까?

경청은 좋은 시작점이다. 듣는 것이 소통이며 이는 필수적이다. 두 개의 귀와 한 개의 입을 가지고 태어난 데는 이유가 있다는 말을 기억하자.

커뮤니케이션의 다른 중요한 측면은 직원들의 공로 인정이다. 무엇을 알아주고 축하해줄 것인가? 무엇을 보강할 것인가? 거듭된 연구 결과에 따르면, 참가자들은 개인적이고 진정성 있는 인정, 즉 일을 잘 해낸 것에 대한 인정이 강력한 동기부여가 된다고 말한다.

## 인정에도 준비가 필요하다

공로를 인정하려면 무슨 일이 일어나고 있는지 알고 있어야 한다. 나는 우연히 두 직원의 대화를 들은 적이 있다. 사건의 개요는 이렇다. 이름을 바꿔서 얘기하겠다. 고위 간부인 폴Paul은 주문 처리 센터에서 당분간 시간을 보내 보기로 했다. 그의 의도 자체는 좋았다. 직원들이 몇 달간 매우 바쁘게 일했다는 것을 알고 있었기에, 폴은 자신의 감사한 마음을 팀원들에게 전하고 싶었다. 문제는 폴이 충분히 준비되지 않았다는 점이다. 다음은 사라와 제프, 두 직원 사이에 있었던 논의 내용이다.

"폴이 오늘 여기 왔었어요."라고 사라가 말했다.

"네, 봤어요." 제프가 말했다. "그래서 꽤 시끄럽더라고요. 폴은 원래 그렇게 자주 오지 않거든요."

"맞아요. 폴이 당신에게 무슨 말을 했나요?"

"개인적으로 저한테요? 아뇨. 사라한테는 무슨 말을 했나요?"

"아니요." 사라가 대답했다. "저는 그냥 우리 모두에게 감사하다는 말만 들었어요."

제프가 웃으며 말했다. "어색한 표정으로 복도에 서 있을 때 한 말 말이죠? 그래요, 나도 들었어요."

"좋았어요. 폴이 우리 일을 인정한다는 걸 알게 돼서요."

"맞아요, 하지만…."

"하지만 뭐요?"

"글쎄요. 좀 피상적이었던 것 같아요. 우리와는 별 상관없는 말 같았어요. 다른 부서에도 똑같이 얘기하지 않았을까요? 요즘 특히 시스템 문제로 업무처리가 한계에 다다른 상태잖아요. 폴도 그런 문제를 알고 있지 않았을까요."
사라는 살짝 얼굴을 찡그렸다. "그런 것 같아요. 그가 좀 더 구체적인 얘기를 해줬더라면 좋았을텐데요. 우리 팀은 몇 달 동안 많은 것을 해냈는데 말이죠. 그런데 정말 괴로운 건 뭔지 아세요?"

"뭔데요?"

"폴이 니콜과 최소 5분 넘게 얘기하는 것을 봤어요. 니콜은 참 아부를 잘하더라고요."

제프는 끙 하는 소리를 내며 말했다. "글쎄, 놀랍진 않네요. 니콜은 원래 그런 걸 잘하잖아요."

"하지만 폴이 관심을 줄 한 사람을 고르려 했다면, 니콜은 아니었어야죠. 케이티나 패트릭처럼 공헌도가 훨씬 높은 직원들이 많은데 말이에요. 프로세스를 효율화시킨 두 사람의 아이디어가 이번 위기를 극복하는 데 큰 도움이 되었잖아요."

제프는 잠시 멈췄다가 말했다. "맞아요. 아마 폴은 몰랐을 거예요."

사라가 약간 동요하고 있다는 게 느껴졌다. "하지만 폴은 그걸 알아야 하지 않았을까요? 로라가 폴에게 먼저 말을 걸었어야 했을까요? 로라가 폴에게 이런 사실을 보고했어야 하지 않을까요? 그러면 폴의 방문이 더 의미 있고 덜 피곤하게 느껴졌을 거예요."

"네, 그랬으면 더 좋았을 거예요. 로라한테 부탁해서 우리 생각을 말해야겠어요. 로라는 들어줄 거에요."

사라는 고개를 끄덕였다. "좋죠, 말 되네요. 내일 같이 가서 로라에게 얘기해요. 좋은 저녁 되세요."

**이야기의 교훈**: 인정, 심지어 간단한 MBWA Management by walking around 조차도 현장 상황에 대한 기본적인 이해가 필요하다.

**이야기의 에필로그**: 로라는 나중에 폴과 이야기를 나누었고, 폴에게 상황을

> 더 잘 알려주기 위해 노력했다. 이로써 무슨 일이 일어나고 있는지에 대한 기본적인 이해의 중요성을 전달한 셈이다. 그는 조언을 받아들였고, 지금은 부서에서 더 많은 시간을 보낸다. 그의 격려와 인정은 더 구체적으로 변했고 팀의 존경과 충성심을 얻게 되었다.

## 올바른 목표와 정량적 분석

어떤 조직을 방문했을 때 팀원들의 '생산성'에 따라 순위가 매겨진 명단을 받은 적이 있다. 목록의 맨 아래에 있는 사람은 더 적은 수의 고객을 돕고 있었고 많은 케이스가 미결 상태로 남아있었다. 그녀의 담당 매니저는 걱정이 많았다. 하지만 더 지켜보니 진실이 드러났다. 그녀는 팀에서 가장 유능한 문제 해결사 중 한 명이었다. 팀원들은 가장 까다로운 고객 문제를 그녀에게 맡겼고, 이는 더 많은 시간과 조사가 필요한 케이스들이었다.

목표 설정과 정량적 수치 해석에는 신중을 기해야 한다. 기계적으로 반복되는 조립 공정 작업이 아닌 이상, 많은 조직에서 겪는 가장 큰 어려움 중 하나는 업무가 시시각각 무작위로 발생한다는 점이다. 이는 식당, 상점, 콜센터, 병원 응급실, 그리고 많은 다른 환경에서 실제로 벌어지는 일이다. 이러한 서비스를 제공하는 조직들은 고객과 접촉 속도나 비율, 고객이 필요로 하는 도움을 통제할 수 없다. 따라서 정해진 시간 내에 응대 고객 수와 같이 생산성 수치만으로 성공을 평가하면 실제 상황을 제대로 파악하지 못할 수 있다. 그렇지만 합리적이고 직원들이 납

득할 수 있는 기대목표치를 정해야 한다.

> "가장 진보적인 조직조차 기대목표치를 설정한다. 일을 제시간에 제대로 끝내는 것이 구시대적 발상은 아니다."

한번은 환자들이 실제 방문 없이 24시간, 7일 내내 이용할 수 있는 의료 센터를 설립하는 일을 한 적이 있다. 그들은 원격의료에 가장 최신 방식과 도구를 통합했고, 해당 센터에 의사, 간호사를 배치했다. 업무 흐름과 스케줄이 엉망인 것 빼고는 모두 멋지고 선구적이었다. 그들이 보기에 일정 관리가 너무 경직되어 있었고, 이를 계속 유지해야 한다고 생각하는 사람은 거의 없었다. 그 결과로 업무량 부조화, 진료 예약 누락, 환자 불만 등이 발생했기 때문이다.

나는 직원들과 더 나은 '스케줄 준수' 방법론을 만드는, 그다지 부러워하지 않은 일을 맡게 됐다. 나는 아직도 첫 번째 워크샵을 시작하던 때가 기억난다. 팔짱을 낀 채 앉아있는 많은 사람들의 표정을 보고, 듣는 것이 말하는 것보다 훨씬 낫다는 교훈을 얻었다.

"우리가 왜 여기 있을까요?" "무슨 일이 벌어지고 있는 걸까요?"

"우리 스케줄 보셨죠?"라고 한 사람이 물었다. "회사 고위층은 우리를 제조업의 조립 라인처럼 생각하는 것 같아요. '이제 시작하세요, 거기서 멈추세요. 10시 15분은 휴식 시간이에요.'"

타당한 질문이었고, 그의 감정을 이해할 수 있었다. "그 점을 좀 살펴봅시다."라고 내가 제안했다. "어떤 방법이 더 말이 될까요?" 우리는 화이트보드에 다양한 의견과 아이디어를 적었다. 그러는 동안 '필요한 때에 일할 수 있는 것의 중요성'이라는 핵심 아이디어가 도출되기 시작했다.

뒤쪽에 있던 간호사가 일어나면서 토의는 중요한 전환점을 맞았다. 그 간호사는 모두에게 이렇게 물었다. "응급실에서 근무해본 사람은 몇 명입니까?" 모든 사람이 손을 들었다. "얼마나 많은 사람들이 부상자 치료 우선순위를 분류할 줄 아나요?" 모두가 손을 들고 웃었다. 그러고서는 "우리는 매일 수술실과 병원에서 우리의 편의가 아닌, 환자와 상황이 요구 할 때, 그리고 의료진들이 서로 필요로 할 때 시간 중심적인 결정을 내리고 있어요"라고 말했다.

사람들이 고개를 끄덕였다. 물론 그녀가 옳았다. 오늘날의 많은 업무들은 시간 중심적이다. 고객이나 동료가 도움을 필요로 할 때는 가장 놀라운 지식과 전문지식을 가지고 있지 않아도 상관이 없다. 그녀의 요점은 사고방식을 바꾸는 데 도움이 되었다. 물론 일정 관리가 지나치게 경직되어서는 안 되지만, 이 점은 중요하다. 오늘날, 그 조직은 업무 흐름과 일정 관리를 철저히 지키는 것을 포함하여 고객(환자들)에게 초점을 맞추는 데 있어 모범적인 사례가 되고 있다. 타이밍의 중요성을 이해하고 있는가?

적절한 시간에 적절한 장소에 있는 것, 이는 이론에 불과하다. 이 방정식의 또 다른 부분은 적절한 일을 해야 한다는 것이다. 즉, 품질이다. 합리적이고 명확한 품질 표준은 모든 직원이 해야 할 일을 알 수 있게 필요한 지침을 제공해야 한다. 그러한 맥락에서, 그들은 결정을 내리고 조치를 취할 수 있는 권한을 가질 수 있고 부여받아야 한다.

모순된 목표들은 동기부여와 업무 몰입도에 치명적이다. 직원들에게 고객의 이익에 부합하는 행동과 성과 목표 달성 중 하나를 선택해야 할 때가 있는지 물어보라. 만약 그렇다는 대답이 돌아온다면, 목표를 다시 살펴보고 서로 보완적인 관계로 수정해야 한다. 허쉬Hershey의 사례는 가장 중요한 것을 명확히 하고 집중한 좋은 예다.

## 허쉬, 숫자에서 가치로

**CASE STUDY**

내가 허쉬 엔터테인먼트&리조트Hershey Entertainment & Resorts의 교육 및 게스트 경험Training & Guest Experience 부서 매니저로 근무했을 때는 정말 많은 정량적 분석 도구를 강조하던 시기였다. 하지만 우리는 직원 몰입의 핵심이 업무와 각 직원의 고유 가치를 연결하는 것임을 알고 있었다. 그래서 우리는 가치 실현에 더 집중해야 한다는 결론에 도달했다. 우리는 정량적 지표를 포함해서 좋은 결과가 따를 것이라고 믿었다.

이러한 노력은 '유산 점검'이라는 프로그램으로 이어졌다. 우리의 목표는 직원들이 네 가지 핵심 가치인 소유, 예측, 기쁨, 영감을 진정으로 믿고 실천하는 것이었다. 단순히 가치를 벽에 걸어두는 것이 아니라, 각각의 가치를 실제로 구현하면 우리의 동료 및 고객들 또한 일상적인 업무에 어떤 변화를 가져올지에 대해 정의했다. 그리고 일상 업무에서 우리의 가치를 실행한 사람들에게 보상을 주기 위해 현장 인정 제도를 시행했다. 금전적 보상과 함께 전달된, 감사의 손편지에는 핵심 가치를 추구한 긍정적인 행동이 기술되어 있었다. 유산 점검을 넘어, 우리는 리더로서 의사 결정을 할 때에도 이러한 가치들을 접목시켰다. 그 결과, 직원들은 회사의 가치를 삶의 지침으로 삼

> 아 진정성을 가지고 일했고, 리더들은 가치체계 기반의 우선순위에 따라 결정을 내렸으며, 우리는 고객에게 탁월한 경험을 제공하게 되었다. 고객 충성도와 직원 몰입도 모두에서 긍정적인 결과를 볼 수 있었다. 물론 정량적 성과 지표들도 자연스레 좋아졌다. 간단히 말해서, 우리는 정량적 지표보다 가치에 초점을 맞췄다. 그것이 모든 것을 변화시켰다.
>
> 저스틴 로빈스 Justin Robbins,
> JM 로빈스 앤 어소시에이츠 JM Robbins & Associates

## 성장의 기회

부족한 성장 기회는 특히 젊은 세대들의 의욕을 꺾는 심각한 요인이다. 그리고 오늘날의 조직에서는 매우 불필요하다. 고객 경험 중심 조직을 구축하려면 제품 및 서비스, 고객지원, 내부 및 외부 커뮤니케이션, 기술, 프로세스, 데이터 분석 등 다양한 기술과 지식이 필요하다. 최고의 직원들이 지루해지지 않도록 하라! 직원들이 스스로 능력을 개발하고 책임감을 확장할 있는 방법을 찾아야 한다.

양질의 교육 프로그램은 이러한 해답의 중요한 부분이다. 무엇을 해야 할지 모르는 것만큼 스트레스와 좌절을 주는 것은 없다. 특히 고객과 직접 소통하는 직원에게는 더욱 그렇다. 특정 상황에 접근하는 방법을 아는 것은 모든 차이를 만든다. 자신감은 강도 높은 훈련과 코칭(특히 어려운 상황의 역할 수행)을 통해 구축된다. 내가 최근에 한 직원에게 회사의 향상된 교육 프로그램에 대해 물었을 때, 그녀는 "전에는 하루를 시작하는 게 두려웠었는데 이제는 기대하게 됐어요. 제가 이제 문제 해결사가 되는 게 좋습니다!"라고 말했다.

### 전략적 코칭

전략적 코칭은 직원 몰입에도 필수적이다. 전략적이란 말은 지속적이고 포괄적이며 전체 직원의 발전에 초점을 맞춘다는 의미다(전술적 코칭은 특정 기술이나 필요사항들에 초점을 맞춘다). 초등학생부터 프로에 이르기까지 운동선수들이 그들에게 가장 영향력 있는 코치를 어떻게 묘사하는지 생각한다면, 멘토나 후원자 같은 단어들을 떠올릴 것이다. 아니면 '내 최고의 관심사를 찾아주는 사람' 또는 '내가 될 수 있는 최고가 되길 바라는 사람'과 같은 문구를 떠올릴 수도 있다.

효과적인 코칭은 직원들이 원하고 기대하게 만든다. 코칭은 단발성 이벤트가 아닌 관계라는 점을 이해하는 데서 출발한다. 최고의 코칭은 신뢰, 존경, 책임을 기반으로 한 관계를 구축한다. 목표를 명확히 하고, 정직하고 유용한 피드백과 긍정적인 강화를 제공한다(직원이 승진한다고 해서 코칭의 중요성이 낮아지지 않으며, 오히려 높아진다. 나는 고위 간부들의 코칭을 맡았고, 함께 일할 훌륭한 코치들을 고용했다. 솔직히 그들의 관점을 몰랐다면 길을 잃었을 것이다).

> "궁극적으로 가장 흔하고 효과적인 코칭은 자기 훈련이다. 각자가 하루 하루, 순간순간마다 자기 자신과 대화를 나누는 것이다."

이때 중요한 리더십의 비결은 직원들이 스스로 코칭할 수 있는 역량을 강화할 기회로서 교육, 코칭, 기준들을 마련하는 것이다. 직원들은 조직의 사명과 가치를 깊이 이해해야 한다. 또한 그들에게 즉각적으로 좋은 결정을 내릴 수 있는 권한을 부여해야 한다. 그것은 매일 매 순간 발휘될 힘이며, 직원 몰입에 가장 큰 영향을 미치는 것 중 하나다.

## 품질 표준을 고객 경험 비전에 연계하라

비자카드 설립자이자 전(前) CEO인 디 호크Dee Hock는 "단순하고 명확한 목적과 원칙은 복잡하고 지능적인 행동으로 이어진다. 하지만 복잡한 규칙과 규정들은 단순하고 어리석은 행동을 발생시키게 한다."고 말했다. 직원들이 조직의 비전에 맞춰 단순하고 합리적인 표준절차를 따르게 되면, 보다 일관적인 고품질의 고객 경험을 제공할 수 있다.

**그림 2-3** 두 가지 종류의 표준 : 기초 foundation 및 기술 finesse

**기초 표준**

- 작업 완료 여부를 측정
- 일관성 유지

**기술 표준**

- 작업이 어떻게 완료되었는지 측정
- 스타일과 개성 허용

우선, 품질 표준이란 무엇일까? 사람들은 품질이라는 용어를 "품질 좋은 스포츠용 헤드폰이 필요하다." 또는 "그들의 팀은 품질에 매우 집중하고 있다."처럼 일반적인 의미에서 사용해 본 적이 있을 것이다. 하지만 여기서 말하고자 하는 품질은 고품질, 즉 뛰어나고 예외적으로 좋은 품질이다. 품질은 간단히 제품이나 서비스의 속성이나 특성을 뜻한다. 따라서 훌륭한 품질이 무엇을 의미하는지 정의하기 위해서는 참고 기준이 필요하다. 바로 여기서 품질 표준이 나온다. 직원 몰입의 다른 요소들과 마찬가지로 품질 표준에 접근하는 방법론 역시 중요하다.

## 2가지 타입의 품질 표준

품질 표준을 수립할 때 중점을 둘 수 있는 것은 백만 개 정도 되지 않을까? 그럼 어떻게 시작할 수 있을까? 품질 표준에 대한 관점에 도움이 되는 방식은 품질 표준을 '기초 foundation' 혹은 '기술 finesse'로 생각하는 것이다.

기초 표준 foundation standards 은 작업의 완료 여부를 측정한다. 제품의 테스트, 전기선 수리, IT 보안 사고 대응 서비스 또는 고객 경험의 모든 면에서 기초 표준은 일관성을 보장한다. 어떤 사람이 하더라도 객관적이고, 일관적인 방식으로 업무를 처리할 수 있다. 기초 표준은 예 또는 아니오로 평가 가능하다. 예를 들어, 직원이 필요한 정보를 확인하고, 데이터를 정확하게 입력한다. 고객의 신원을 확인하기 위해 인증 단계를 거친다. 기초 표준을 적용하면 일관성이 매우 빠르게 향상된다. 또한 기초 표준은 고객 경험뿐 아니라 직원의 경험에도 필수적이다. 직원들은 해야 할 일이 무엇인지 알아야 한다. 다양한 역할에 맞는 필수적인 숙지사항들을 준비하라.

기술 표준finesse standards은 작업의 수행 방식을 평가한다. 스타일과 개성을 반영하며 해석의 여지를 제공하는 것이다. 예를 들어 고객과 대면하여 작업하는 경우, 기술 표준에는 주의 깊게 듣는 것, 관련 정보에 대한 적절한 탐색 등이 포함될 수 있다. 올림픽에서 하이 다이빙이나 피겨 스케이팅을 떠올려 보라. 기술 표준은 예상되는 것에 대한 명확한 지침을 제공해야 하지만 성과는 정도에 따라 다르게 나타난다. 이 지점이 브랜드 개성이 빛을 발할 수 있는 부분이다. 원하는 성과의 특성을 설명하여 직원들을 지원해야 한다. 그리고 훈련과 코칭을 통해 모든 직원이 같은 방식으로 표준을 이해하도록 해야 한다.

모든 조직은 다양한 직무에서 기초와 기술 표준을 조합해서 사용하고 있다. 그 비율이 각각 60/40, 40/60 또는 절반일 수도 있으니 크게 신경 쓰지 않아도 좋다. 이러한 분류체계는 고객에게 이끌어내길 바라는 경험에 따라 다양하다. 이때 직원들이 기초와 기술 표준을 정의에 참여하도록 권장한다. 반드시 분량이 적고, 단순하며 집중적이어야 한다.

> "명확한 품질 표준을 통해 고객 경험을 설계하는 것은 직원들에게 영감을 주고 자신감을 북돋으며 직원 몰입도에 큰 차이를 가져온다."

효과적인 품질 표준(기초 또는 기술)은 다음과 같은 몇 가지 공통점을 가지고 있다.

**1. 비전으로부터 파생된다.** 이러한 측면에서 월트 디즈니는 훌륭한 사례를 보여준다. 디즈니랜드가 처음 개장 했을 때, 그들은 자신들의 비전을 "우리는 행복을 창조한다"라고 말했다. 이후 그들은 '출연자들 cast members(디즈니파크나 디즈니스토어 직원)'을 위한 간단한 일련의 표준을 개발했다. 이 네 가지 표준인 안전, 예의, 쇼, 효율성은 현재까지 적용되고 있다. 디즈니는 각각의 표준에 두세 가지 핵심 행동양식을 항목화했다. 예를 들어, 쇼에는 "나는 캐릭터를 유지한다"와 "나는 내 영역 내에서 언제든 쇼를 진행할 수 있는 상태를 유지한다"는 행동양식이 있다. 그리고 각 작업을 지원하는 보다 구체적인 기준과 행동들이 설명되어 있다. 디즈니에서는 바닥에 껌 포장지가 흩어져 있는 모습을 볼 수 없다. 이는 쇼를 진행할 수 있는 상태가 아님을 의미하기 때문이다. 디즈니에서는 무대 뒤에서 신데렐라가 담배를 피우는 모습을 결코 볼 수 없다. 이는 캐릭터를 유지하지 못한 것이다. 이처럼 장황한 매뉴얼은 필요 없으며, 간결한 계층적 접근법으로 품질 표준은 디즈니의 비전에서 직접 도출된다.

**2. 개인이 통제할 수 있는 범위 안에 있다.** 품질 표준은 팀이나 직원들이 관리할 수 있는 범위 내에서 확인되어야 한다. 예를 들어, 모든 직원에게 카운터에서 고객 대기 시간을 항상 최소화하라고 요구할 수는 없다. 누구를 카운터에 배치하는 것이 좋을지 예측하여 결정할 문제다. 직원들이 스케줄을 지키고, 시간 맞춰 나타나고, 고객이나 동료가 필요로 할 때 바로 응할 수 있어야 한다고 기대할 것이다. 또한 카운터 업무가 몰릴 경우, 유연하게 다른 자원을 활용할 방안을 마련할 것을 기대

할 것이다(프런트 직원의 도움 요청 또는 백오피스에 알림).

**3. 관리하기 쉽다.** 품질 표준은 이해하고 구현하기 쉬워야 하며, 관리 가능한 적은 숫자로 제한되고, 타당하게 설명 및 측정될 수 있을정도로 충분히 구체적이어야 한다. 디즈니의 4가지 표준은 업무 첫날 아침에 쉽게 외울 수 있을 정도로 간결하다. 각각의 표준 하위의 행동과 조치 사항은 시간이 지남에 따라 점차 증대되고 강화된다.

고객 경험 비전을 뒷받침하는 품질 표준을 수립한 적이 있는가? 그렇다면 재고할 여지가 있을 것이다. 이는 아주 중요한 기회일 수 있다. 품질 표준은 일상적인 성과과 고객 경험 비전 사이을 연결하는 가교 역할을 한다.

## 직원의 소리를 적극적으로 수렴하라

스티브 잡스는 이렇게 말했다. "똑똑한 사람들을 고용하고 그들에게 무엇을 하라고 지시하는 것은 말이 되지 않는다. 대신, 우리에게 무엇을 해야 하는지 알려줄 수 있는 똑똑한 사람들을 고용한다." 프로세스, 제품, 고객을 가장 잘 이해하는 사람은 바로 직원들이다. 그 일에 가장 가까운 사람들이 가장 잘 안다.

## 직원 피드백의 원천

'직원의 소리 VoE: Voice of Employee'라는 용어는 비교적 새로울 수 있지만, 그 개념은 수십 년 전부터 존재해 왔다. 조직들은 1920년대부터 HR 설문조사를 실시해 왔다. 하지만 불행히도, 대부분은 효과 없는 질문과 수준 이하의 분석으로 형편없이 이루어졌다. HR 설문조사는 기업들이 반드시 해야 할 항목으로 자리 잡았지만 큰 효과는 없었다. 그 이후로 직원 설문조사가 크게 발전했다.

주요한 발전은 1990년대에 시작되었으며, 많은 조직들이 기존의 오래된 프로세스 패턴에서 벗어나 새로운 시각을 채택하게 되었다. 초점은 설문조사 질문 자체의 특성을 개선하는 데 있었다. 갤럽은 직원 몰입의 핵심을 파악하는 12개의 질문으로 구성된 갤럽 12를 도입했다.

일부 사람들은 당시 갤럽 12가 지나치게 단순한 질문들로 구성되었다고 여겼다. 예를 들어, 질문 중 하나는 "직장에 가장 친한 친구가 있나요?"이다. 사실 갤럽 12가 처음 도입되었을 때 한 리더가 나에게 말했듯이, 많은 질문들이 비즈니스적이지 않은 것처럼 보였다. 그러나 갤럽 12를 뒷받침하는 심리학은 시간이 지나며 입증되었다.

직원 피드백의 원천
- 연/반기별 조사
- 펄스 서베이 Pulse survey
- 코칭 대화 Coaching Conversation
- 유기적 대화 Organic conversations

- 스테이 인터뷰 Stay interview
- 퇴직자 면접 Exit interview

최근 설문조사의 증가로 많은 발전이 이루어졌지만, 아무리 훌륭한 질문이라도 1년에 한 번 실시하는 설문조사로는 직원들의 심리를 진정으로 파악하기 어렵다. 오늘날 주목받는 직원 피드백 자료 몇 가지를 살펴보자.

## 펄스 서베이 PULSE SURVEYS

'펄스 서베이'는 고객 대상 설문조사의 모범 사례(시의성, 관련성, 특정 사건과의 연관성)를 적용해 개발되었다. 직원 펄스 서베이는 보통 1~2주 간격으로, 반복적으로 제공되는 간단한 질문들로 구성된다. 현대 기술을 사용하면 관리가 용이하며, 직원 경험에 대한 시의적절한 통찰력을 확보할 수 있다. 팬데믹으로 많은 조직이 큰 변화를 겪으면서 펄스 서베이는 특히 확산되었다.

펄스 서베이는 익명의 피드백을 허용하며, 강점과 문제점에 대한 통찰력을 신속히 제공한다. 완료가 간편하기 때문에 응답률도 높다. 또한 직원 경험을 측정하기 위한 이해하기 쉬운 정량분석법을 제공한다. 매년 실시되던 대규모 HR 설문조사는 점차 사라지고 있다. 일부 조직은 시장 트렌드 및 벤치마킹을 위해 매년 직원 몰입 설문조사를 진행하지만, 이는 더 이상 리더십 팀이 직원의 목소리를 듣는 주요 수단이 아니다.

### 코칭 대화 COACHING CONVERSATION

관리자와 직원 간 커뮤니케이션과 피드백을 가능케 하는 성과 관리 프로세스도 필수적이다. 또한, 이러한 대화에서 코칭은 관리자만의 역할이 아니다. 직원 역시 자신의 경험이 개선될 수 있는 방안에 대한 통찰력을 제공할 기회를 가져야 한다.

다음은 주로 이러한 대화법을 활용하는 조직들에서 얻을 수 있는 몇 가지 팁이다. 코칭 대화는 루틴화되어야 하며, 예를 들어 한 달에 한 번 꼴로 반복적으로 진행해야 한다. 또한, 매니저와 직원 양측에서 모두 준비해서 구조화해야 한다. 잘 진행되고 있는 두세 가지 사항과 개선이 필요한 핵심 영역 한두 가지에 집중하라. 시장 트렌드를 파악하려면 대화를 문서화하고, 고객 설문조사 데이터와 결합해야 한다.

### 유기적 대화 ORGANIC CONVERSATION

직원들은 회사를 떠나는 이유는 상사 때문이라는 진부한 가설이 있다. 그러나 특정 조직들의 내부에서 이뤄진 연구에 따르면 다른 요인들 또한 무게감이 있다고 한다. 맡은 업무가 즐겁지 않을 때, 자신의 강점이 활용되지 않을 때, 경력이 더 이상 성장하지 않을 때 직원들은 떠난다고 연구 저자들은 결론내린다. 직원의 행복, 성공, 경력, 인생을 아껴주는 매니저가 있다면 더 나은 직업을 갖게 되며, 다른 직장을 상상하기 어려워진다.

유기적인 대화는 관심을 가지고 있다는 것을 보여주며, 팀원 개개인을 이해하는 데 필수적이다. 어떤 일에 집중하고 있는가? 어떤 부분에서 가장 큰 기여를 할 수 있다고 생각하는가? 무엇이 방해 요소인가? 듣고 배우는 가장 좋은 방법은 단순히 더 자주 대화에 참여하는 것이 될 수 있다. 체계적이거나 계획되지 않은 유기적 대화를 대체할 수 있는 방법은 없다. 가장 효과적인 리더는 언제 유기적으로 대화에 임해야 하는지를 탁월한 감각과 직관으로 파악한다.

### 스테이 인터뷰 STAY INTERVIEW

직원 몰입도를 증대시키기 위해 고려해야 할 또 다른 도구는 '스테이 인터뷰'이다. 이 주제로 다수의 책과 연구를 집필한 딕 피네건Dick Finnegan은 스테이 인터뷰를 '직원들의 몰입과 고용 상태 유지를 강화하기 위한 세부적 행동을 깨닫게 하는 구조화된 토론'이라 정의한다. 스테이 인터뷰는 본질적으로 특정 의도와 정해진 속도로 진행되는 집중적 대화 방식이었으며, 이를 통해 많은 정보와 영감을 얻을 수 있음을 발견했다. 스테이 인터뷰의 핵심 원칙은 리더십이 고용 상태 유지를 책임져야 한다는 점이다. 퇴직자 면접만으로 전체 직원들을 파악하기는 쉽지 않다.

## 직원 경험 추적

직원 경험을 추적 관리할 수 있는 다양한 방법이 있으며, 현실적인 기준을 수립하는 것을 권장한다. 일반적인 정량적 분석 방법 두 가지는 다음과 같다.

**직원 몰입을 측정하는 복합적 정량적 분석 도구**Employee engagement composite metric. 펄스 서베이 도구는 직원 경험의 핵심 영역인 상호 관계, 인정, 안정감 등의 데이터를 수집한다. 이를 통해 전체 직원 몰입도 점수를 생성할 수 있다. 이 정량 분석 도구는 직관적이다. 팀에 발전할 기회를 발굴하는 데 필요한 통찰력을 제공한다. 누구나 이 수치를 통해 직원 경험의 경향을 파악할 수 있다.

**직장추천점수**eNPS: Employee Net Promoter Score. 또 다른 인기 있는 KPI는 직원 대상 조사인 직장추천점수eNPS다. 이는 고객 대상 순고객추천지수NPS를 반영하는 내부적 거울이다. "다른 사람들에게 우리 회사를 일하기 좋은 곳으로 추천할 가능성은 얼마나 되는가?"라는 질문을 포함하며, 고객 NPS와 동일한 방식으로 측정되어, 반대자와 추천자가 합쳐져 종합 점수로 합산된다. 이를 통해 다른 조직과의 비교 기준 및 벤치마크를 수립할 수 있다(단, 팬데믹으로 경제가 침체 되었을 때 eNPS 점수가 급등한 사례를 기억하라. 금전적 인센티브 및 선반적인 고용 기회와 같은 변수들이 결과를 왜곡할 수 있다).

**그림 2-4** 직원 몰입도 점수

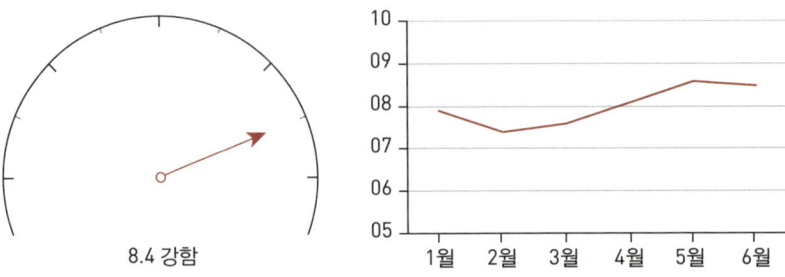

### 주도적 의식과 실행

직원 경험에 대한 통찰력을 수집하고 보고하는 것은 시작일 뿐이다. 의미 있는 조치를 취해야 한다. 이는 개선을 이끌어내며, 직원들에게 그들의 노력이 매우 가치 있다는 것을 보여주는 것이 핵심이다.

직원 몰입은 명확한 관리 주체가 필요하며, 이는 많은 조직에게 장벽이 된다. 전통적으로 인사 부서는 직원 경험과 관련된 모든 업무를 담당해왔다. 그러나 매우 전략적인 인사 부서가 없는 한, 직원 몰입 계획들을 주도적으로 관리한다는 것은 불가능하다. 일반적인 HR에는 필수적인 인사 업무를 처리하는 데 필요한 인원 이상의 인력을 보유하고 있지 않다. 일부 조직은 자발적 참여 위원회를 대안으로 시도한다. 이런 종류의 그룹은 직원 설문조사 결과가 나온 뒤 결성되는 경우가 많다. 몇몇 경우에 한해 효과가 좋은 경우를 보았지만, 대부분은 별로 효과적이지 않았다. 그리고 종종 몇 달 안에 흐지부지된다.

그렇다면 실행 가능한 접근방식은 무엇일까?

> "직원 경험을 고객 경험 변혁에 접목하는 것이 타당하다고 믿는다. 많은 원칙들이 그렇지만, 그중 두 가지는 강력한 상관관계를 가지고 있다."

사실, 과거에 고객 경험 계획들이 실패한 주요 이유 중 하나는 리더들이 직원 경험에 대한 주도적 의식을 가지고 있지 않았기 때문이다. 그들의 시야 밖의 영역에서는 의미 있는 변화를 실행할 수 없었던 것이다. 고객 경험과 직원 경험이라는 두 필수 우선순위를 통합하는 것은 두 가지 계획 모두를 추진하는 데 도움이 된다. 주도적 의식을 어떻게 구조화하든, 가장 중요한 것은 행동으로 옮기는 것이다. 실제 행동을 통해 직원들은 자신의 관점이 중요하다는 것을 알게 될 필요가 있다.

진척 상황을 어떻게 확인할 수 있을까? 몇 가지 뚜렷한 징후가 있다. 우선, 설문조사 결과 및 직원 유지율 모두 긍정적인 방향으로 움직일 것이다. 또한 고객 중심적인 조직 문화로의 변화를 의미하는 반응을 볼 수 있게 될 것이다. 고위 경영진부터 신입 사원까지 대부분 (이상적으로는 모든) 직원이 조직 문화의 중요한 일부라고 느낄 것이다. 그리고 당연하게도 비즈니스 및 고객 경험 목표를 향해 강하게 나아가게 될 것이다.

2부에서는 고객과 직원의 이야기를 경청하고 대응하는 방법을 다룬다. 3장에서는 피드백의 힘을 이용하는 방법을, 4장에서는 고객 서비스의 가치를 높이는 방법, 특히 고객의 말을 듣고 대응하는 데 있어 고객 서비스의 전략적 역할에 대해 살펴보고자 한다.

> **주요 권장 사항**
> - 직원 몰입 기반을 구축하라.
> - 개인의 목적의식을 강화하라.
> - 고객 경험 중심의 조직 문화를 조성하라.
> - 품질 표준을 고객 경험 비전에 연계하라.
> - 직원의 소리를 적극적으로 수렴하라.

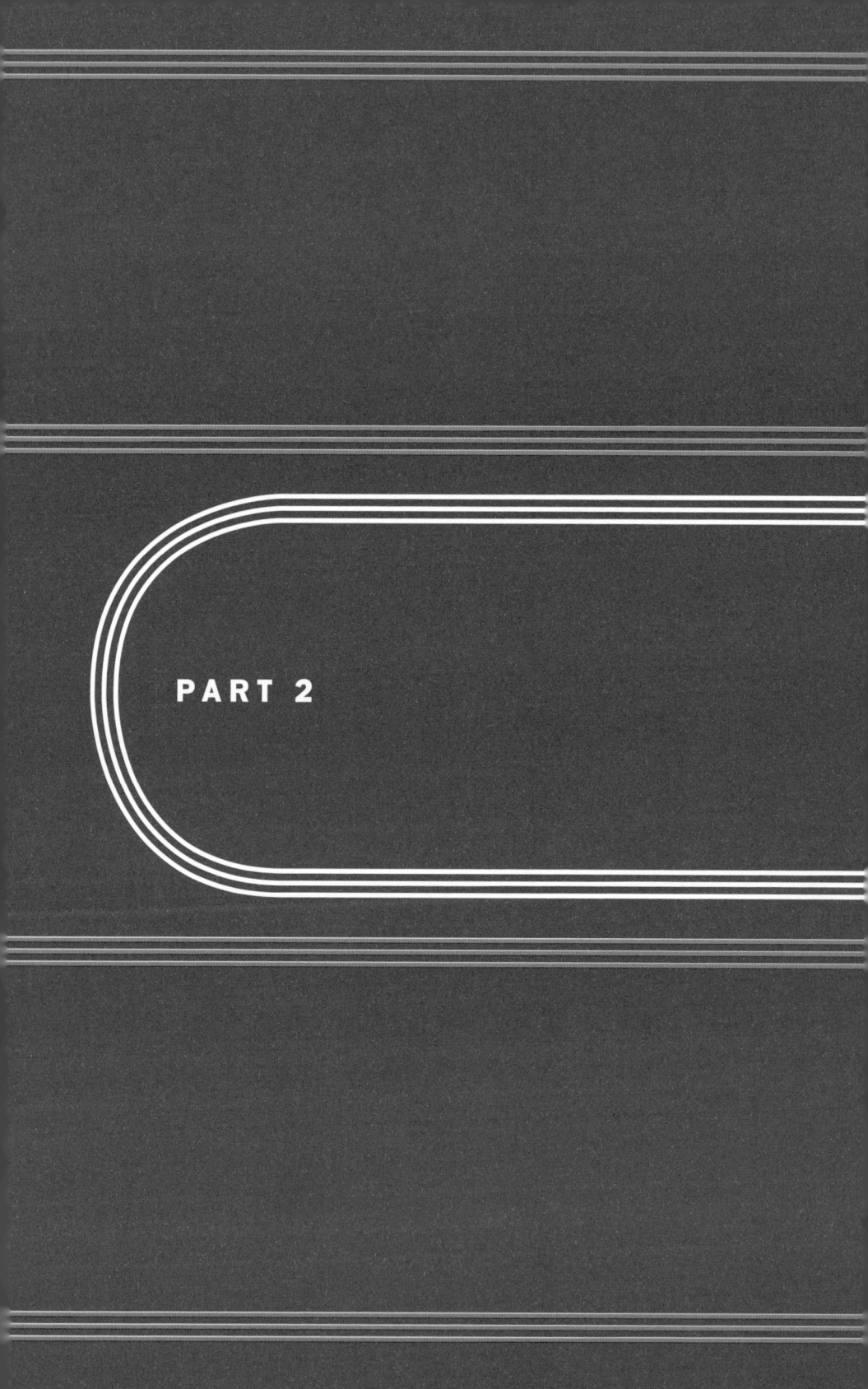

경험
설계의
체계화

**제3장**

# 피드백의 전략적 활용

최근 인사 및 급여 관리 B2B 서비스를 제공하는 회사의 임원들을 위한 회의를 진행했다. 경쟁업체 대비 규모와 시장 점유율 등 다방면으로 뛰어난 성공 신화를 써나가는 회사였다.

그러나 리더십 팀은 모든 것이 순조롭지 않음을 감지했고, 고객 만족도 점수가 우려스러울 정도로 하향 추세를 보이고 있었다. 누적 점수는 전반적으로 양호했지만, 그래프의 추세선이 평준화되며 잘못된 방향으로 움직이고 있었다. 그들이 모니터링하던 것들 중 더욱 우려스러운 점은 '고립된' 서비스 제공 문제였다. 보고되는 것 이상의 문제가 존재했던 것으로 보였다. 이러한 문제를 논의하고 현황을 파악하기 위한 회의였다.

현명하게도 그들은 지표를 핵심 의제로 삼았다. 지표들이 무엇을 측정하고 있는지, 고객 경험에 대해 과연 무엇을 말해주고 있는지 새로운 시각에서 다시 한번 살펴보려고 했다. 참석자 중 한 명이 소셜미디어를 언급하며, 회사의 온라인 이슈를 신속히 검토하기로 결정했다.

회의실 스크린에 노트북 화면을 띄우고 그들의 페이스북 페이지로 이동하자, 단체로 숨이 막히는 듯한 느낌을 받았다. 화가 난 한 고객이 간단한 비밀번호 재설정 문제를 반복해 게시한 것이다. 그의 게시글은 모두 대문자로 작성되었으며, 형편없는 경험을 가차 없이 요약했다. 고객 서비스 과정의 어려움과 도움을 받을 수 없는 상황에 대한 좌절감을 상세히 묘사했다. 그의 수많은 게시물에 대해 회사측은 아무런 인정이나 답변을 하지 않았다.

트위터로 화면을 전환하자, 그곳에서 본 것은 훨씬 더욱 충격적이었다. 수십 명의 고객이 자신들이 겪었던 형편없는 경험에 대해 농담을 주고받고 있었다. 회사가 그들의 메시지를 놓칠 가능성은 거의 없어 보였다. 대부분의 게시물에는 #epicfail과 같은 해시태그와 함께 회사의 트위터 주소가 포함되어 있었다. 그러나 회사는 그들의 트위터 피드를 가득 채운 이 토론을 무시한 듯 지역 사회 기여 관련 메시지를 게시하고 있었다. 마치 회사가 아무것도 듣지 못한다는 듯한 인상을 받았다.

워크숍에 참가자 중 한 명이 망연자실한 침묵을 깼다. "음. 분위기가 참 어색하네요." 갑자기 그룹 간에 신속한 토론이 시작되었다. 왜 시스템에 접근할 수 없었는가? 왜 그는 '정상적인' 경로를 통해 도움을 받지 못했는가? 왜 마케팅 부서는 이 게시물들을 감시하지 않았는가? 고객 서비스 담당자들이 도움을 주지 않은 이유는 무엇인가?

그 후 6개월 동안 그들은 본격적으로 개선 작업에 착수했다. 소셜미디어를 통해 감시하고 대응할 수 있는 능력을 강화했다. 비밀번호 관련 불편사항을 줄이기 위해 시스템을 개선했다. 가장 중요한 것은 고객 만족도 측정 방법을 개선한 것이다. 새로운 가치를 반영하지 않은 보고서는 반려하고 실질적으로 필요한 항목을 추가했다. 이로써 고객 만족도가 다시 한번 올바른 방향으로 향하기 시작했다.

이 모든 개선의 첫 번째 핵심은 문제가 있다는 것을 인지하는 것이었다. 고객과 직원들의 피드백은 산소와 같다. 조직은 생존과 번영을 위해 피드백을 지속적으로 받아야 한다. 오늘 올바른 결정을 내리고 내일을 준비하는 것이 중요하다.

그림 3-1 리더십 프레임워크(3장) : 피드백의 전략적 활용

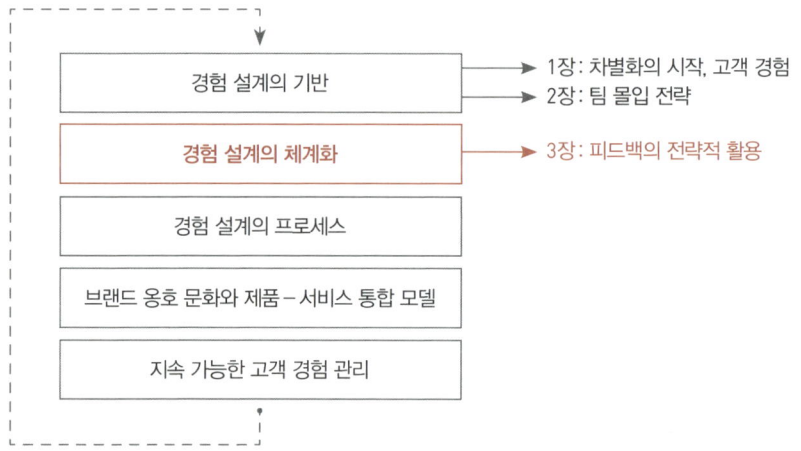

## 고객의 관점에서 문제를 분석하라

성공한 리더들은 데이터에만 의존해 현황을 설명해야 하는 상황을 불안해한다. 그들은 고객의 입장에서 상황을 이해하기 위한 모든 조치를 취한다. 이들은 고객들처럼 조직과 제품, 직원, 경쟁업체를 깊이 이해하고 경험하기를 원한다.

나 역시 이들과 같은 생각이다. 직접 나가서 나가서 현장을 확인하고 이를 습관화하는 것이 좋다. 우리는 데이터과 활용을 위한 보다 형식적 접근법을 개략적으로 살펴볼 것이다. 하지만 가능한 한 많이, 빠르게, 형식을 벗어나 배워야 한다. 여기 통찰력의 원천을 얻기 위한 몇 가지 제안들이 있다. 각 제안별로 들려드릴 스토리도 있다.

### 직접 참여하기

첫 번째는 직접 참여하는 것이다. 사우스웨스트 항공 설립자 허브 켈러허 Herb Kelleher는 종종 비행기를 타고 고객 및 직원들과 대화하며 공항을 돌아다녔다. 스타벅스의 전 CEO 하워드 슐츠 Howard Schultz는 바리스타늘이 고객과 눈을 마주칠 수 있도록 높이가 낮은 에스프레소 기계에 투자하는 등의 결정을 내리는 데에 많은 시간을 보냈다. 그리고 이러한 방식의 책임감은 모든 레벨의 리더들에게 적용된다.

### 소셜미디어의 게시물

"소셜 플랫폼의 게시물은 통제할 수 없으며, 날것 그대로의 정보로써 종종 유용한 통찰력의 원천이 된다."

고객들이 무엇에 대해 코멘트하고 있는지, 댓글들이 긍정적인지 부정적인지, 어떤 이슈가 긍정적인 반응을 이끄는지 살펴보아야 한다. 필요하다면 소셜 리스닝 도구를 활용할 수 있다. 다양한 도구가 정보 수집과 고객 심리 파악에 유용하다. 핵심을 말하자면, 지속적으로 모니터링하며, 무슨 일이 일어나고 있는지, 조직이 어떻게 대응하는지 빠르게 파악하는 것이다.

### 직원의 참여

2장에서 다룬 바와 같이, 직원들은 귀중한 통찰력을 제공한다. 그러나 많은 리더들이 이 풍부한 자원을 충분히 활용하지 못한다는 점도 명백한 사실이다. MBWA management by walking around, 즉 직접 돌아다니며 관리하는 방식은 여전히 그 가치를 잃지 않는다. 직원 설문조사도 필수적이다. 종종 글래스도어닷컴 Glassdoor.com 이나 인디드닷컴 Indeed.com 과 같은 웹사이트에서 직원 리뷰를 살펴보곤 한다(산업별, 지역별 또는 국가별 인기 사이트를 검색해보자. 예를 들어 호주의 잡어드바이저 JobAdvisor.com.au 나 캐나다의 레이트마이임플로이어 Ratemyemployer.ca 등).

### 제품 및 서비스 리뷰

아마존, 트립어드바이저Trip advisor, 옐프Yelp 및 기타 수많은 사이트의 리뷰에서 귀중한 통찰력의 원천을 얻을 수 있다. 고객이 제품 및 서비스에 대해 어떻게 설명하는지, 브랜드에서 어떤 경험을 했는지 확인할 수 있다. 가능하다면 고객 리뷰를 CNET 또는 컨슈머 리포트의 전문가 리뷰와 비교해 보는 것도 좋은 방법이다. 고객들의 필터링되지 않은 의견을 무시하면 자신을 감정적으로 방어할 수는 있겠지만, 유능한 리더들은 그것을 습관적으로 전부 확인한다.

### 운영 데이터

운영 데이터는 또 하나의 유용한 정보의 원천이다. 예를 들어, 고객 주문 처리 시간, 지원 요청 비율, 내부 품질 측정 기준 등 발굴할 가치가 있는 잠재적 정보가 풍부하다면, 프로세스를 정립해 이 정보를 수집하고 검토할 필요가 있다. 하지만 때로는 자신의 직관을 믿는 것만으로도 유용한 통찰력을 얻을 수 있다.

### 비형식적 포커스 그룹

전통적인 방식의 포커스 그룹은 준비에 시간과 노력이 많이 들기 때문에, 비형식적 형태를 대안으로 활용할 수 있다. 내가 한 소매업 회사의 부사장과 함께 점심을 먹기 위해 근처 식당에서 줄을 서 있을 때의 일이다. 뒤에 있던 한 사람이 부사장의 서류 가방에서 회사 로고를 보았던 것 같다. "그 회사에서 일하시나요?"라고 뒤에 있던 사람이 물었다.

"네."

"저는 그곳의 고객이에요. 그리고 팬이죠!"

"감사합니다! 지금까지 별문제 없으셨나요?"

"아주 좋아요, 다만… 음… 여기서 말해도 될지 모르겠네요…."

"괜찮으니 말해주세요!"

"로얄티 멤버 혜택 일부를 변경하려는 생각이 저로서는 잘 이해가 안 돼요. 예를 들어…"

3분간의 대화는 우호적이고 유익한 '포커스 그룹'으로 바뀌었다. 줄을 서서 기다리는 동안 몇몇 사람들이 대화에 합류했다. 부사장은 그들이 고객으로 참여해준 것과 그들의 통찰력에 감사해했다. 식당에 들어가자마자, 부사장은 평소보다 오래 줄을 서서 기다린 것이 오히려 행운이었다고 말했다.

### 직접 해보기

인지 상태를 유지하는 최고의 방법을 사용한 사람을 뽑는다면 이 사람을 1위로 꼽을 것이다. 미국 최대 뮤추얼 펀드 회사 뱅가드 Vanguard 설립자이자 전 CEO 존 C. 보글 John C. Bogle 은 그의 경력 내내 고객 센터에서 고객 문의 전화를 처리하는 데 직접 참여했다. 그는 종종 그 일이 얼마나 어려운지에 대해 말하곤 했다. 존의 사례는 훌륭한 모범이 된다. 모든 경영진이 이런 일을 직접 수행하거나 관찰하는 데 시간을 투자한다면, 어떤 통찰력을 얻을 수 있을까?

## 추천 사항

리더로서 항상 이러한 모든 방법으로 직접적으로 관여하는 것은 실용적이지 않다. 그러나 공식 보고서 외에 지속적으로 모니터링할 방법을 찾는 것은 결국 큰 차이를 만들며, 올바른 본보기가 된다. 몇 가지 간단한 권장 사항을 제시한다.

- 첫째, 브레인스토밍을 통해 실효성 있는 통찰력을 얻을 수 있는 원천을 많이 파악해야 한다. 실행에 옮길 방법과 아이디어들이 생각날 것이다.
- 둘째, 일정을 고려해서 이런 방식의 리더십을 실행할 시간을 어떻게 확보할지 고민해보라. 일부러 시간을 내지 않는다면, 아마 아무 일도 일어나지 않을 것이다.
- 셋째, 처음의 어색함을 이겨낼 준비가 되어 있어야 한다. 관찰조차 처음에는 쉽지 않다. 또한 소매업체, 고객 센터 또는 운영팀 등과 같은 일은 업무처리를 한번 도와보겠다는 용기를 내더라도 시간과 연습이 필요하다. 하지만 엄청난 통찰력을 얻을 수 있게 될 것이다.
- 마지막으로, 어떤 일을 본 뒤, 어떻게 반응할지 신중히 판단해야 한다. 최종 목표는 개별 문제를 해결이 아닌, 조직의 조정과 대응 능력을 평가하는 것이다.

## 피드백을 성과로 연결하는 시스템을 만들어라

이제 고객의 소리를 경청하고 대응하는 좀 더 체계적인 방법에 대해 알아보자. 이러한 관리 영역은 흔히 '고객 피드백 관리'로 불린다. 여기에는 브랜드가 의도를 넘어서는 요소들이 담겨있다. 고객 피드백 관리는 많은 상호 연관된 활동들을 수반하게 된다. 이는 특정 고객을 돕는 것이든, 조직 전체에서 모든 피드백을 관리하는 것을 말하는 것이든, 동일하게 적용된다.

> "고객 피드백 관리: 조직이 고객 피드백을 수집, 분석 및 처리하는 프로세스"

고객 피드백 관리에 대해 검색해 보면 다양한 관점이 존재하지만 결국 두 가지 범주로 나뉘는 경향이 있다. 첫 번째는 전술적인 범주로, 문제 해결이나 개인화된 서비스 제공을 위해 피드백을 반영해 행동하는 경우다. 비행기 승무원으로 일한다고 가정해 보자. 탑승 승객들과 일상적인 대화 중 축구팀이 전국 대회에서 우승했다는 소식을 듣고, 이를 안내 방송으로 모든 승객에게 알릴 수 있다. 그 팀이 승객들로부터 박수를 받게 되었다고 상상해 보자!

- 오스트레일리아 동물원은 고객 피드백을 반영하여 코알라 체험,

웜뱃 마주치기 등의 고객 방문 패키지 상품을 만들어 객당 매출과 반복 방문율을 높였다.
- 수도꼭지와 고정세간 제조업체인 모엔Moen은 고객 피드백을 활용하여 유튜브에 사용법에 대한 영상을 업로드한다.
- 인기 있는 금융 도구인 터보택스TurboTax, 퀵북Quickbooks 및 민트Mint를 개발한 소프트웨어 회사 인튜이트Intuit는 특정 유형의 비즈니스를 위한 회계 프로그램 패키지를 설계할 때 고객의 통찰력을 반영한다.

자, 그럼 두 정의 중 어느 것이 옳을까? 전술적? 전략적? 정답은 둘 다이다! 둘 다 필수적이며 서로 밀접한 관련이 있다. 각각의 조직은 모두 도움이 필요한 특정 고객에게 즉각적으로 대응할 수 있다. 그러나 피드백은 전략적 접근방식을 활용할 때 특히 효과적이다. 두 방법 모두 정보 수집, 분석 및 조치하를 위한 포괄적인 프로세스를 갖추고 있다.

피드백이 발생할 때 어떻게 반응해야 하는지, 먼저 전술적 접근방식에 대해 살펴보겠다. 다음 5가지 주요 단계가 있다.

첫 번째는 즉각적인 응답이 필요한 피드백을 식별하는 것이다. 이러한 상황은 다양한 환경에서 발생할 수 있다. 직접 대응이 필요한 경우에는, 즉각적인 후속 조치가 요구되는 업무 조사 결과나 트위터, 링크드인 등 소셜미디어 게시물, 아마존·옐프·구글 등 다양한 플랫폼을 통한 의견과 평가, 문자, 전화, 채팅 등 여러 채널에서 수집된 피드백, 그리고 기타 잠재적 채널들이 모두 해당된다. 모든 피드백이 대응할 가치가 있다거나 긴급한 것은 아니지만, 신속한 대응이 필요한 피드백에 대해서는 언제, 어떻게 대응할 지 팀과 함께 브레인스토밍해보는 것을 제안한다.

둘째, 필수적인 기능을 갖춘 도구를 마련해야 한다. 여기에는 다양한 출처로부터 피드백을 수집해 응답 담당자나 팀에 전달하고, 전략적 접근의 일환으로 피드백들을 문서화하는 등의 필수 기능이 포함된다. 이는 많은 투자를 필요로 하지 않는다. 예를 들어, 다양한 출처의 온라인 게시물을 모니터링하고 참여를 지원하는 저비용 도구들이 있다. 자신이 이미 보유하고 있는 기술은 무엇인지, 추가적으로 필요한 역량은 무엇일지에 대해 파악해보자.

그림 3-2 전술적 접근방식

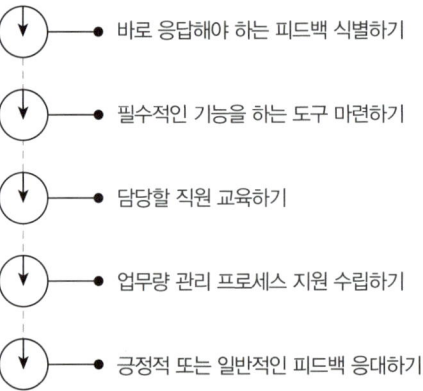

셋째, 향후 담당할 직원을 선별하고 교육해야 한다. 서비스가 고객에게 직접 제공되는 경우, 일반적으로 응답하기에 가장 적합한 위치에 있는 직원이 담당하게 된다. 그렇다면 설문조사, 소셜미디어 게시물 및 기타 출처를 통한 피드백은 어떻게 처리해야 할까? 이 경우 담당 그룹이 반드시 필요하거나 고객 서비스 팀(예: 고객 센터)을 활용해야 한다. 대규모 조직에서는 마케팅 부서가 담당하는 경우가 많지만, 마케팅이 처리할 수 있는 범위를 넘어 업무량이 엄청나게 빠른 속도로 증가하는 경우를 많이 목격했다. 따라서 마케팅, 고객 서비스 및 기타 잠재적 영역 부문 간 협업 체계가 필요하다. 개인 또는 팀이 피드백에 대응하고 브랜드 가치를 일관되게 전달하는 방법에 대한 교육도 필수적이다.

넷째, 피드백에 신속히 대응하려면 적절한 자원을 적시에 준비해야 한다. 따라서 업무량을 예측하고 적절한 인력과 유효한 기술 역량을 확보해야 한다. 또한 문제가 악화되지 않도록 실시간 모니터링과 관리 프로세스가 필요하다. 마지막으로 진행 상황을 평가하고 조정할 수 있는 체계가 필요하다.

## 긍정적 또는 일반적인 피드백 응대하기

고객으로서 좋아하는 제품 및 서비스에 긍정적인 피드백을 남겼지만 아무런 답변도 받지 못한 적이 있는가? 더 최악의 경우, 형식적인 자동 응답을 받아 본 적이 있는가? 유쾌한 경험은 아니었을 것이다. 고객에게는 그런 일이 일어나지 않도록 해야 한다. 여기서 주요 권장 사항은 다음과 같다. 피드백 업무에 참여하여 적시에 대응하도록 하자. 예를 들어 24시간, 영업일 종료 전, 1시간 이내 등 브랜드와 고객에게 적합한 대응 시간 기준을 설정하는 것이 좋다.

긍정적인 피드백에 대응할 때는 오랜 시간 효과가 입증된, 언제나 적절한 "감사합니다!"라는 훌륭한 단어가 있다. 구체적일수록 대응의 효과를 한층 높일 수 있다. 만약 개인이나 팀을 보상할 기회가 생긴다면, 반드시 활용해보라. 내 친구는 샌드위치 전문점 파이어하우스 서브 Firehouse Subs의 한 직원이 열심히 일하며 서빙 회전율을 높이고 레스토랑을 최상의 상태로 유지하는 모습을 본 적이 있다. 그는 그 노력을 인정하는 간단한 트윗을 보냈다. 곧, 그는 다음과 같은 메시지를 받았다.

트위터에 올려주신 멋진 글을 보고 우리 직원 딜런이 특별히 인정을 받은 것에 얼마나 기뻐했는지 알려드리고 싶었습니다. 지지에 대한 감사로, 당신께 파이어하우스서브 굿즈를 보내드리고 싶습니다. 우리는 딜런에게도 보상을 제공할 예정입니다.

내 친구는 그들이 보내준 모자를 즐겨 쓰고 있다. 특히 친구는 그들이 딜런에게 보상을 제공하려고 했다는 사실에 감동했다. 조직을 특별하게 만든 일을 축하하고 이를 알아봐 준 고객에게 감사를 표하자.

## 부정적 피드백에 대응하기

테슬라, 스페이스X 등 여러 회사의 CEO인 성공적인 기업가 일론 머스크는 "할 수 있는 최고의 결과를 만들기 위해 엄격해져야 합니다. 잘못된 모든 부분을 찾아서 바꾸고, 부정적인 피드백을 찾으세요. 특히 친구들에게 그에 관해 물어보세요."라며 부정적인 피드백의 중요성을 자주 강조한다. 고객 피드백을 관리한다는 것은 필연적으로 부정적인 피드백을 처리하게 됨을 의미한다. 그리고 일론 머스크의 요점은 이를 장려해야 한다는 것이다. 고객이 피드백을 쉽게 공유할 수 있도록 해 1장에서 언급한 빙산 효과를 최소화하자.

긍정적인 피드백과 마찬가지로, 첫 번째 규칙은 고객이 필요로 하는 순간에 바로 나타나는 것이다. 한 고객이 사무실에 찾아와 "이봐요. 여기 문제가 생겼어요."라고 말했는데 아무도 반응하지 않는 상황을 상상해 보라. 지금 떠오르는 그 감정이 바로 고객이 어떤 종류의 답변도 받지 못했을 때 느끼는 감정이다. 부정적인 피드백은 시한폭탄이 될 수 있으므로 응답 시간 목표를 설정해야 한다.

다음으로 고객의 피드백에 대해 감사를 표시하자. 수동적이거나 방어적이고 싶은 충동을 억제해야 한다. 고객의 시간과 의견을 소중히 여긴다는 것을 보여주면 대화 분위기가 크게 달라질 수 있다. 골프를 즐기는 한 친구가 나에게 최근 다녀온 골프 코스에 대해 약간 부정적인 리뷰를 올렸다고 했다. 리뷰는 진심이 담겼고 개선할 점을 지적했다. 그러나 골프장은 그에게 감사는커녕, 그 형편없는 경험이 친구의 잘못이라고 주장했다. 그 대응은 결과적으로 좋지 않았다. 친구는 다른 리뷰 사이트들에 더 격렬한 피드백을 남겼다. 내 친구는 소극적인 비난자에서 화가 난 고객으로 돌변해, 다른 사람들에게 그 골프장에 가지 말라고 적극적으로 경고하기 시작했다. 기억하라. '옳고 그름'을 따지기보다는, 이러한 상황을 무장 해제하는 것이 훨씬 중요하다.

만약 조직이 실수를 했다면, 진심으로 인정해야 한다. 또한, 고객과 쉬운 언어로 소통하라. 고객으로서 "불편을 드려 죄송합니다"라는 말을 얼마나 자주 듣는가? 글쓰기 전문가 레슬리 오플라헤이반(Leslie O'Flahavan)은 "고객을 직접 대면한 상황에서 해서는 안 되는 말은 글로도 쓰지 마라."고 조언한다. 대신 "우리가 고객님을 실망시켰다는 것을 알려주셔서 감사합니다. 이를 바로잡을 수 있는 기회를 주셔서 감사합니다."와 같은 말을 사용해야 한다.

다음 단계는 주인의식을 가지고 문제를 해결하는 것이다. 고객의 신뢰와 충성도를 회복하려면 무엇이 필요할까? 환불, 결제 취소, 선물 제공, 또는 문제 해결 등의 방식을 선택할 수 있다. 고객은 종종 문제를 해결하기 위해 필요한 것을 직접 제시한다. 일반적인 선입견과 달리, 고객 요청의 대부분 합리적이다. 고객이 취소를 요청할 경우, 최소한 몇 가지 옵션을 제시해보도록 하자. 고객은 종종 의견을 표출할 기회를 갖는 것만으로도 기분이 나아진다. 그러나 어떤 경우에는 공개 포럼에서 다루지 않고, 비공개로 논의해야 할 수도 있다. 마지막으로, 발생한 사건을 기록하라. 근본 원인을 파악하고 해결하지 않으면 문제가 재발할 가능성이 높기 때문이다.

> "다른 요소들과 마찬가지로 부정적인 피드백에 대한 대응 방식은 조직의 특성을 보여주는 중요한 요소다"

이는 고객을 위해 최선을 다하겠다는 의지를 명확히 드러내는 것이다. 이제 피드백을 관리하기 위한 전략적 접근방식을 살펴보자.

# 고객의 소리를 전략적으로 극대화하라

조직의 직원이 3명뿐인 인쇄소든, 3,000명인 정부 기관이든, 30만 명인 다국적 기업이든, 피드백을 최대한 활용할 수 있는 전략이 필요하다. 일부 조직의 경우 더 많은 프로세스가 포함되지만 기본 단계는 동일하다.

## 고객의 소리란 무엇인가?

이 프로세스를 설명하기 위해 고객의 소리 VoC : Voice of Customer 라는 용어를 사용하겠다. 그러나 VoC가 고객 피드백을 관리하기 위한 전략적 접근방식과 정말 동일할까? 어떤 조직에서는 확실히 그렇다. 그들의 VoC 프로그램은 광범위한 피드백을 수집하고, 분석, 우선순위화하며, 조직이 확실히 조치를 취하도록 한다. 일부 조직은 필요한 모든 구성 요소를 갖추고 있기도 하다.

그러나 VoC 활동이 한계를 지닌 경우들이 있는데, 주로 설문조사에 의존하고 다른 출처의 피드백은 포함하지 않을 때이다. 또한 조직 내 다른 부서들의 제한된 참여로 VoC 프로그램이 유연성을 잃을 수 있다. 간단히 말해서, 일부 사람들이 언급하는 VoC는 우리에게 필요한 것들 중 아주 일부분에 불과할 수 있다.

피드백 관리, VoC 관리 등, 조직에서 어떤 용어를 선호하든 상관없다. 내가 VoC를 최대한 넓은 의미로 정의하고 있다는 것만 알아주길 바란다. 나는 고객 피드백을 충분히 활용하는 전략적 접근방식에 대해 얘기하고 있다. 낡은 용어든 무엇이든, 그것이 조직 내 실행 중인 VoC 프로그램에 영향을 미쳐서는 안 된다. 이러한 용어들에 대한 정의를 명확히 해야 할 수도 있으며, 가장 중요한 점은 VoC 프로그램을 재구성하고 업그레이드해 완벽히 바꿀 수 있어야 한다는 것이다.

전략적 접근방식의 핵심 단계는 출처 파악, 피드백 수집, 입력된 코멘트 분석, 조치 수행이다. 또한 현재 상태를 알려주는 핵심 성과 지표를 수립하고 추적 관리해야 한다. 이후 피드백 계획을 평가하고 개선해 지속적으로 더 많은 가치를 창출할 것이다. 이제 단계별로 살펴보자.

### 출처 파악

첫 번째 단계는 피드백의 다양한 출처를 파악하는 것이다. 우리는 이 장의 첫 번째 부분에서 해당 내용을 다루었다. 이제 팀과 함께 보다 철저한 목록을 작성해야 한다. 많은 조직이 충분히 넓은 범위를 고려하지 않기 때문에, 오히려 그 부분을 챙기는 조직에게는 경쟁자보다 한 발 앞설 수 있는 기회가 된다.

## 그림 3-3　VoC 전략

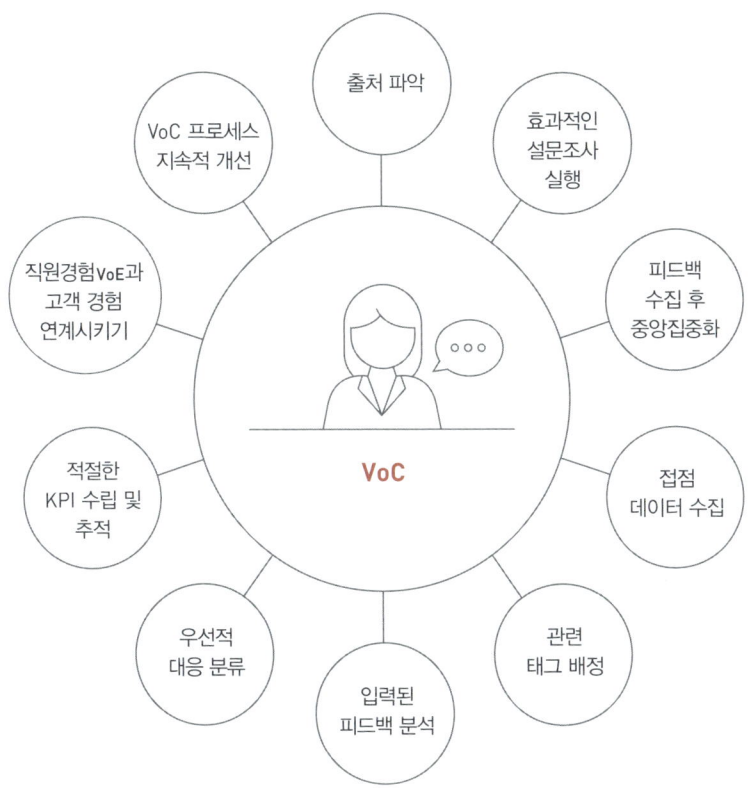

　고객 피드백은 정형화된 방식과 비정형적 방식으로 구분된다. 정형화된 피드백은 고객이 의견을 직접 입력하는 정형화된 방식으로 수집된다. 설문조사가 대표적인 예이다. 예를 들어, 택시에서 내릴 때나 서비스 업체와의 특정 거래 후에 진행하는 짧은 응답조사의 형태가 있다. 설문조사의 빈도수는 더 적을 수 있지만 고객이 브랜드에 대해 전반적으로 어떻게 느끼는지 측정하는 보다 상세한 관계형 설문조사 Relationship survey 도 가능하다. 설문조사 외에도, 고객과의 포커스 그룹은 깊은 통찰력을 제공할 수 있다. 고객이 서비스를 이용하거나 취소할 때 인터뷰를 진행하는 방식도 유용한 통찰력을 제공한다.

비정형적 피드백은 다양한 형태로 나타나며, 즉흥적이고 자연스럽게 수집된다. 고객이 제품을 사용하며 어떤 의견을 제시하는가? 그들이 소셜미디어에 어떤 의견을 제시하는가? 직원들은 고객으로부터 무엇을 듣고 있는가? 미지급금 담당자는 고객이 청구서를 제출하지 않는 이유를 발견하기도 하고, 고객지원 담당자는 경쟁업체에 대한 통찰력을 얻기도 한다. 주말 공원의 재즈 페스티벌에서 임원이 우연히 고객 옆에 앉게 되는 일도 생긴다. 아마존, 구글 등의 포럼과 리뷰는 고객이 직접 작성한, 여과되지 않은 귀중한 의견을 제공한다.

피드백을 받을 수 있는 출처는 많다. 모든 잠재적 출처를 파악하기 위해 소규모 팀을 구성하는 것을 추천한다. 새로운 출처를 발견하면 목록에 추가하라. 제한적이거나 불완전한 수준에서 고객을 이해하는 데 만족해서는 안 된다.

### 올바른 설문조사 실행하기

설문조사는 크게 두 가지 범주로 나뉜다. 관계형 설문조사Relationship survey(기업 설문조사라고도 함)는 보다 포괄적인 도구로, 고객 만족도에 영향을 미치는 모든 핵심 요소에 대한 피드백을 수집한다. 관계형 설문조사의 질문은 광범위하며, 제품 품질, 사용 편의성, 가격, 서비스 등을 포함하며, 정기적으로 소수의 고객에게 무작위로 배포된다.

특정 거래형 설문조사Transactional Survey는 그 이름에서 알 수 있듯, 특정 상호작용이나 서비스에 초점을 맞춘다. 특정 거래를 완료한 고객 중 일부(또는 모든 고객)에게 제공된다. 거래는 고객이 직접 또는 직원의 도움으로 이루어지며, 설문조사는 앱, 문자, 채팅, 전화 등 모든 채널에서 진행될 수 있다. 특정 거래형 설문조사는 만족도를 특정 접점과 연결하도록 설계되었다. 이중 설문조사dual-survey 피드백의 연결고리를 만드는 것은 중요하지만, 성공을 보장하기에는 부족하다. 설계가 핵심이며, 완벽한 설문조사는 없지만, 최고의 특정 거래형 설문조사는 다음과 같은 공통 특성을 갖는다:

- 실제적인 샘플. 소셜미디어에 올라온 고객들의 비공식 피드백 내용과 고객 대응 감독들에 대한 불만은 놀라울 정도로 부정적인 반면, 설문조사 점수는 긍정적이었던 한 보험 회사의 사례가 기억난다. 알고 보니, 그 회사의 설문조사는 클레임을 걸어 전액 환불받은 고객을 대상으로만 제공되었다. 편향적인 샘플의 전형적인 사례다.
- 편향 없음. 피드백 프로세스의 모든 부분, 점수 산정 방식이나 질문의 단어 선택 등은 편향을 유발할 수 있다. 높은 점수를 요청하는 메시지는 고객 경험 자체보다 직원이나 팀에 미칠 영향을 강조한다(일상 용어로 '설문 점수 구걸').
- 정확한 해석. 많은 조직은 종종 다음과 같은 경우 고객 만족도 점수가 높다고 간주한다. 1) 만족도가 매우 높지 않은 경우(예: 86%의 만족도는 14%의 불만족을 의미), 2) 지나치게 일반화된 경우(예: 충성도 점수 차이가 클 때 4와 5를 5점 척도로 결합)

설문조사는 고객 피드백의 한 방식일 뿐이지만, 여전히 필수적이다. 그러나 효과를 내려면 적절히 설계되고 배치되어야 한다.

제이 미누치Jay Minnucci, 회장, 서비스 애질리티Service Agility

## 피드백 수집

고객 피드백의 다양한 출처를 확인했다면, 다음 단계는 수집이다. 피드백 프로세스는 다양한 출처에서 데이터를 수집해 중앙 집중화된 위치로 전달하는 깔때기 역할을 해야 한다.

각 출처가 깔때기를 통해 중앙 저장소로 피드백을 전달한다고 생각하면 된다. 중앙 저장소는 고객관계관리CRM 시스템의 데이터베이스, 고객 전용 피드백 시스템, 비즈니스 인텔리전스 도구 또는 자체 개발한 데이터베이스일 수 있다. 다양한 접근법들이 효과를 내는 것을 봐왔기에 만약 이러한 기술 대안을 선택한다면, 단순함과 유연함을 핵심 기능으로 염두에 두는 것이 좋다.

다양한 출처에서 피드백을 수집할 때, 일관된 내용을 유지하는 것이 도움이 된다. 다음과 같은 핵심 영역에서 데이터를 수집하는 것이 특히 유용하다.

- **고객 접점.** 접점은 무엇이었고, 고객 여정의 어느 단계에서 마주하게 되었는가? 예를 들어, AS 수리 직후나 고객 서비스와의 상호작용 이후 등이 있다.
- **목적.** 고객의 목적은 무엇이었는가? 예를 들어, 케이블 방송이 다시 작동하기를 원하는 것일 수 있다.
- **경험.** 실제적인 경험은 무엇이었는가? 결국 케이블은 수리되었지만, 사전에 약속했던 수리 시간을 지키지 않았을 수도 있다.

- **감정적인 영향.** 이 경험이 감정적으로 어떤 영향을 미쳤는가? 설정 범위는 매우 만족에서 매우 불만족까지 일 것이다. 매우 행복, 매우 실망 같은 단어도 보았다. 조직이나 브랜드의 환경에서 고객들이 겪을 감정을 가장 잘 표현하는 단어는 무엇일까?

이러한 요소들은 정형적 피드백과 비정형적 피드백 모두를 비교할 수 있는 견고한 기초를 제공한다. 제품 테스트와 인증 서비스를 제공하는 글로벌 기업인 UL은 직원들이 즉각적으로 듣는 피드백을 보다 완벽하게 포착하기 위해 노력했다. 그들은 CRM 시스템 내에 직원 누구나 언제든지 휴대폰으로 간편하게 접속해 고객 피드백을 입력할 수 있는 간단한 양식 링크를 도입했다. 이 방법을 진두지휘했던 네이트 브라운 Nate Brown은 당시 "UL이 고객을 이해하는 방식을 완전히 바꾼 사건"이라고 말했다.

또 다른 예는 제트블루 항공 고객지원 경험, 운영 담당 부사장인 프랭키 리틀포드 Frankie Littleford의 비전에 따른 고객 경험 계획이다. 제트블루항공의 설립 사명은 "항공 여행에 인간미를 되살리는 것"이다. 리틀포드는 이 사명이 관계를 구축하는 접근방식에 달려 있다고 믿는다. 항공사는 모든 고객 접점의 정보를 단일 개체로 수집하는 시스템을 구축하고 완성해 왔다. 고객과의 상호작용은 단일화된 타임라인에 표시된다. 인공지능과 머신러닝은 수동 프로세스였던 것을 자동화하는 데 도움이 되고 있다. 즉, 우선순위가 높은 문제점들을 찾아 대응하거나, 후속 조치를 위해 적절한 팀에 배정하고, 의미 있는 보고서를 만드는 등 기존에 수동으로 처리했던 프로세스들을 자동화할 수 있다는 것이다.

피드백을 수집하는 모든 방법이 기술적 기반에서 일어날 필요는 없다. 홈룸Homeroom은 캘리포니아 오클랜드에 있는 인기 있는 맥앤치즈 식당으로, 창업자 에린 웨이드Erin Wade는 직원들이 간단한 색인 카드를 사용해 아이디어를 공유하도록 권장했고, 직원들은 이를 손으로 작성한 후 교대 근무가 끝날 때 제출했다. 어떤 경우에는 '기술적 기반을 사용하지 않는 것'이 좋은 출발점이 될 수 있다.

### 출처 통합

실용적인 관점에서, 조직은 이미 피드백을 수집을 위한 시스템을 보유하거나 필요로 한다는 사실을 알고 있을 것이다. 데이터의 소유권이 분산되면 VoC에 종합적으로 접근하기 어렵다. 또한 데이터를 보유한 사람은 많지만, 모든 데이터를 수집할 전반적인 책임을 지는 사람은 없다는 사실을 깨닫게 된다.

이때 몇 가지 우선적으로 해결해야 하는 과제가 있다. 첫째, 모든 피드백이 중앙 저장소로 전달되도록 해야 한다. 즉, 팀이 활용할 기술 및 프로세스 통합 옵션을 철저히 검토해야 한다. 임시적이거나 수동적인 대안으로 일시적인 보완은 가능하겠지만, 결국 기술 로드맵에 정보 중앙집중화 요구사항을 포함시켜야 한다. 또한 피드백 수집, 기술 및 프로세스 지원, 태그 지정을 감독할 단일 주체를 지정해야 한다. 그리고 고객 경험 관리가 피드백 입력부터 이에 대한 대응까지 원활히 진행되는지 확인한다. 결국 데이터와 분석을 어떻게 활용하느냐가 가장 중요하다.

### 입력된 피드백 분석

이 단계는 이질적인 데이터가 생명력을 얻고 이야기를 들려주기 시작하는 흥미로운 부분이다. 마치 스노클링 마스크를 쓰고 산호초를 탐험하기 위해 보트에서 뛰어드는 것과 같다. 놀라운 것들을 발견하고 새로운 세계에 다가가는 것이다.

그림 3-4 **피드백 수집 후 중앙 저장소로 이동시키기**

이 단계에서는 데이터를 목록별로 분류하여 이해하고 개별적인 이야기를 볼 수 있도록 하는 것이 중요하다. 분류 방법론이 없으면 캐릭터, 줄거리, 주제가 뒤섞일 수 있다. 고객이 어느 단계에 있었고 무엇을 원했는지는 수집 단계부터 파악할 수 있게 된다. 다음으로 각 사용자에게 맞춤 태그를 할당하여 피드백 '유형 type'을 분류한다. 이렇게 하면 정보들의 집합이 눈에 띄게 구분되어 강력한 정렬이 가능해진다.

소프트웨어 회사에서는 주로 가격, 새로운 기능 요청, 사용성, 버그 등이 일반적인 태그에 포함된다. 그리고 대부분의 조직에는 어떤 카테고리에도 맞지 않는 피드백의 경우를 대비한 "catch all" 태그가 있다. 피드백을 관련 카테고리에 할당할 때는 상위 계열의 단순한 카테고리로 시작해 추후 세부적으로 분류하는 것이 더 효과적이다.

개인이 보유한 기술력에 따라 일부 유형의 피드백은 수동으로 태그를 할당해야 할 수도 있다. 대규모 데이터베이스를 사용하는 경우 텍스트 분석과 같은 도구를 활용해 고객들이 사용하는 키워드를 찾을 수 있다. 마찬가지로 이러한 작업 중 일부 또한 수동으로 작업해야 할 수 있다. 하지만 인공지능, 머신러닝, 클라우드 기반 도구들이 매일 진화하고 있기 때문에 트렌드를 잘 관찰하고 있는 것이 향후 도움이 될 것이다.

피드백 분석은 완벽히 과학적이지는 않아 실제로는 다소 혼란스러울 수 있다. 그럴 때는 변화를 가져올 수 있는 정보성 대화가 핵심 목표라는 점에 초점을 맞추자. 빠르게 성장하는 뷰티 회사인 글로시에 Glossier의 설립자이자 CEO인 에밀리 와이스 Emily Weiss는 피드백을 검토하는 것을 최우선 과제로 삼고 있다. "모든 고객은 마이크를 가지고 있다고 생각한다. 가장 가깝고 소중한 50, 500, 5,000 또는 50만 명의 친구들에게 이야기를 전달하고 있으며 자신의 선호도에 대해 말할 수 있다."

> "변화를 가져올 수 있는 정보성 대화가 핵심 목표라는 점에 초점을 맞추자."

에밀리는 한 투자자 그룹과의 미팅에서 모든 고객의 댓글을 읽고 있다는 사실을 공유했다. 회사가 성장함에 따라 이런 방식을 언제까지 유지할 수 있을지는 본인만이 알겠지만, 에밀리가 당분간 이 방식에 많은 시간을 투자할 것이라고 확신한다.

### 조치 취하기

에밀리는 조직의 개선 사항을 결정할 때 우선순위를 정할까? 그녀는 대단한 본능과 이를 뒷받침하는 효과적인 프로세스를 갖추고 있다. 내가 조언하고자 하는 바는 절대 대충 하지 말라는 것이다. 믿을만한 접근법에는 9가지 기준이 있으며, 이는 조직이 더 나은 결정을 내리는데 도움을 줄 수 있다. 여기에는 다음이 포함된다.

**안전.** 존슨앤드존슨이 제품 안전성 의혹에 타이레놀 3,100만 병을 재빨리 리콜한 지 수십 년이 지났다. 만약 그 당시 이 뉴스와 그 이후의 사건들에 관심을 가진 어른이었다면, 이 일을 기억할 것이라고 장담한다. 비록 수백만 달러의 비용이 들었지만, 당시 존슨앤드존슨은 오늘날까지 이어지는 신뢰를 얻었다.

**빈도.** 얼마나 자주 문제가 발생하고 있나? 근본 원인을 고친다면, 잠재적인 해결책은 무엇일까? 많은 소프트웨어 프로그램은 비밀번호를 입력 시 Caps-Lock이 켜져 있음을 경고한다. 이 간단한 해결책은 전 세계 수많은 사람들의 좌절감을 덜어주었다.

**중요도.** 본인이 항공사의 운영 책임자라고 가정해 보자. 외딴 섬으로 가는 비행기는 하루에 한 편씩 있다. 오늘 그 섬으로 출발하는 비행기 출발시간을 약간 늦춰, 공항에 도착한 한 커플이 외딴 섬행 비행기로 환승할 수 있게 할 수 있다. 물론 다른 승객들은 20분 동안 기다리는 불편함을 겪겠지만, 그 커플에게는 하루치의 휴가를 온전히 더 즐길 기회를 제공할 수 있다.

**혁신.** 제품과 서비스에 대한 고객의 희망 사항 리스트에는 어떤 것들이 있을까? 예시: 고객은 진행현황 알림을 좋아한다. 예를 들어 가구, 건축 용품 등의 배송 서비스 배송현황이 3단계에 도달했고, 최종 4번째 단계에서는 나에게 배송이 된다는 것을 알려주는 알림서비스 같은 것 말이다.

**타이밍.** 어떤 문제들은 기다릴 수 있다. 그러나 고객의 인식과 심리적 수준에 영향을 끼칠 수 있는 문제들은 당장 처리해야 한다. 예를 들어, 보험금 청구 진행 상황에 대한 업데이트를 받는 것은 중요하긴 하지만 긴급하지는 않다. 하지만 연장 결제에 실패해 보험증권의 효력이 소멸될 수 있는 등의 상황에선 시간에 민감해진다.

**고객 세분화.** 이것은 좀 까다로울 수 있다. 모든 고객이 중요하기 때문이다. 하지만 대부분의 기업은 충성도가 높은 고객을 우선적으로 고려한다. 소프트웨어 정기 구독 시, 선호하는 고객지원 수준에 맞춘 요금제를 선택하는 경우가 가끔 있는데, 이는 기업과 고객이 서로 기대치를 명확히 설정하고 이해하는 데 도움이 된다.

**예방.** 고객 피드백을 효과적으로 관리하는 기본 원칙은 문제가 발생하기 전에, 혹은 문제가 더 심각해지기 전에 해결하는 것이다. GM은 최근 피드백에서 일부 아카디아Acadia 차주들이 주차 위치Parking로 변속기를 이미 올렸음에도 불구하고 "P로 변속하세요"라는 메시지를 자주 보았다고 밝혔다. 이에 GM은 해당 차량을 리콜해 문제를 수리하고, 생산 과정에서의 결함을 수정하기 위한 신속하고 효과적인 조치를 취했다.

**전략.** 나와 함께 일했던 한 바이오테크 회사는 7일 24시간 내내 고객에게 제공되는 '화이트 글러브' 서비스를 통해 경쟁업체와 차별화된 전략을 구축했다. 접근성을 개선하기 위해 웹사이트에 채팅 기능을 추가했으며, 그 결과 고객 전환율이 즉시 상승했다.

**브랜드의 영향력.** 고객 피드백을 경청하는 가장 큰 이점은 브랜드를 보호하고 발전시킬 수 있게 된다는 것이다. 예를 들어, 파타고니아는 환경 문제에 대해 적극적으로 말하고, 환경보호에 대한 지지를 보여줄 수 있는 기회를 위한 피드백을 항상 검토한다. 영국에 본사를 둔 건설 분야 전문 서비스 회사인 터너앤타운젠드Turner & Townsend는 어린이를 위한 교육 기금 마련에 깊이 헌신하고 있다. 오직 여러분, 직원, 그리고 고객만이 브랜드의 가치를 규정하고 정의할 수 있다. 하지만 책임감 있는 주장을 하고 싶다면, 좋은 피드백 시스템을 구축하라.

결국 최선의 조치를 결정하려면 많은 데이터를 분석하고, 수정하거나 변경해야 할 사항에 대한 통찰력을 얻고, 고객 경험과 재무적 영향을 평가해야 한다. 데이터 분석 담당자 혹은 해당 팀은 이러한 면에서 회사에 이익을 가져다준다. 데이터 분석에 능숙한 기업은 상관관계를 파악하고, 실험을 진행한다. 그리고 일반적으로, 데이터가 말하려고 하는 바가 무엇인지 진지하게 듣는다. 리더로서, 팀이 결정을 내리기 위해 이 정보를 어떻게 사용하고 있는지 생각해 보자. 데이터를 활용하라. 하지만 본능을 무시하지는 말아야 한다.

## 핵심성과지표를 설정하고
## 지속적으로 추적하라

많은 성공적인 리더들은 고객 경험을 반영하는 단일 지표인 핵심성과지표KPI를 사용한다. 이 아이디어는 일이 어떻게 진행되고 있는지 누구나 쉽게 볼 수 있는 방법을 얻고자 하는 것이다. 스포츠에 비유하자면, 팀이 취하는 행동들은 경기장에서 일어나는 일을 나타낸다. 지표는 곧 점수다. 몇 가지를 주의하며 점수를 유지하는 방법은 매우 중요할 수 있다.

사람들이 특정 사안에 대해 어떻게 느끼는지를 측정하는 일은 결코 쉽지 않다. 지금까지 완벽한 고객 경험 지표는 없었고 앞으로도 없을 것이다. 하지만 고려할 만한 몇 가지 좋은 선택지를 간략하게 요약하겠다. 인터넷에 각 항목을 검색하면 추가적인 세부 정보와 예제를 확인할 수 있다.

**고객 만족도**CSAT: Customer Satisfaction. 고객 만족도, 흔히 '시쌧CSAT'으로 불리는 이 지표는 수십 년간 사용되어 왔다. 점수는 설문 문항의 특성에 따라 달라진다. 얼마나 만족하십니까? 경험을 몇 점으로 평가하시겠습니까? 사실 우리가 진정으로 알고 싶은 것은 고객 충성도이지만, CSAT은 고객 충성도를 직접적으로 측정하는 척도가 아니다. 고객충성도는 오직 행동을 통해서만 정확히 측정된다. 하지만 CSAT의 큰 장점은 그것이 매우 널리 알려져 있으며, 조직은 이미 기준선의 역할을 하는 수 년치 자료를 가지고 있을 수 있다는 것이다. 또한, CAST은 고객들에게도 매우 익숙한 구조이다. 여전히 CSAT 설문조사의 전형적인 4점 또는 5점 척도를 보고 그대로 사용하는 경우가 많다.

**순고객추천지수**NPS: Net Promoter Score. 프레드 라이켈트Fred Reichheld가 2003년에 도입한 순고객추천지수NPS는 간결하고 체계적인 설문조사를 기반으로 한다. 다른 사람에게 추천할 가능성은 얼마나 됩니까? 이러한 질문에 대한 답변은 10점 척도로 제공되며, 10점은 다른 사람들에게 추천할 가능성이 가장 높다는 뜻이다. 점수 산정 시 9~10점은 추천 고객Promoter, 7~8점은 중립 고객Neutral, 6점 이하 점수는 비추천 고객Detractor으로 분류된다. NPS는 마이너스(-) 100에서 플러스(+) 100 사이의 절대수로 표현된다. 이는 추천자Promoter와 비추천자Detractor의 백분율 차이이다. 따라서 65%의 추천자와 20%의 비추천자가 있다면 NPS는 45가 된다. 45라는 숫자가 초보자에게 낮게 느껴질 수 있지만, 실제로는 매우 우수한 점수다. NPS가 0을 넘으면 좋은 것으로 간주된다. 나는 NPS 50 이상을 좋아한다. 테슬라, 아마존, 삼성, 스타벅스는 최근 NPS 벤치마크에서 50점 이상을 기록하였다. 일부 비평가들은 NPS가 개선 기회를 파악하는 데 있어 충분히 구체적인지에 대해 의문을 제기한다. 하지만 NPS는 체계적으로 정의된 방법론을 기반으로 하며, 포춘 500대 기업 중 3분의 2 이상이 활용하고 있어 다른 기업과의 결과 비교가 용이하다.

**고객노력점수**CES: Customer Effort Score. 고객노력점수는 《고객이 기업에게 원하는 단 한 가지 The Effortless Experience》라는 뛰어난 책을 통해 유명해졌다. 이는 고객으로서의 우리 모두에게 다음과 같이 매우 중요한 서비스의 특성을 기반으로 한다. 요구사항이나 문제를 해결하기 쉬웠나요? 점수는 문제 해결의 용이성에 대한 질문을 기반으로 매겨진다. 응답은 7점 척도로 이루어지며, 7점은 '매우 쉬웠다'는 뜻이다. CES는 고객 서비스 환경에 적합한 옵션이지만, 조직에 대한 전반적인 인식을 측정하는 데는 한계가 있다. 또한 벤치마킹 목적으로 널리 채택되지는 않는다. 그러나 CES가 적합한 경우에는 강력한 KPI가 된다. 가트너Gartner의 측정 기준을 뒷받침하는 연구에 따르면, 요청의 해결과 고객 충성도 사이에 강한 상관관계가 있다고 한다.

**고객 정서.** 고객 정서는 고객이 제품, 서비스 및 조직에 대해 어떻게 느끼는지를 반영한다. 분석 기술을 사용하면 몇 년 전보다 훨씬 쉽게 고객의 정서를 파악할 수 있다. 서비스 통화 녹음, 고객 댓글 리뷰, 이메일, 소셜미디어의 게시물 등 다양한 접점을 포함할 수 있으며, 신속하게 고객 정서 점수를 설정할 수 있다. 고객 정서는 설문조사로는 파악하기 어렵고, 정성적 분석으로부터 도출된 피드백을 분석하는 데 활용된다. 이를 위해 피드백을 태그하고, 정리하며, 점수를 매기고 보고할 수 있는 고객 경험 관리 플랫폼이 필요하다. 사용 방식마다 차이가 있어 벤치마크 지표로 활용하기에는 적합하지 않지만 고객이 설문조사를 작성할 필요가 없다는 것이 훌륭한 장점이다. 고객 정서는 기존 KPI 대체가 아닌, 이를 보완해 함께 사용하는 새로운 접근방식이다.

**고객생애가치** CLV: Customer Lifetime Value. 고객생애가치는 마케터들에게 새로운 개념이 아니다. 수십 년 동안 존재해 왔으나 최근에 재발견, 재해석되어 CX 세계를 휩쓸고 있다. 고객생애가치는 고객에게 좋은 서비스를 제공할 때 고객의 충성도가 높아지는데, 이러한 반복적인 비즈니스를 통해 매출과 수익성을 획기적으로 향상시킨다는 원칙에 따라 구축되었다. 고객생애가치는 모든 경영진이 쉽게 받아들이지는 못할 수도 있는 몇 가지 가정을 기반으로 한다. 예를 들어, 고객이 얼마나 오랫동안 충성도를 유지할 것인지에 대한 예측, 그 충성도의 가치 등이다 (일부에서는 세상이 너무 예측 불가능하여 장기적인 예측은 할 수 없다고 본다). 또한 CLV는 일정 수준의 데이터 가공과정이 필요하다. 그러나 강력하고 합리적인 가정을 통해, 고객 경험의 가치를 고객 충성도와 비즈니스 수익성으로 표현할 수 있는 현실적 방법이다.

## 어떤 KPI를 사용할 것인가

다양한 선택지의 CX 관련 정량분석지표가 있다. 아마 고객 여정의 다양한 부분에 각기 다른 지표를 사용할 수도 있을 것이다. 하지만 일반적으로 하나의 통합 지표를 설정하는 것이 가장 효과적이다. 다음은 몇 가지 팁이다. 1) 고객 충성도와 같이 실제 고객 행동과 가장 명확하게 상관관계가 있는 지표를 선택한다. 2) 대규모 고객 경험 여정을 요약해주는 지표를 선택한다. 일부 접점만 반영하는 지표는 조직 전체의 동기부여로서는 부족하다. 3) 설명 및 이해가 간단한 지표를 사용한다.

나의 추천은 경우에 따라 다르다. 예를 들어, 글로벌 가전업체라면 순고객추천지수NPS가 좋다. 순고객추천지수는 경쟁사와의 비교 및 동향 추적에 효과적이다. 주로 서비스에 중점을 둔 조직(일반기업 및 정부)에게는 고객노력점수CES가 훌륭한 선택이다. 만약 설문조사에서 고객만족도CSAT를 많이 활용하고 있다면, 이를 전반적인 KPI로 사용할 수 있다. 그리고 이 접근방식은 보다 세분화된 내용에서 즉시 신뢰할 만하다. 예를 들어, 리프트Lyft는 운전자들에게 내비게이션, 안전, 청결 및 사용자 친화성을 포함한 세부 영역의 점수와 함께 전체 등급에 대한 주간 요약 정보를 산출한다.

어떤 방식을 선택하든, 몇 가지 추천 사항을 고려해 보자.

- **전체 점수는 고위 경영진에게만 국한되어서는 안 된다.** 또한 고객의 행동을 계속 추적해야 한다. 계속 제품 및 서비스를 구매하고 있는가? 신제품을 구매해 보는가? 소셜미디어에서 뭐라고 하는가? 코닥Kodak 고객들이 카메라용 필름 구매를 중단한 것은 코닥에 대한 불만족 때문이 아니다. 그들은 단지 디지털 대안으로 옮겨 갔을 뿐이다.

- **점수 이면의 사례에 대해 이해하는 것이 중요하다.** 예를 들어, 제품을 개선하면 고객 서비스 영역의 만족도 점수가 낮아질 수 있다. 제품 개선하고후 남은 가장 어려운 문제들이 고객 서비스로 넘어가기 때문이다. 단순히 좋은 점수를 내는 것보다 더 중요한 것이

있다는 점을 기억하라. 궁극적인 목표는 더 나은 제품, 서비스, 그리고 고객 경험을 창출하는 것이다.

- **모든 점수 지표에는 한계가 있다는 점을 인식해야 한다.** 전체 점수 지표만으로 구체적인 개선 방향을 파악하기 어렵다. 이 점수는 현재 상태와 진행 상황을 파악하는 도구로 활용할 수 있지만, 실질적인 개선을 위해서는 통찰력이 필요하다. 6장에서는 대시보드와 더 구체적인 지표를 통해 전체 KPI를 확장시키는 방법을 살펴볼 것이다.

### 직원 경험 끌어들이기

"VoC와 VoE의 상관관계는 어느 정도일까? 공통인 주제가 있을까? 직원들과 고객들이 유사한 불만을 제기하고 있을까?"

2장에서 소개한 주제인 직원 경험에 대해 더 자세히 살펴보자. 2장에서는 직원의 소리, 데이터 수집 방법, 지표 설정과 관찰을 위한 대안들에 대한 필요성을 살펴보았다. VoE와 VoC의 추세를 비교하면 실질적인 효과를 얻을 수 있다. 2장에서 앞서 논의했듯, 문제 해결을 위한 조치를 취하는 것이 필수적이다.

## 피드백 프로세스를 평가하라

모든 조직이 고객과 직원들로부터 피드백을 받고 있다. 하지만 어떤 조직은 피드백을 훨씬 더 효과적으로 사용한다. 아래는 조직의 접근방식이 얼마나 성숙한지, 그리고 개선의 기회가 있는지에 대해 알 수 있는 11개의 자체 평가항목들이다.

- 조직은 능동적으로 피드백을 장려하고 이에 대응하는 문화를 갖고 있다.
- 고객 및 직원 피드백은 설문조사, 고객과의 상호작용, 제품 리뷰, 소셜미디어 게시물 등 다양한 출처를 통해 수집되고 있다.
- 직원들은 고객의 피드백이 얼마나 중요한지 이해하고 있으며, 이를 장려하고 문서화하여 실천하는 데 필요한 교육 및 인센티브 제도를 가지고 있다.
- 시간에 민감한 고객 피드백이 발생할 경우 이에 바로 대응한다.
- 고객의 피드백을 활성화하고 분석하여 이에 따라 행동할 수 있는 충분한 도구와 시스템을 보유하고 있다.
- 이전 응답을 포함한 고객 피드백을 중앙 저장소로 전송하고 분석하여 보다 심층적인 동향을 파악할 수 있다.
- 조직이 고객 및 직원 피드백을 최대한 활용할 수 있도록 책임지는 프로젝트 관리자가 있다.

- 고객과 직원의 피드백을 바탕으로 적절한 조치를 취해 개선의 기회를 알아내고 우선순위를 정한다.
- 조직은 피드백을 수집 및 분석하고, 피드백을 바탕으로 개선 작업을 수행하며, 이러한 노력의 결과를 평가하는 전략적 프로세스를 가지고 있다.
- 접근방식이 조직에 더 광범위하게 내재되어 있고, 피드백이 어떻게 사용되는지에 대한 내용이 다시 보고된다.
- 고객 피드백 관리에 대한 조직의 접근방식이 고객 경험에 대한 전반적이고 지속적인 접근방식의 일부로서 작동하고 있다.

고객과 직원의 말에 귀를 기울이고, 그 통찰력에 따라 행동을 취하려는 의도가 있을 때 마법이 일어난다. 애플의 전 최고 디자인 책임자인 조너선 아이브Jonathan Ive는 "우리가 발견한 것은 종종 가장 조용한 목소리로부터 가장 좋은 아이디어가 나온다는 것입니다. 아이디어는 조심히 다뤄야 합니다."라며 가장 큰 목소리에만 귀를 기울이지 말라고 주의를 주었다. 피드백의 힘을 활용하면 모든 목소리를 들을 수 있다. 그리고 다른 것과 마찬가지로, 연습하면 더 잘할 수 있다. 과연 고객의 더 조용한 목소리까지 들을 수 있을까?

**주요 권장 사항**

- 고객의 관점에서 문제를 분석하라.
- 피드백을 성과로 연결하는 시스템을 만들어라.
- 고객의 소리를 전략적으로 극대화하라.
- 핵심성과지표를 설정하고 지속적으로 추적하라.
- 피드백 프로세스를 평가하라.

# 고객 서비스의 가치 혁신

싱가포르는 내가 가장 좋아하는 곳 중 하나다. 그곳의 음식을 사랑하고 활기찬 문화를 즐기며, 그곳에 사는 많은 사람들에게 번영을 가져온 세계를 선도하는 혁신에 감탄하곤 한다. 나는 싱가포르에서 프로젝트와 컨퍼런스에 참여할 수 있는 많은 기회를 즐겁게 누려왔다.

그러나 거의 20년 전에 처음으로 방문했던 싱가포르는 안 좋은 기억들 뿐이었다. 콜센터 리더들의 회의에 초청받았는데, 당시 회의 주제는 점점 더 많은 고객 콜센터가 어떻게 가치 있는 전략적 자산이 되었는가에 관한 것이었다. 고객 콜센터가 가치 있는 전략적 자산이 된 '가장 큰 이유'는 고객에게 서비스를 제공하며 얻게 된 통찰력을 바탕으로 제품 및 서비스 혁신에 직접 관여한 것이었다. 토론은 상호작용적이었고 회의실에 있는 많은 사람들이 펼치는 논의를 듣는 것은 무척 고무적이었다.

그 행사 후에 많은 사람이 참석한 리셉션이 있었다. 그때 주요 신문인 〈스트레이츠 타임즈The Straits Times〉의 한 기자가 내게 짧은 인터뷰를 할 수 있는지 물었고, 우리는 이야기를 나누기 위해 리셉션 구역의 한쪽으로 향했다. 그 기자가 던진 질문 중 하나는 이러한 전략적 가치에 도달한 콜센터가 몇 개나 되느냐는 것이었다. 오래전의 일이라 많은 조직이 콜센터에 생소한 시기였다. 콜센터를 전략적 자산으로 만든 조직들은 소수에 불과했고, 나는 "우리의 연구에 따르면 전 세계 콜센터의 10~15%가 이러한 기회를 제대로 활용하고 있어요. 이것은 새롭고 흥미진진한 발전입니다."라고 답했다.

다음날 새벽 4시 30분, 나는 무척 피곤한 상태로 미국으로 돌아가는 비행기를 기다리며 공항에 막 배달된 신문 더미를 뒤적거리고 있었다. 그리고 한 페이지에서 그 기자의 기사와 함께 내 사진이 실려 있는 것을 발견했다. "조사 결과 싱가포르 콜센터의 85%가 잘 관리되지 않는 것으로 나타났다"라는 제목을 읽고 가슴이 철렁 내려앉았다. 사진에서 나는 정장 차림에 넥타이를 매고 비웃으며, 싱가포르 전체를 거만하게 판단하는 것처럼 보였다. "내 말은 그 뜻이 아니야!"

내가 탄 비행기가 이륙하고 나서야 싱가포르에 있는 내 친구들이 잠에서 깬 모양이다. 약 18시간 후 L.A.에 도착해서 핸드폰을 켰을 때, 내 핸드폰이 녹아내리는 것 같았다. "왜 그런 말을 해?" "우리가 덜 발전했다고?" "우리에게 싱가포르가 리더 국가 중 하나라고 말했던 걸로 기억하었는데." 그리고 "고객 센터의 위상을 높이기 위해 몇 년 동안 일해 왔는데, 이 기사가 좌절감을 주네요."라는 말이 가장 가슴 아팠다.

나는 많은 메모와 사과문을 쓰고, 해당 신문의 편집자에게 명확한 설명이 담긴 편지를 보냈다. 싱가포르에 있는 대부분의 친구들이 무슨 일이 일어났는지 결국 이해하고 나를 용서했지만 그 일로 언론을 훨씬 더 조심하게 되었다. 또한 고객 서비스의 전략적 가치를 위한 목소리가 알리기 위해 최선을 다하겠다고 다짐했다.

내가 기자에게 설명하려 했던, 고객 서비스의 전략적 가치를 높이는 당시의 트렌드는 지금까지 잘 진행되고 있으며 계속해서 발전하고 있다. 가끔 고객을 잘 모실 수 있는 기회를 놓치는 모습을 보게 되면 답답하다. 특히 전략적 가치가 손가락 사이로 빠져나가는 것을 보면 안타까울 뿐이다. 고객 피드백을 활용하면, 고객 서비스는 의견을 깊이 있고 전략적으로 듣고 대응할 절호의 기회가 된다.

**그림 4-1** 리더십 프레임워크(4장) : 고객 서비스의 가치 혁신

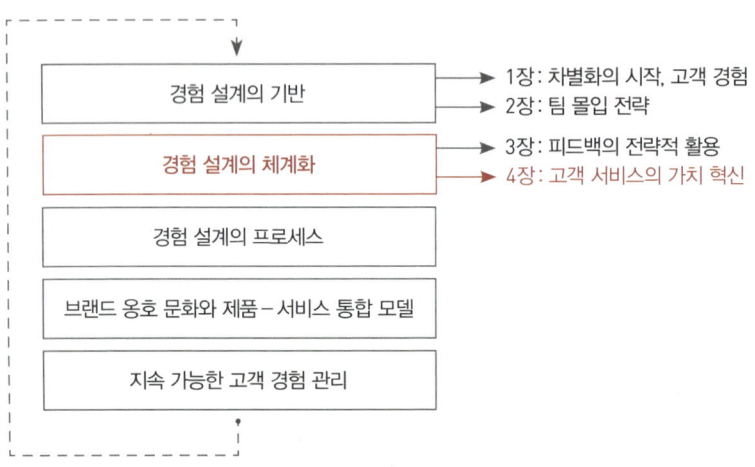

이 장에서는 먼저, 스스로 고객 서비스의 현재 가치를 평가해 보라고 권유한다. 그다음엔 고객의 기대치를 중심으로 서비스를 구축하고, 고

객에게 자주 발생하는서비스 불만을 제거하고 효과적인 고객 접근 전략을 수립하는 방법에 대해 알아보겠다. 마지막으로 '고객 서비스'를 뛰어넘어 고객 경험을 촉진하는 계획의 일환으로 전략적 가치를 더 깊이 파고드는 것으로 마무리하겠다.

## 현재 서비스 가치를 객관적으로 평가하라

사실대로 말하자면, 많은 조직이 고객 서비스에 대한 투자에서 얻을 수 있는 수익에 거의 다가가지 못하고 있다. 종종 잘못된 관점들이 작용하기 때문이다. 예를 들어, 고객 서비스는 최소화되어야 하는 비용일 뿐이라는 관점이다. 혹은 서비스는 중요하지만, 우리에게 차별화 요소는 아니라는 관점도 있다. '괜찮다'는 수준으로 충분하다는 관점도 마찬가지다. 또는 벤치마킹을 통해 적절한 수준이라고 판단할 때도 그렇다. 가장 해로운 것은 훌륭한 서비스는 많은 비용이 든다는 관점이다.

마지막 지적처럼, 훌륭한 서비스를 제공하는 데 고비용이 든다고 생각되면 당분간은 상대적으로 낮은 수준의 서비스를 시도해 보라. 결과가 마음에 들지 않을 것이다. 그러니 이런 지적에 부딪혀도 너무 걱정하지 마라. 몇 가지 타당한 분석과 적절한 비즈니스 사례를 통해 기업이 어떻게 변화할 수 있는지, 대부분의 경우 완전히 역전되는 모습을 봐왔기 때문이다.

오히려 내가 걱정하는 상황은 조직이 좋은 서비스를 제공해야 한다는 필요성을 굳게 믿고 있는 상황이다. 일을 잘하려고 노력하고 있음에도 불구하고, 그 잠재력을 실현하기 위해 진정으로 서비스를 활용하지 못하고 있다. 이것이 최악의 경우이다. 큰 보상 없이 시간, 비용, 에너지를 쏟고 있는 것이다.

다음은 고객 서비스 가치를 평가를 위한 간단한 프레임워크다. 효과적인 서비스가 가치를 창출하는 데는 세 단계가 있다. 각각을 통해 검토해보면 더 나은 고객 경험을 형성하기 위한 고객 서비스의 잠재력을 알아보는 데 도움이 될 수 있다.

**효율성.** 첫 번째 단계는 효율성이다. 효율적인 고객 서비스라고 하면 무엇이 떠오르는가? 서비스를 제공하는 사람들이 적절한 시기에 올바른 정보에 접근하는 것을 상상할 수 있다. 또는 강력한 셀프서비스 기능을 떠올릴 수도 있고, 문제가 반복되지 않도록 하는 것일 수 있다. 이 모든 것이 해답의 일부다.

**고객 만족도 및 충성도.** 두 번째 단계는 고객 충성도에 대한 기여다. 원칙적으로는 모든 고객 서비스 전후의 고객 만족도를 측정하면 효과적인 서비스가 더 높은 점수가 나온다. 경영대학원에서 자주 인용되는 한 고전적인 연구에서, 메리어트Marriott는 아무런 문제 없이 서비스를 이용한 고객의 89%가 재방문 의사를 밝혔고, 오히려 문제가 발생했지만 적절히 해결된 고객의 경우 94%가 재방문 의사를 보였다고 밝혔다. 서비스가 제대로 수행되면 고객의 충성도를 유지하고 높일 수 있다.

**전략적 가치.** 세 번째 가치 단계는 전략이다. 조직 전체에 영향을 미치는 전략, 즉 부서 간 협력을 의미한다. 고객 서비스는 다른 기능들에 가치를 제공한다. 고객 대면 서비스는 매일 조직의 제품, 서비스 및 프로세스에 대한 비전을 제공한다. 이렇게 얻은 통찰력은 아주 쉽게 놓칠 수 있다. 그러나 만약 이러한 점을 잘 포착하고 사용하도록 구조화하면 전체 조직을 개선하고 혁신하는 데 도움이 된다.

**그림 4-2** 고객 서비스 가치의 3단계

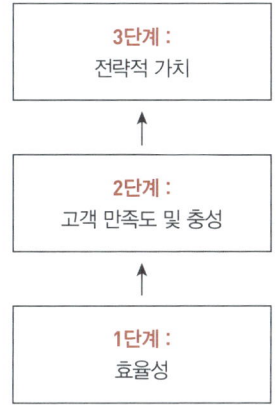

## 자체 평가 - 서비스의 전략적 가치

고객 서비스의 전략적(부서 간 협력) 가치를 고려하여, 아래와 같은 기여도를 평가해 보는 것이 좋다.

- 고객이 무엇을 원하고 기대하는지에 대한 통찰력을 제공함으로써

판매 및 마케팅에 도움이 되는가? (고객에게 약속한 것과 실제 이행한 것이 일치하는지에 대한 확인이다.)

- 운영, 제조, 품질 문제를 정확히 파악하여 이를 해결할 수 있도록 하고 있는가? (제품, 프로세스 및 사용자 설명서에 대한 통찰이다.)
- 연구개발R&D에 기여하고 있는가? (고객 요청, 조직의 비교우위와 약점, 혁신의 기회에 대한 통찰력을 공유하고 있는지에 대한 관점이다.)
- 셀프서비스 기능의 개선 사항을 파악하고, 앱, 웹사이트, FAQ, 사용 방법 안내 영상 등을 기획하고 개선하는 데 도움이 되고 있는가?
- 제품 결함, 앱 또는 웹사이트의 보안 취약점, 보증서 내용의 부정확성 등 잠재적인 법적 문제에 대한 조기 경고 시스템 역할을 잘 수행하고 있는가?

캘리포니아대학교 은퇴 관리 서비스 센터UC RASC는 130,000명의 은퇴자 회원 그룹을 관리하기 위해 그간 그들이 배운 것을 사용한다. 조명, 온도 제어 및 기타 시스템을 만드는 글로벌 전자 회사인 루트론Lutron은 고객들과의 상호작용을 활용해 제품의 형상, 사용자 가이드 개선 및 고객 연결성 향상에 적용한다.

소규모 자전거 가게에서 글로벌 IT 회사에 이르기까지 그 규모에 상관없이, 모든 조직은 고객 서비스의 전략적 가치를 실현할 수 있다. 이것은 금광과도 같다. 하지만 중요한 것이 먼저 이뤄져야 한다. 이 세 번째 단계의 가치를 창출하기 전에 강력한 기반을 구축해야 하는데, 이를 위해서는 고객의 기대치를 이해하고 효과적인 고객 액세스 전략을 수립해야 한다.

## 변화하는 고객 니즈를 반영한
## 서비스 전략을 수립하라

고객들의 인식은 조직 및 경쟁사에 대한 모든 경험을 통해 형성된다. 따라서 좋은 서비스의 의미를 지속적으로 재검토해야 한다. 고객 경험 리더에게 이것은 어려운 과제로 보일 수 있다. 하지만 다행스럽게도, 이는 예측하기 힘든 정답 맞히기 게임 같은 것이 아니다. 미국 ICMI International Customer Management Institute가 고객이 고객 서비스에 대해 가지는 10가지 기대치를 밝혀냈다. 이는 다음과 같다.

- (내가 선호하는 채널로) 접근 가능성
- 정중한 태도
- 내가 필요로 하는 것과 원하는 것에 대응하고 예측하기
- 내 요청에 즉각 대응
- 잘 훈련되고 지식이 풍부한 직원 배정받기
- 기대할 수 있는 것에 대한 명확한 안내
- 약속의 철저한 이행
- 처음부터 올바른 수행
- 추적 관리
- 사회적인 책임감 및 윤리성

물론 이러한 기대치들을 충족하는 것은 매우 어려운 일이다. 쉬운 접근성이 그 예시다. 많은 조직의 경우, 고객은 직접 방문, 전화, 셀프서비스, 모바일 친화적 정보 및 다양한 대안을 포함한 편리한 채널에서 쉽게 서비스를 이용하기를 기대한다. 그들은 스마트워치 또는 음성 명령을 통해 대화를 시작하려고 할 수도 있다. 고객들은 채널이나 프로세스에 대해서는 생각하고 싶어 하지 않는다. 그저 서비스가 이해하기 쉽고 이용이 편리하기를 바랄 뿐이다.

이러한 10가지 기대 외에도, 상점이나 레스토랑과 같이 직접 제공되는 서비스에 적용되는 또 다른 기대 범주가 있다. 그것은 외형적 단서인 '유형성'이라 불리며, 환경의 미학과 기능성을 가리킨다. 조직과 제공되는 서비스에 대한 고객의 인식에 영향을 미치는 모든 것을 의미하기도 한다. 여기에는 다음이 포함된다.

- 시설(편안함, 외관, 기능)
- 직원의 외모(예 : 복장 규정의 유무)
- 안전(예 : 조명이 잘 들어오는 주차장)
- 편의 시설(예 : 대기 공간에 제공되는 와이파이와 식수)
- 설계(예 : 건물이나 복합공간의 이동 편의성)
- 기타 독특한 환경적 요소(예 : 체육관 내 어린이 위탁시설)

사실, 다른 고객들도 유형성의 하나로 여겨질 수 있다. 대부분의 식당들은 신발과 셔츠, 그리고 심지어 넥타이나 재킷 착용을 요구하기도 한다. 하지만 해변가에 있는 가벼운 식당이라면 수영복도 괜찮다.

두 범주, 즉 서비스에 대한 고객의 10가지 기대 사항과 유형성 항목 모두를 고려해야 한다. 그런 다음 서비스에 대한 접근방식을 구체화하면서 팀과 함께 정기적으로 고객 기대치를 재점검해야 한다. 창의적으로 생각하라. 예를 들어, 하얏트그룹Hyatt Group의 계열사인 안다즈 호텔Andaz Hotel은 전통적인 형태의 로비를 편안하고 개방적인 라운지로 대체했다. 도착하는 손님들은 태블릿으로 체크인하는 동안 음료를 대접받는다. 그리고 내가 가장 좋아하는 예가 있다. 한때 아이들이 무서워했던 치과는 이제 문 앞에서 밝게 인사하는 직원들, 게임, 그리고 양치할 때 느낄 수 있는 다양한 맛의 치약을 고를 수 있도록 바뀌었다. 어린이 고객들과 건강을 증진하고 격려하는 것이 목표라면, 왜 그 과정을 재미있게 만들지 않는가!

불행하게 형편없는 사례들도 많다. 두 가지 사례를 들겠다. 여기서 내 목적은 그들을 공개하는 것이 아니기 때문에 이름은 밝히지 않겠다. 첫 번째 사례는 내가 몇 년 동안 여러 번 머무르곤 했던 샌디에이고 지역의 역사적인 호텔이다. 가장 좋아하는 호텔 중 하나지만, 그들은 현실에 안주하는 듯했다. 요즘 이 호텔의 로비에 들어서면 체크인을 하기 위해 길게 늘어서서 천천히 움직이는 대기 줄을 먼저 맞이하게 된다. 그곳의 스토리와 역사에 어울리지 않는다고 느껴졌다. 우리는 고객으로서 때때로 혼잡함을 피하려고 다른 곳을 알아보곤 한다. 이것이 바로 혁신을 요구하는 프로세스이다.

또 다른 예는 잘 알려진 창문과 문 제조업체이다. 그들의 홈페이지에는 "우리의 목표는 고객의 기대를 뛰어넘는 것입니다."라는 메시지가 적혀있다. 이 책의 리뷰 담당 팀의 동료는 우리에게 이 회사와 있었던 일을 이야기해줬다. "두 달 동안 거기서 산 유리창의 빗물막이를 교체 받으려고 노력했어. 간청하고, 애원하고, 돋보기까지 사용해서 열심히 제품일련번호도 알려줬지. 그랬더니 견적이 1,400달러라는 이메일을 받았어. 그들은 분명 고객을 도울생각이 없는 거야. 그러고 나서 스위스코Swisco라는 작은 회사를 찾았어. 그 회사의 웹사이트에 내가 필요로 하는 제품의 사진을 올렸더니 5분도 안 돼서 특정 부품 번호를 알려줬고, 수치를 확인할 수 있는 방법도 알려줬어. 결국 75달러를 내고 내가 직접 빗물막이를 교체했어. 내가 열심히 발품을 팔아 해결해야만 했던 이 문제에 제조사는 결국 관심이 없다는 거지."

언급한 호텔과 창호 제조업체는 좋은 브랜드이기 때문에 당분간은 괜찮을지도 모르겠다. 하지만 내가 확신하는 한 가지는 그들이 고객에게 주고 있는 피해에 대해 모르고 있다는 것이다. 그들은 직원들에게 이러한 불만을 해결하도록 강요하고 있으며, 고객의 시간과 호의를 허비하고 있다.

> "눈에 보이지 않는 흰개미처럼, 형편없는 고객 경험은 브랜드를 갉아먹고 미래를 위협한다."

고객의 기대치를 살펴보며 세 가지 권장 사항을 제시하겠다. 먼저, 고객의 말에 귀를 기울여야 한다. 고객과 직원의 의견을 직접 듣기 위한 노력이 필요하다. 그리고 고객 기대치를 더 잘 이해하기 위해 모든 형태의 고객 피드백을 활용한다. 둘째, 자신의 직감을 믿어라. 예를 들어, 여행 중 주유소 화장실이 더 깨끗했으면 좋겠다고 느끼거나, 보험 사와의 연락이 바쁜 평일 대신 토요일 아침에 가능하길 바란다면, 이런 생각들이 모여 새로운 기회의 신호가 될 수 있다. 바로 새로운 기회의 신호일 수 있다. 와와Wawa와 가이코GEICO 같은 회사들은 이러한 요소들을 잘 활용해 브랜드 성장을 촉진시켰다. 셋째, 무엇보다도 서비스를 쉽게 만들고 문제를 신속하게 해결해야 한다. 단순함과 속도가 확실한 성공 요인이라는 사실이 입증되고 있다.

## 치명적인 고객 불만 요인부터 우선 해결하라

아이폰 배터리 수명이 줄어들기 시작했을 때, '애플 지원 전화번호'를 검색했다. 애플은 전화번호를 숨기고 있지 않지만, 어떤 다른 옵션을 사용할 수 있는지 보기 위해 웹페이지를 아래로 스크롤했다. 월요일 아침이라 그들이 바쁘리라는 것을 알았다. '서비스나 지원이 필요하십니까? 온라인으로 요청하시면 해결책을 찾을 수 있습니다. 제품과 문제점을 선택해 주세요' 라는 글로 이동했다. 그러자 제품을 매장에 직접 가져가거나, 수리를 위해 온라인 예약 후 매장에서 배송 기사를 보내주거나, 채팅 상담을 시작하거나, 통화를 시작할 수 있는 네 가지 옵션이 나왔다. 그리고 각 채널에 대한 현재 예상 대기 시간이 나왔다. 자동화된 시스템이 "이슈 ID"를 발급해 주었고, 내가 전화를 걸었을 때 내 제품/문제 선택 사항이 담당자에게 이미 전달되어 있었다.

물론, 이면에 숨어있는 몇 가지 방법으로 실제 담당자와 연결할 필요 없이 문제를 신속하게 해결할 수도 있다. 실질적인 상담이 시작되기 전에 중요한 정보를 미리 입력하면, 자동 시스템이 내가 누구인지, 왜 전화했는지 알게 되어, 더 효율적인 상담이 가능해진다. 나는 적절한 줄에 배치되었고, 5분이라는 나쁘지 않은 예상 대기 시간을 안내받았다. 전화를 받은 담당자는 내가 누구인지, 왜 전화했는지 알고 있었고, 휴대폰 보험 정보를 가지고 있었기에 바로 문제를 해결할 수 있었다.

왜 모든 회사가 이렇게 하지 못하는 것일까? 고객 경험을 쉽게 안내하라는 원칙은 기본인 듯하다. 고객을 기다리게 하지 말고, 서비스에 쉽게 접근할 수 있게 하고, 지식이 풍부하고 도움이 되는 서비스 팀원을 배정하고, 프로세스를 쉽게 만들고, 내가 누구인지 이미 아는 것 등이다. 사실 고객 서비스의 기본을 제대로 갖추기란 어렵고, 많은 조직이 아직 기본을 갖추지 못하고 있다. 데이브 캐롤Dave Carroll의 히트곡 〈유나이티드 항공은 내 기타를 망가트렸지United Breaks Guitars〉를 기억하는가? 고객 서비스의 재앙이 헤드라인을 장식하고 있지만, 고객 서비스의 불만 사항은 여전히 화가 날 정도로 흔하며 늘상 발생한다. 이것이 기업에 미치는 영향은 심각하다. 아마 다음과 같은 통계 혹은 이와 유사한 결과를 들어 보셨을 것이다. 88%의 고객이 구매를 고려할 때 고객 서비스를 함께 고려하며, 58%의 고객이 열악한 서비스를 경험한 후 그 회사와의 거래를 중단한다.

고객 중심 기업들에게 고객 서비스는 힘들이지 않고, 즐겁게, 때로는 눈부신 고객 경험을 제공하기 위한 평생의 과제다. 그러한 기업들은 고객 서비스가 가장 빈번하게 발생하는 고객 접점인 동시에 잘 알려진 불만 요소라는 것을 알고 있다. 결론적으로 서비스 불만 해소는 고객 경험을 개선하기 위해 노력하는 모든 조직에서 가장 먼저 수행해야 할 사항 중 하나다. 고객이 느끼는 보편적인 다섯 가지 좌절감이 있다. 이를 보완해 스스로를 올바른 방향으로 이끌어갈 수 있기를 바란다.

### 1. 기다리게 하지 말 것

대기 줄, 응답전화, 반품, 주문 배달, 승인 신청 대기. 고객들은 기다리는 것을 좋아하지 않는다. 너무 오래 기다리게 내버려 두면, 그들은 가능하다면 이후 다른 서비스로 옮기고, 친구나 가족에게 이 일을 말하며, 결국 직원에게 화풀이를 할 가능성이 더 커진다.

얼마가 걸려야 너무 길다고 할 수 있을까? 답은 경우에 따라 다를 수 있다. 벤치마크는 유용한 데이터 핵심 정보를 제공하지만, 고유한 고객들과 문제를 모두 반영하지는 않는다. 보험 회사들은 고객이 보험료 청구 시 대기 시간에는 예민하지만, 보험료 지급 확인 대기 시간에는 비교적 관대하다는 사실을 발견할 것이다. 또한 의료 센터들은 환자들이 첫 진료 시간인 오전 5시 이전부터 컨택센터를 운영하는 것을 기대하고 있다는 것을 알게 될 것이다.

문제점을 알고자 한다면, 다음의 내용이 유용할 것이다. 대기 시간에 대한 고객 설문조사를 한다. 대기 시간을 고객 유형 및 서비스별 고객 만족도 데이터와 상호 연관시켜본다. 대기 시간을 견디지 못하고 떠나는 고객의 비율을 분석한다. 이러한 단계를 거치면 완전히 파악될 것이다. 도움이 필요한 고객이 기다리는 것에 만족하는지가 핵심이다. 고객 중심의 조직에서는 실제로 걸리는 지연 시간보다 이를 더 중요하게 다룬다.

월요일 아침이나 특히 바쁜 시기에 씨름하는 조직들이 안타깝게 느껴지곤 했다. 하지만 더 이상은 아니다. 세계에서 가장 큰 인공 크리스마스트리 생산업체인 발삼 힐Balsam Hill을 생각해 보라. 설립자이자 CEO인 맥 하만Mac Harman은 발삼 힐의 연간 매출의 60%가 11월 1일부터 12월 첫째 주까지의 5주 안에 일어난다고 말했다. 무려 60%나 된다니, 어떻게 이런 일이 가능할까? 그 비결은 네 가지 요소의 조합에 있다. 첫째, 모든 임직원이 힘을 합쳐 노력한다. 둘째, 비즈니스 파트너들과 긴밀히 협력한다. 셋째, 불필요한 고객 서비스 문제를 예방하기 위해 끊임없이 집중한다. 이를 위해 더 나은 매뉴얼을 만들고, 품질을 개선하며, 영상과 문자, FAQ 등을 활용한다.

넷째, 챗봇을 적극 도입한다. 맥 하만과 그의 팀이 그런 절정의 시기에도 대처할 수 있었기에, 다른 조직들도 바쁜 월요일 아침 정도는 충분히 대처 가능할 것이다.

## 직원 한 명의 힘

직원들의 영향력은 단순히 그들이 직접 상대하는 고객에게만 국한되지 않는다. 30분 동안 100명의 고객을 돕고 있는 20명의 직원을 생각해 보자. 여기에 Erlang C 공식에 기반한 예측 표를 작성했다(얼랑 C는 매장, 고객 센터, 식당 등 고객 대기 줄이 있는 경우에 직원 요구사항을 예측한다. 검색으로 얼랑 C 계산을 제공하는 웹페이지를 찾을 수 있고, 대부분의 직원용 소프트웨어는 이 공식을 사용한다.)

### 그림 4-3 고객 대기열의 예

평균 대기 시간: 5분
30분간 방문객 수: 100명

| 직원 | ← | | | | x초 이상 대기하는 고객 수 | | | | | | | → |
|---|---|---|---|---|---|---|---|---|---|---|---|---|
|  | 5 | 10 | 15 | 20 | 30 | 40 | 50 | 60 | 90 | 120 | 180 | 240 |
| 17 | 90 | 90 | 89 | 89 | 88 | 87 | 86 | 85 | 82 | 79 | 74 | 69 |
| 18 | 65 | 64 | 62 | 61 | 58 | 56 | 53 | 51 | 45 | 39 | 30 | 23 |
| 19 | 46 | 44 | 43 | 41 | 38 | 35 | 33 | 30 | 24 | 19 | 12 | 7 |
| 20 | 32 | 30 | 29 | 27 | 24 | 22 | 19 | 17 | 12 | 9 | 5 | 2 |
| 21 | 22 | 20 | 19 | 17 | 15 | 13 | 11 | 10 | 6 | 4 | 2 | 1 |
| 22 | 14 | 13 | 12 | 11 | 9 | 8 | 6 | 5 | 3 | 2 | 1 | 0 |
| 23 | 9 | 8 | 7 | 7 | 5 | 4 | 4 | 3 | 2 | 1 | 0 | 0 |
| 24 | 6 | 5 | 4 | 4 | 3 | 2 | 2 | 1 | 1 | 0 | 0 | 0 |

20명의 직원이 있을 때 32명의 고객이 5초 이상 기다린다. 그런 상황을 왼쪽에서 오른쪽으로 해당 행을 따라 훑으며 전개해보자. 30명의 고객이 10초 이상 대기하고, 29명은 15초 이상 대기하고 있다. 2명의 고객은 240초(4분) 이상 대기하는 것을 볼 수 있다.

직원이 17명밖에 없다면 어떻게 될까? 이런! 수십 명의 고객이 4분 이상 기다리게 된다. 당장 뛰어들어 도움을 주는 직원이 한 명만 더 있을 때의 결과를 보라. 고속도로에서 비슷한 경험을 해봤을 것이다. 차 한 대가 길가에 멈추면, 모든 차선이 밀릴 수 있다. 바쁜 식료품점에서도 마찬가지다. 계산대를 하나 더 열면 모든 줄이 바뀌고 모든 게 더 빨리 움직인다.

> 각각의 직원은 고객 대기 시간에 상당히 긍정적인 영향을 끼친다. 이는 한 직원이 직접 상대하는 고객게 미치는 영향을 훨씬 넘는서는 파급 효과를 가진다. 직원교육에 이 이론을 포함시자. 교육과정에 새로운 활력을 불어넣고 업무에 대한 자부심을 갖게 할 것이다.

## 2. 도움받는 방법 쉽게 찾기

고객이 쉽게 도움을 받을 수 있도록 하려면 고객 커뮤니케이션, 셀프 서비스, 대화형 음성 응답IVR, 디지털 채널 등 고객 여정 전반을 고려해야 한다. 전용 트위터 프로필, 전화번호, 이메일 주소, 채팅 링크 등 질문을 전달할 수 있는 적절한 장소를 찾는 것이 얼마나 쉬웠는지, 선호하는 채널이었는지, 올바른 경로를 쉽게 알아냈는지, 아니면 엉뚱한 다른 채널로 이동했는지 등 최근에 발생한 문제를 생각해 보자.

도움을 쉽게 받을 수 있도록 하려면 철저한 생각과 설계가 필요하다. 커뮤니케이션, 전화 메뉴, 웹페이지 및 모바일 앱을 설계할 때는 고객에게 언제, 왜, 어떻게 연락받을 것인지를 예측해야 한다. 다음 부분에서 설명하는 견고한 고객 액세스 전략은 중요한 도구가 되어줄 것이다.

## 3. 지식이 풍부하고 친절한 고객 서비스 직원

고객들은 문제가 발생하면 조언, 지원 그리고 해결책을 위해 직원들에게 의존한다. 고객들은 연락하게 된 직원들을 바탕으로 그 회사에 대한 의견을 형성하게 된다. 그렇기 때문에 유능한 직원을 고용하고, 잘 훈련시키고, 필요한 도구를 제공하고, 더 좋은 서비스를 제공할 수 있도록 힘을 실어주는 것이 매우 중요하다.

직원이 제공한 도움이 유익했는지에 대한 고객의 인식을 얻는 것은 어렵지 않다. 고객 만족도 점수, 불만 사항 및 직원 관찰을 통해 어떤 고객 서비스 팀원이 우수한지, 누가 추가 교육 또는 코칭이 필요한지 파악할 수 있다. 피드백과 관찰 결과를 분석하면 채용, 교육, 코칭뿐만 아니라 목표와 지표까지 개선해야 할 필요성을 알 수 있다.

## 4. 고객 친화적인 정책 및 프로세스

프로세스는 서비스 제공의 핵심이다. 고객 대기 시간, 도움말 접근의 용이성, 그리고 서비스 및 지원의 거의 모든 측면은 주로 프로세스에 의해 결정된다. 가장 헌신적인 고객 서비스 팀원들조차 불편한 정책을 대변하거나 복잡한 프로세스에서 일해야 한다면 큰 어려움을 겪는다. 그리고 우리는 증가하는 불만 사항 중 대부분은 고객이 문제 해결을 위해 여러 번 연락하거나, 복잡한 프로세스를 직접 처리해야 했던 경우에서 비롯된다.

고객 여정의 지도를 그릴 때 몇 가지 목표를 염두에 두어야 한다. 기업은 고객들이 긍정적인 해결책을 쉽게 찾고 필요할 때 도움을 받았다고 느끼게 만드는 것이 목표일 것이다. 프로세스가 얼마나 효과적으로 작동하는지에 대한 데이터를 수집하느려면 상당한 노력이 필요할 수 있다. 시간이 지남에 따라 다양한 채널 및 부서에 걸친 접점을 따라 고객을 추적해야 할 수도 있다. 기술은 계속해서 발전하고 있지만, 대부분의 경우 필요한 정보는 고객 피드백과 직원들이 직접 입력한 데이터에서 얻게 된다.

### 5. 고객이 누구인지 알기

소비자들은 온라인 포털에서 항공권을 예약하고 전화로 문의하는 것처럼 서비스 채널 간 이동 시 매끄러운 연결성을 기대한다. 고객이 같은 문제로 여러 번 전화를 할 때마다 담당자가 자신의 정보와 이전 상황을 알고 있기를 바란다. 이는 고객을 능동적으로 식별할 수 있는 시스템과 방법이 필요함을 의미한다. 이로써 고객의 기록에 액세스하고 여러 연락처, 접점 및 채널을 통해 고객이 이동해온 경로를 추적할 수 있다. 고객 경험의 관점에서 고객이 고객이 "존스 씨, 저희 시스템에서 고객지원요청을 시작하셨군요. 그 일로 전화하신 건가요?"와 같은 응대를 받게 하는 것을 목표로 해야 한다.

연구조사 결과 이 다섯 가지 좌절감이 가장 흔한 것으로 나타났다. 하지만 고객에게도 해당이 되는지, 어느 정도 해당이 되는지 등에 대해 이 목록을 출발점으로 삼아 고객 서비스 고충점 조사에 착수하는 것이 좋다.

낙담할 필요가 없다는 한 가지 당부를 하고 싶다 이 책의 리뷰 팀 멤버인 한 실무자는 다음과 같은 의견을 공유했다. "저는 이 부분에서 조금 벅찬 느낌이 듭니다. 우선, 많은 사람들이 새로운 채널을 도입하라는 압력을 받을 것 같아요. 하지만 이미 가지고 있는 것들로 먼저 잘해야 하지 않나요? 고객 지원을 잘할 수 있는 채널로 고객을 바로 안내할 수는 없을까요? 두 번째로, 이 다섯 가지 영역이 기본이라고는 하지만 이것들조차 너무 어려운 것 같아서 기운이 빠져요. 나만 그런가요?"

그의 말에는 많은 지혜가 담겨있고, 전적으로 동의한다. 기본을 갖추기 전에 너무 영리해지려 하지 마라. 스포츠로 비유하자면, 이 다섯 가지 영역은 기본기에 해당하는 '블로킹과 태클'이며, 쉽지 않을 것이다. 그렇기에 스포츠, 악기, 예술 등 어느 분야든, 다른 어떤 부문보다 기초에 더 많은 노력을 기울이는 것이다. 위대한 사람들이 이 점을 계속해서 강조하는 이유다. 결코 쉽지 않겠지만, 지속적으로 추진해야 할 일이다. 실망하거나 완벽을 추구할 필요가 없다. 그저 계속해야 한다.

## 유기적인 고객 접근 채널을 설계하라

소규모 스타트업, 정부 기관, 다국적 기업 등 모든 조직에서 어떻게 고객 서비스를 수행할 것이냐에 대한 정의와 계획이 필요하다. 대부분의 조직에서 이런 계획의 필요성이 점점 뚜렷해지고 있다. 새로운 제품을 소개한다고 생각해 보자. 어떻게 지원할 것인가? 어떤 사람 또는 그룹이 고객 서비스 문제를 맡아야 할까? 이는 자원과 예산에 어떤 영향을 미칠까? 조직이 내려야 할 수많은 의사 결정이 있다는 것을 알 수 있다.

고객 서비스에서의 종합적인 계획을 '고객 접근 전략'(혹은 고객 참여 전략, 서비스 전략)이라고 한다. 고객 액세스 전략이 무엇인지, 그리고 효과적인 계획의 구성 요소는 무엇인지 살펴보자.

> "고객 접근 전략 : 고객이 필요로 하는 정보, 서비스, 전문지식을 제공받거나 접근할 수 있는 방법을 설명하는 일련의 표준, 지침, 프로세스"

효과적인 고객 접근 전략에는 10개의 구성 요소가 포함되며, 이를 알아보고 함께 고민하는 것부터 시작하는 것이 좋다.

### 고객 접근 전략의 구성 요소

- 고객 세분화 Customer Segments
- 상호작용 유형 Types of interactions
- 접근 대안 Access alternatives
- 운영 시간 Hours of operation
- 서비스 수준 Service level
- 고객 배정 Routing
- 인적 자원/기술 People/Technology
- 정보 Information
- 분석 및 개선 Analysis/improvement
- 새로운 서비스 배포 지침 Guidelines for deploying new services

1. 고객 세분화를 고려하라. 대규모 조직에서는 일반적으로 마케팅 부서에 의해 고객 세분화가 정의되며, 논리적으로 고객을 분류하는 방식을 의미한다. 예를 들어, 보험 회사는 필요한 정책, 고객의 위치, 사업체 혹은 소비자인지 등을 기준으로 범주를 나눈다. 규모가 작은 조직이라도 반드시 고려해야 할 요소가 있다. 예를 들어, 레스토랑은 특별한 축하 행사, 그룹 행사, 비즈니스 미팅 등을 시도해볼 수 있다.

2. 상호작용의 유형을 알아낸다. 예를 들어 주문, 고객 서비스, 기술 지원 등 각 상호작용 유형이 고객 충성도를 높이고 가치를 창출하는 방식에 대해 고민해보라. 어떤 것들은 제품 및 서비스의 개선을 통해 점차 제거하거나, 또 어떤 것들은 셀프서비스를 통해

자동화되거나, 어떤 것들은 담당자가 직접 참여하는 것이 가장 좋을 것이다.

3. 고객 접근 방식의 대안을 살펴보자. 전략이 실제로 구체화되기 시작하는 이 단계에서는 가능한 모든 커뮤니케이션 채널과 이에 연동된 전화번호, 웹 주소, 이메일 주소, 소셜미디어 사용자 이름, IVR 메뉴, 실제 주소 등을 식별한다. 고객이 앱에서 시작하여 사람과 대화를 나누는 등 둘 이상의 채널이 상호작용에 관여하는 경우에는, 커뮤니케이션 채널의 가능한 조합을 사전에 최대한 많이 파악해 두어야 한다.

4. 운영 시간에 따라 고객 상호작용의 유형이 어떻게 달라질 수 있는지 고려해야 한다. 일반적으로 셀프서비스 애플리케이션은 항상 사용할 수 있다. 일부 고객 지원 서비스는 24시간, 7일 내내 사용할 수 있는 반면, 다른 서비스는 시간이 제한적일 수 있다. 예를 들어, 청구서 조회와 같은 일반 고객 서비스는 일과시간에만 이용할 수 있는 서비스와 달리, 전력공급 중단 같은 비상 상황에서는 24시간 언제든지 전력회사에 연락할 수 있어야 한다.

5. 서비스 수준은 고객이 도움을 받는 속도에 대한 조직의 목표를 설정한다. 고객 대기 시간을 최소화하기 위한 목표는 무엇일까? 다른 유형의 상호작용, 연락 채널 및 고객 그룹별로 각기 다른 목표가 적용될 수 있다.

6. 고객 배정을 고려해야 한다. 이 단계에서는 고객, 상호작용 유형, 접근 채널에 따라 각 고객을 적절한 담당자나 부서에 배정하고 분배하는 방법을 다룬다. 다시 말해, 어떤 사람이나 팀이 이를 처리

할지 결정하는 과정이다.

7. 다음 구성 요소에는 필요한 인력 및 기술 자원이 요약되어 있다. 이 단계는 '고객을 적시에 적절한 장소곳으로 안내'하는 개념에서 '적절한 업무 수행'의 개념으로 전환된다. 각 유형의 상호작용에 대해 어떤 직원과 시스템을 사용할 것인가?

8. 필요한 정보를 요약해야 한다. 고객, 제품 및 서비스에 대한 어떤 정보에 액세스할 수 있어야 할까? 서비스 상호작용 중에 어떤 정보를 수집해야 할까? 이는 조직이 개인 정보 보호나 보고 기준을 준수하는 방법을 요약하는 단계다.

9. 분석 및 개선에서는 수집한 정보를 사용하여 어떻게 고객을 더 잘 이해하고 제품 및 서비스를 개선할 수 있는지에 대한 방법을 정의한다. 또한 주요 성과 목표와 고객 서비스의 가치 및 기여도를 측정하는 방법을 요약할 수도 있다.

10. 새로운 서비스 배포 지침에서는 기술 아키텍처(기업 표준과 기술 이전 계획) 및 투자 지침(운영과 자본 지출 우선순위)을 포함하여 새로운 서비스를 구축하기 위한 프레임워크를 개략적으로 설명해야 한다. 또한 이 단계에서는 서비스가 발전함에 따라 전반적인 책임을 지는 사람, 계획이 업데이트되는 빈도, 개별 구성 요소에 대한 주도권 등 고객 액세스 전략을 최신 상태로 유지할 사람에 대해서도 설명해야 한다.

'와, 정말 많네!'라는 생각이 들겠지만, 반대로 고객 액세스 전략이 없다는 것은 악몽이다. 이 책을 검토한 한 컨설턴트는 "매우 간단하다.

모두가 이 문제에 대해 생각해 봤으면 좋겠다. 나는 수천 개의 접점을 가진 고객과 함께 일하고 있다. 이 고객들은 그간 어떤 통제나 지침을 만들려는 추진력이 없었다. 사람들은 누구나 페이스북 페이지, 링크드인 그룹 또는 새 전화번호를 만들 수 있는 것 같다. 하지만 내 고객은 이 모든 것에 서비스를 제공하는 방법을 가지고 씨름하고 있다. 한마디로 혼란스러운 상황이다."라고 말했다.

고객 접근 전략에 대한 생각과 고민들이 결국 시간이 지나면 모두 더 나은 의사 결정을 내릴 수 있게 되는 보상으로 돌아올 것이다. 바로 얼마 전 소규모 급식업체와 1만 명 이상의 직원이 근무하는 대규모 정부 서비스 운영에서 CAS의 혜택을 봤다. 그러니 시작하라. 단순하게 시작하여 이 10가지 구성 요소를 구축하기 시작하라. CAS 계획의 이점을 곧 체감하게 될 것이다.

## 고객 접근 전략은 어떻게 생겼을까?

고객 접근 전략은 일부는 잘 문서화되어 있고, 일부는 너무 단편적이며 일부는 다양한 관리자들의 머릿속에만 존재한다는 점에서 마치 사업계획서와 유사하다. 특히 마지막 경우가 가장 많다. 그러나 효과적이고 최신 트렌드를 반영한 눈에 띄는 전략 계획들도 있다. 예를 들어 보겠다.

나와 함께 일했던 한 휴대폰 회사는 보안 인트라넷에 기반을 둔 고객 액세스 전략이 잘 짜여 있었다. 깔끔하게 디자인된 홈페이지와 각 구성 요소에 대한 링크를 제공하는 UI로 구성되어 있다. 링크별로 고객 세분화, 접근 번호 및 주소, 고객 배정 도표, 고객 서비스 팀, 운영 시간, 서비스 수준 목표 등 계획의 다양한 부분을 구성하는 데이터 베이스나 문서와 같은 파일에 접근하게 된다. 이러한 영역에는 논리적으로 다른 영역으로 이동할 수 있는 링크도 있지만 홈페이지는 항상 메인 디렉토리로 돌아간다.

가장 인상적이었던 부분은 전체를 최신 상태로 유지하는 책임자와 마케팅, IT/통신을 포함한 다양한 구성 요소에 대한 책임운영권을 가진 직원들이 나열되어 있다는 것이다. 각 문서에는 "업데이트 날짜 ＿＿" 라고 표기되어 있다. 이 계획은 현재 진행 중이며, 그들은 중요한 결정을 내릴 때마다 반드시 이 현황을 참고하고 있다.

고객 접근 전략은 중요한 질문들에 대한 답변 시 사용할 수 있는 가이드이기도 하다. 예를 들어, 고객 서비스 기능은 어떻게 구성되어야 할까? 직원들이 필요로 하는 기술과 지식은 무엇일까? 귀사의 전략을 가장 잘 지원하는 시스템 기능은 무엇일까? 조직의 전반적인 전략, 고객 접근 전략 및 예산과 자원이 실질적으로 일치하고 있을까?

고객들은 연락 채널이나 부서에 대해서는 생각하지 않는다. 고객들은 "XYZ의 고객 서비스 부서에 연결해주세요."라고 말하지 않고, "XYZ에 연결해주세요"라고 말한다.

> "고객들에게 있어 고객 서비스는 곧 회사 그 자체나. 최고의 기업은 이를 알고 있으며, 자사 브랜드를 빛낼 수 있는 고객 접근 전략을 수립하고 있다."

**CASE STUDY**

## 캘리포니아대학교의 '플레이북'

---

고객 접근 전략이 있으면 좋을까? 고객 접근 전략은 아주 중요하다. 캘리포니아대학교 은퇴관리서비스센터UC RASC에 속한 사람에게 한번 물어보라. 캘리포니아대학교는 10개의 캠퍼스, 5개의 의료센터, 3개의 국립연구소 및 수많은 연구원과 교육자 네트워크를 가진 세계 최고 수준의 공공 연구 대학 시스템이다. RASC는 대학의 은퇴자 관리 프로그램에 속한 교수, 행정관리자 및 130,000명 이상의 현역 회원과 비활동 회원 또는 퇴직 의료 등록자 수천 명에게 은퇴 관리 서비스를 제공하고 있다.

UC RASC의 이사 엘런 로렌즈Ellen Lorenz는 "고객 접근 전략에 더 많은 노력을 기울일수록, 일이 더 재밌어졌어요. 이 전략은 RASC 내의 우리 모두가 사용하고 참조하는 도구가 되었습니다. 이를 통해 팀은 우리가 하는 일에 대한 전략적 관점을 얻을 수 있습니다. 우리는 일상적 활동에서도 이 관점을 유지하고 있습니다."라고 말했다. 많은 RASC 직원들이 고객 접근 전략을 수립하는 데 의견을 제공했으며, 이를 '플레이북Playbook'이라고 부른다.

플레이북은 우선순위에 대한 집중도를 향상시키고, 팀을 점점 더 자기 주도적으로 변하게 하며, 예산 범위 및 시간에 맞춰 프로젝트를 진행하게 하는 등 많은 이점을 제공한다. 심지어 RASC 직원들이 자신의 경력을 구상하고 발전시키는 것을 돕기도 한다. 그렇다면 가장 흥미로운 혜택은 무엇일까? 바로 캘리포니아 대학이 RASC를 세계 시장에서 최고의 교수, 의사, 연구원 및 전문 인재를 유치하기 위한 수단으로 사용한다는 것이다.

## 나의 것으로 만들어라!

어떤 접근 채널을 열어야 할까? 제공하고자 하는 서비스의 성격은 무엇인가? 이 결정은 스스로 내려야 한다. 나의 조언은 고객 접근 전략을 고객과 조직에게 가장 최선의 선택이 될 자신만의 고유한 것으로 만들라는 것이다. 다음은 고객 접근 전략의 몇 가지 예다.

- 디스커버 카드Discover Card는 고객이 직원에게 쉽게 연락할 수 있도록 앱 내부 메시지 기술을 사용한다. 고객은 해결해야 하는 문제에 대해 다시 시작할 필요 없이 자신이 원하는 시간에 직원에게 응답을 이어서 할 수 있다. 이것은 문제가 해결될 때까지 고객이 계속 연결되어 있어야 하는 기존의 채팅보다 큰 장점이 된다.
- 가전제품 제조업체인 다이슨은 제품 손잡이에 웹사이트와 수신자 부담 번호를 눈에 띄게 표시해 가전제품을 사용하는 사람이 누구라도 똑똑히 볼 수 있게 해놨다. 일부 조직에서는 정보를 찾기 어렵게 함으로써 고객 접촉을 막으려고 하지만, 다이슨은 자신들이 도움을 주기 위해 여기에 있다는 대담한 메시지를 보내고 있다.
- 금융 관련 소프트웨어 개발사인 인튜이트Intuit의 회계 전문 부서는 사용자들이 서로 질문과 답변을 주고받으며 도움을 주는 능동적인 고객 커뮤니티를 개발했다. 급기야 인튜이트의 고객 센터 직원들은 회사의 개입이 필요한 문제에 대한 협력자이자 보조자가 되었다. 이 기술로 인해 소프트웨어 패키지에서 커뮤니티에 쉽게 접근할 수 있게 된다.

- 영국 런던에 본사를 둔 바클레이 은행 Barclays Bank은 고객이 스마트폰이나 태블릿을 사용하여 담당자와 '대면'으로 대화할 수 있도록 하는 비디오 뱅킹의 선구자다. 이 서비스는 24시간 연중무휴로 이용이 가능하며 은행의 다양한 상품과 서비스를 지원한다.
- 델Dell, 스퀘어Square 등 기술 지원을 제공하는 많은 기업이 공동 브라우저 기능을 채택하여 지원 담당자가 고객의 화면을 공유하고 고객의 시스템에 직접 액세스하여 문제를 해결한다. 이러한 기능을 통해 품질과 고객 만족도가 크게 향상되고 처리 시간이 단축되었다.

위와 같은 예시들은 다양한 접근법의 아주 일부일 뿐이다. 비즈니스를 가장 즐기며 하는 조직을 관찰해보면, 고객의 니즈를 충족시키고, 다시 브랜드를 보완하는 방식으로 최고의 서비스를 제공한다는 것을 알 수 있다.

다양한 상호작용 방법을 고려할 때, 고객들이 상호작용의 다른 대안을 찾고 선택하기 쉽도록 온라인 가이드를 만드는 것이 가장 좋다. 'HSBC, KLM, 애플에 연락하는 방법 How to contact (HSBC, KLM, Apple)'이라고 검색하면 각 회사에 연락하는 주요 방법의 좋은 예를 볼 수 있다.

> "대개 비용을 최소화하려는 의도로 연락처 정보를 찾기 어렵게 만드는 조직들이 나에게 문제를 해결해 달라고 요청하곤 한다."

보통 이런 조직들을 검색하면 블로그, 고객 커뮤니티 및 조직에 연락하기 위한 팁을 제공하는 웹사이트 등의 다른 출처들이 검색되는데, 여기에는 전화번호, 어려운 메뉴 탐색 방법 또는 행정운영팀 또는 임원들의 직통 번호가 나온다.

분명히 고객 액세스 전략은 팀 단위의 브레인스토밍 회의에서 창의적인 부분을 생각해낼 수는 있겠지만, 함께 만들어 낼 수 있을 만한 수준은 아니다. 조직 전체의 리더십, 끈기, 참여가 필요하다. 하지만 그 보상은 엄청나다. 고객의 입장에서 보면 좋은 전략은 단순한 접근, 보다 일관된 서비스, 그리고 높은 수준의 편의성을 갖추게 되는 것이고, 조직의 입장에서는 고객 서비스의 가치를 높일 수 있는 플랫폼을 구축하게 되는 것이다.

## 고객 서비스의 전략적 가치를 실현하라

고객의 기대치를 이해하고, 서비스 불만을 제거하고, 효과적인 고객 액세스 전략을 수립하는 것은 강력한 기반을 구축하기 위한 중요한 단계들이다. 그렇다면 전략적 가치는 어떨까? 어떻게 서비스를 전략적 가치의 수준까지 끌어올릴 수 있을까? 고객 서비스 상호작용의 원인을 분석할 수 있는 교차 업무 팀을 구성하는 것이 실질적인 시작 방법이 될 수 있다. 상위 요인의 빈도수를 그래프로 표시하여 추세를 파악한다.

이때 얻게 되는 정보는 크게 두 가지로 분류할 수 있다. 첫째는 상호작용 과정 자체에서 얻게 되는 정보들이다. 고객 서비스 문제의 근본 원인은 대체 무엇이었는지, 고객이 도움을 필요로 하는 이유는 무엇인지, 그리고 상호작용을 다루는 과정에서 알게 된 것들은 무엇인지 등이 해당된다. 둘째는 이에 대한 개선책을 실행하고, 그에 대한 효과를 평가하는 과정에서 나온다. 예를 들어, 셀프서비스를 개선하면 서비스 전화 요청은 얼마나 줄어드는지, 서비스 개선이 고객 리뷰에 어떤 영향을 미치는지 등이 해당된다.

**CASE STUDY**

## 루트론의 '인사이트 센터'

글로벌 전자기술 회사인 루트론은 사물인터넷IoT과 커넥티드 홈마켓의 대표 주자다. 이 회사 제품에는 조명, 천장 선풍기 등을 위한 제어 시스템이 있고, 스마트폰, 음성 비서(알렉사Alexa) 및 기타 장치들을 통해 이 제어 시스템에 접속할 수 있다.

《고객이 기업에게 원하는 단 한 가지》의 자문이자 공동 저자인 매튜 딕슨 Matt Dixon과 루트론의 투자 이사인 팀 돈체스Tim Donchez는 최근 루트론의 전략적 가치 활용 경험에 대한 사례 연구를 발표했다. 루트론의 고객 센터는 매장 점주, 유통업체, 전기 기술자, 건축가, 개인 소비자 등과의 복잡한 상호작용을 처리한다. 그들은 루트론뿐만 아니라 다른 회사들의 제품들도 연구했다. 그 결과, 팀 돈체스는 성공에 필수적인 요소를 공유했다. "우리는 훌륭

> 한 사람들을 고용하고, 우리의 고객들에게 서비스를 제공하기 위한 임직원들의 판단을 신뢰한다."

루트론은 고객과의 통화를 기록하고 분석하기는 하지만, 고객 대응 업무 능력 향상만을 목표로 하지는 않는다. 고객이 루트론의 제품, 브랜드, 서비스, 설치 경험 및 "루트론의 리더들이 더 훌륭한 제품과 고객 경험을 제공하기 위해 필요한 거의 모든 것"에 대한 풍부한 피드백 발굴을 목표로 삼는다.

팀 돈체스는 이러한 접근방식을 통해 수집된 수많은 통찰력에 대해 언급한다. 예를 들어, 특히 성가시고 많은 고객연락을 유발했던 설치 문제는 설치 가이드의 일부 혼동되는 표현을 수정하면서 해결되었다. 다른 사례로는 고객 센터가 엔지니어링 팀과 협력하여 신제품을 출시하고, 신제품 및 서비스에 대한 가이드를 매장 파트너들에게 제공하기도 했다.

팀 돈체스는 고객 센터의 가치를 다음과 같이 요약한다. "많은 비즈니스 파트너들이 우리의 데이터에 연결되기를 원한다. 우리의 고객들을 통해 제품 및 경험에 대한 피드백을 전달받을 수 있기 때문이다. 즉, 무엇이 잘 작동하고 있지 않은지 신속하게 파악하고 바로 조치할 수 있게 된다."

고객 서비스의 진정한 가치는 안테나, 눈, 귀가 되어 무슨 일이 일어나고 있는지 이해하고 앞을 내다보는 데 있다. 고객을 돕기 위해 서비스는 필수지만, 진정한 가치는 혁신의 엔진이 되어 미래의 고객까지 지원하는 데 있다. 이 장의 첫머리에서 제시한 자체 평가를 다시 살펴보자. 조직이 기대치를 설정하고 충족할 수 있도록 사전 예방적으로 지원하려면 어떻게 해야 할까? 고객 서비스가 마케팅, 운영, R&D, IT 등 다양한 기능과 협력해 혁신과 개선의 파트너가 될 수 있는 방법은 무엇일까?

전략적 가치를 실현하는 조직은 극소수이므로, 이 부분을 발전시키면 소수의 최고가 될 수 있다. 또한, 고객 경험 혁신을 강력히 뒷받침하는 고객 서비스로 자리매김할 수 있을 것이다.

**주요 권장 사항**
- 현재 서비스 가치를 객관적으로 평가하라.
- 변화하는 고객 니즈를 반영한 서비스 전략을 수립하라.
- 치명적인 고객 불만 요인부터 우선 해결하라.
- 유기적인 고객 접근 채널을 설계하라.
- 고객 서비스의 전략적 가치를 실현하라.

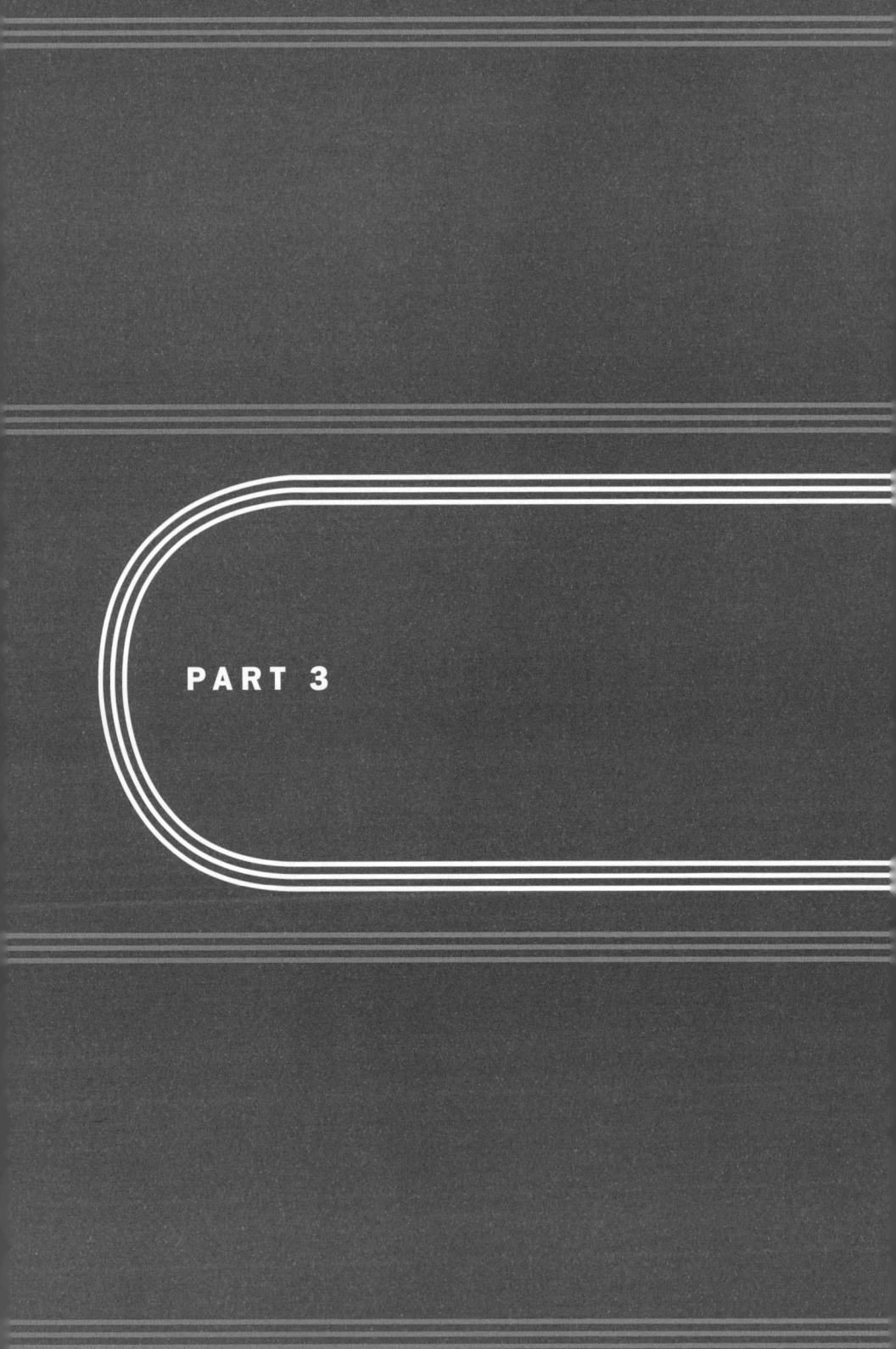

# 경험
# 설계의
# 프로세스

# 고객 인사이트 획득과 활용

　대학 스포츠와 프로 스포츠 세계에서 존경받는 스포츠 전문 캐스터인 조시 르윈Josh Lewin은 나의 이웃이자 친구다. 그는 현재 보스턴 레드삭스Boston Red Sox뿐만 아니라, UCLA 브루인스UCLA Bruins 축구팀과 농구팀의 실황 중계방송 아나운서이다. 다년간의 방송활동을 거치면서 조시는 많은 블로그, 팟캐스트, 책에 인상적인 글을 기고해왔다.

　2020년 초, 팬데믹으로 인한 셧다운 시기에 조시와 방송계 사람들 대부분이 예상치 못한 자유 시간을 갖게 되었다. 그들은 자신들의 방송 기술이 녹슬지 않도록 일상생활의 모습을 방송하기 시작했는데, 이것이 우호적이고 재밌는 경쟁으로 이어졌다. 조시와 다른 스포츠캐스터들이 길을 건너는 보행자, 전자레인지로 만드는 점심 요리, 심지어 바람에 흔들리는 야자수 같은 것들을 보여주며 방송중계를 하는 작은 이벤트들을 벌였던 것이다. 그러고 나서 그들은 이 짧은 영상을 온라인에 게시했다.

조시는 심지어 지루하거나 일방적인 경기도 재미있게 만드는 능력의 소유자다. 세상에. 전자레인지로 타키토taquito를 요리하는 것도 재밌어 보이게 만든다. 난 조시가 아니지만, 만약 날 압박하면 꽤 재미있는 이야기를 할 수도 있다. 나에게만 해당되는 이야기가 아니다. 그렇다면 왜 리더로서의 우리는 종종 고객 데이터에 대한 끔찍한 무관심을 참아내고 있는 것일까? 고객 경험을 리딩하는 사람들은 이 부분에서 책임감을 가지고 있는 걸까?

인정하건대, 내가 젊었을 때는 논리와 데이터에 많은 중점을 두었다. 필요한 작업을 증명하기만 하면 됐다. 사례를 만들고 데이터를 사용하여 근거를 제시하시오. 쾅, 사건 종결. 그 이후로 모든 일이 그런 식으로 돌아가지 않는다는 것을 깨달았다. 조쉬는 설득력 있는 서술로 데이터를 포장한다. 이와 유사하게, 고객 경험 팀과 리더들에게도 스토리텔러로서의 능력이 놀라울 정도로 중요하다는 것을 알게 되었다. 스토리텔링은 프레임워크의 이번 주요 주제인 '경험 설계의 프로세스'의 아주 중요한 부분이다.

재발견하는 것부터 시작하자. 재발견이라고 얘기한 이유는, 우리 대부분이 한때는 꽤 잘했기 때문이다. 어린 시절을 떠올려보자. 친구들과 동그랗게 모여서, 눈을 크게 뜨고, 숨을 죽이고, 여름의 모험을 묘사하거나 누가 누구를 좋아하는지에 대해 속삭였었다. 그 시절의 감각을 되찾는 일, 지금도 충분히 가능하다.

**그림 5-1** 리더십 프레임워크(5장): 고객 인사이트 획득과 활용

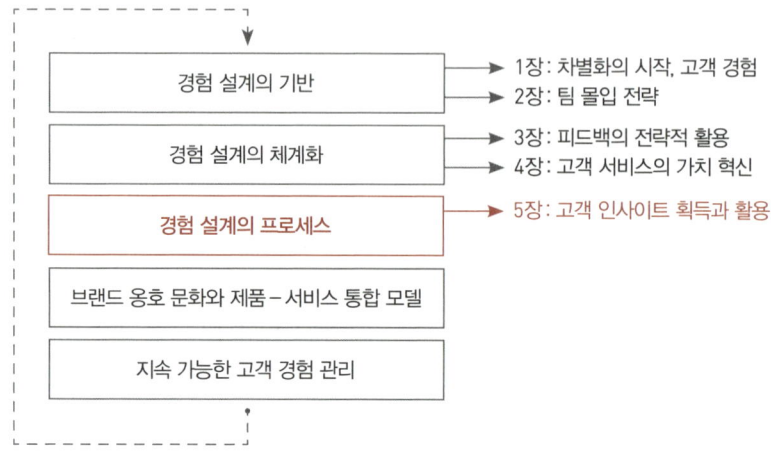

---

## 고객의 이야기를 효과적으로 전달하는 기술을 만들어라

---

중세시대의 종종 음유시인으로 불리던 이야기꾼들은 왕실의 명예로운 구성원들이었다. 그들은 주목할 만한 역사 이야기부터 치료법, 궁정 가십에 이르기까지 모든 것을 알고 있어야 했다. 왕실에 상주하는 이야기꾼들만큼 사람들의 생각과 행동에 영향을 미치는 게 가능한 사람은 거의 없었다.

성공적인 고객 경험 리더들이 이 같은 일을 얼마나 많이 하는지 본

결과, 조직과 조직에 속한 사람들은 본질적으로 변화에 저항하려는 습성이 있다. 설득력 있는 사례나 이유가 없으면, 그들은 계속 현재에 머무른다. 그들을 움직이게 만드는 변화의 촉매제를 만들려면 뭔가 다른 것, 평범하지 않은 것이 필요하다.

고객의 여정에 대한 이야기로 들어가 보자. 이는 우리의 영웅인 고객이 장애물들을 극복하고 비할 데 없는 성공을 거두는 서사적인 이야기가 될 수 있다. 아니면 동료들이 더 행복한 결말을 갈망하며 끝나버리는 비극적인 이야기가 될 수도 있다. 조직이 고객의 삶에 미치는 영향을 보여주기 전까지는 의미 있는 변화를 이끌어내기 어려울 것이다. 많은 시도로 그간 효과가 입증된 스토리텔링 도구들을 선택할 수 있겠지만, 구체적인 접근방식과 상관없이, 설득력 있는 이야기는 몇 가지 공통 요소를 가지고 있다.

## 프레이타크의 피라미드

영화나 연극을 잘 아는 사람이라면 누구나 '프레이타크의 피라미드'가 등장하기 전과 후의 차이점을 알 것이다. 구스타프 프레이타크Gustav Freytag는 효과적인 이야기의 구성 요소를 파악한 19세기 독일 극작가였다. 정확히 말하자면 그는 그것들을 발명한 것이 아니라, 주로 고전 작품에 기반을 두고 수 세기 동안 존재해왔던 것들에 대해 연구한 것이다. 하지만 그는 직관적인 감각을 만드는 모델의 이러한 구성 요소들을 알아내고 기록으로 남긴 공로를 인정받고 있다.

### 그림 5-2 | 프레이타크의 피라미드

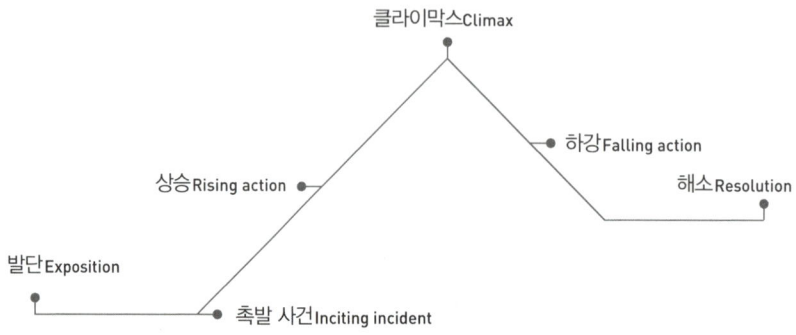

오늘날의 비즈니스 세계에서는 스토리텔링과 프레젠테이션에 대해 복합적으로 잘 연구된 책이나 팟캐스트들이 정말 많다(스티브 데닝Steve Denning의《스토리텔링으로 성공하라The Leader's Guide to Storytelling》를 추천한다). 나는 단순함과 친숙함 때문에 프레이타크의 피라미드를 여전히 인용하고 사용하는 편이다. 여러분도 글쓰기나 드라마 수업에서 프레이타크의 피라미드를 필수로 배웠을 가능성이 높다.

**발단:** 이야기꾼은 무대 장치를 마련하고, 장소, 인물, 배경 그리고 물론 영웅에 대한 소개한다.

**촉발 사건:** 이야기가 본격적으로 전개되도록 행동을 유발하는 계기나 사건이다.

**상승:** 이야기 속 행동이 구축된다.

**클라이막스:** 이야기의 정점이자 영웅의 전환점이다.

**하강:** 전환점 이후에 벌어지는 행동이다.

**해소:** 전통적으로 끝을 의미하는 대단원이라고도 불린다. 결말은 승리일 수도, 비극일 수도 있다.

고객의 여정 이야기에 청중을 끌어오는 과정에서 이러한 요소들로 이야기를 구성하시기를 권장한다. 기술 시스템의 문제를 추적하고 해결하는 컴퓨터 프로그램인 돌발 상황 관리 소프트웨어가 기업의 주요 제품이라고 가정해 보자. 프레이타크의 피라미드를 사용하여 고객의 이야기를 만들고 전달하는 방법은 다음과 같다.

**도입부:** 우리는 지역 의료 서비스업체로 잘 알려진 XYZ 헬스 네트워크를 새로운 고객으로 맞아들이며 거래를 성사시켰다. 시장에 형성된 우리의 신뢰도를 통해 얻게 된 승리다. XYZ는 현재 일부는 자체 개발하고, 일부는 경쟁사의 노후화된 기존의 애플리케이션으로 문제를 관리하고 있다. 그들은 우리의 사고 관리 시스템에 대한 안정성과 훌륭한 고객관리 서비스에 대한 평판을 듣고 우리를 선택했다.

한 가지 기억해야 할 것이 있다. 3월 1일 이전에 시스템을 가동하고 작동시켜야 한다는 점이 가장 중요한 과제다. 이는 규제가 우선시되고, 진행 상황에 대한 필수 보고서를 만들어야 한다는 뜻이다. 임원들은 이 목표를 달성하지 못하면 XYZ와 우리의 브랜드에 심각한 결과를 불러올 수 있으며, 실패는 경력을 위험에 빠뜨릴 수 있음을 분명히 했다. 한 임원이 말했다. "이 일을 망치면 안 됩니다."

**촉발 사건:** 안돼! 우리의 2월 출시 제품이 XYZ 헬스 네트워크 애플리케이션의 핵심 기능을 손상시켰다는 것을 깨닫고 공포에 질렸다. 이유 없이 작동이 안 된다. 모든 시스템은 어느 정도 고객 맞춤형으로 제작되는데, 업데이트할 때마다 항상 호환성 문제가 발생할 위험이 있기 때문에 우리는 항상 확인하고 균형을 맞추는 작업을 한다. 하필 가장 중요한 고객의 계정이 유일하게 업데이트에 문제를 겪고 있다.

솔직히 말하면, 부분적으로는 고객의 잘못이다. 그들이 우리가 설계에 포함시켜야 했던 일부 변수를 놓쳤기 때문이다. 무엇이 필요한지 분명히 전달은 했었다. 하지만 비난과 손가락질은 이 일을 해결하는 데에도, 양쪽 회사에도 도움이 되지 않을 것이다. 제품 서비스 시작일이 정해져 있었기 때문에, 우리와 고객의 팀은 패닉 상태에 빠졌다.

**상승:** 관계 관리자, 즉 고객 옹호 담당자인 샐리 와튼이 등장한다. 샐리는 즉각 행동에 나섰다. 개발, 지원 및 제품 관리 멤버로 구성된 교차 업무 팀을 조직한다. 신속하게 구성된 임시 팀은 화이트보드 주위에 모인다. 아폴로 13호 참사 당시 NASA 국장 진 크랜즈 Gene Kranz가 했던 말 "실패는 선택 사항이 아닙니다."를 흉내 내며 샐리가 간청한다. 과연 그녀의 노력이 먹힐까?

**클라이맥스:** 팀은 시간에 쫓기며 가능한 해결책을 찾아내고 작동하지 않거나 일정에 맞지 않는 해결책은 신속하게 폐기한다. 한 가지 괜찮아 보이는 방법이 문제를 해결할 것 같았지만 최종 테스트에서 시스템이 충돌하고야 만다. 시간이 촉박하다. 이때 공대를 갓 졸업한 신입

사원 중 한 명인 토미가 아이디어를 냈다. 당장의 급한 문제를 해결하고, 개발팀이 최종 솔루션을 개발할 시간을 벌 수 있는 패치에 대한 아이디어였다. 팀은 XYZ와 협력하여 패치를 확인하고 테스트했다. 됐다! 모든 것이 다시 '진행!'되었다.

**하강:** XYZ의 팀은 이 창의적인 솔루션에 감격한 동시에 안도감을 느꼈다. 그들은 우리를 선택한 결정의 이유를 다시 확인할 수 있었다고 말했다. IT 관리자 중 한 명은 "어떤 빅테크 소프트웨어 회사도 이러한 기적을 행할 수는 없었을 것"이라고 말했다.

2월 출시에서 정확히 무슨 일이 일어났는지 확인하기 위해 사후 조사를 하고 있다. 우리는 어떤 영웅적인 행동이 또다시 미래의 그날을 구할 것이라고 기대해서는 안 된다. 우리 고객과 브랜드에 너무 많은 것들이 걸려 있다. 따라서 권장 개선 사항과 출시 승인을 위한 수정된 프로세스에 대해 후속 조치를 밟을 것이다.

**결말:** XYZ는 예산 범위 내에서 제시간에 시스템과 필수 보고서를 받았다. 우리가 제공한 솔루션이 작동함에 따라, XYZ는 자신들의 고객을 돕는 데 매우 집중하고 있다. 그 위기가 얼마나 재앙에 가까웠는지는 우리 중 몇 명만이 알고 있을 것이다. XYZ는 우리의 솔루션을 통해 보고서를 준비하는 시간이 대폭 줄어들었다고 말한다. 그들은 우리와 우리가 제공한 솔루션에 대한 엄청난 신뢰를 가지고 있으며, 다른 잠재 고객들에게도 이러한 사실이 알려지고 있다. 재앙이 될 수 있었던 일을 고객의 승리로 바꾼 샐리, 토미 및 나머지 팀원들에게 경의를 표한다!

요점은 고객의 이야기를 제시하는 방식에 의도성이 있어야 한다는 것이다. 업데이트로 인해 호환성 문제가 발생한다고 보고하는 것과, 이러한 의미들을 이야기를 통해 풍부하게 전달하는 것은 전혀 다르다.

**CASE STUDY**

## 클라크 페스트 컨트롤

해충 방제 산업에서 고객 담당 직원들이 얼마나 특별한 경험을 하는지 상상도 하지 못할 것이다. 이들이 겪는 특별한 경험은 대부분의 고객을 통해 반드시 거치게 되는 과정일 것이다. 가능한 한 고통이 없기를 바라지만, 어떤 일이든 각오해야 한다.

클라크 페스트 컨트롤의 고객 경험 담당 이사 맷 벡위드Matt Beckwith는 고객 경험을 획기적으로 개선하고 있었다. 그의 비밀 중 하나는 이야기를 모으고 들려주는 것이다. 맷은 고객과 그들의 상황을 명확하고 전문적으로 설명한다. 그 덕분에 직원들은 고객들, 그들의 관점, 그리고 성공의 이미지를 형상화할 수 있게 되었다. 이러한 점은 그저 해충을 제거하는 것 이상의 의미를 갖게 된다.

수백 명의 기술자가 현장에 있기 때문에, 새로운 이야기들은 항상 생겨난다. 일부는 유머와 연민으로 가득 차 있다. "클라크 페스트 컨트롤 유니폼을 입은 모든 남성과 여성은 우리 회사 자체를 상징한다."라고 맷은 말한다. "그들은 고객이 만날 수 있는 회사의 유일한 팀원이기도 하다."

이러한 이야기의 힘을 통해 직원들은 고객을 대하는 방법을 배운다. 직원들은 고객의 집을 신성한 장소, 고객의 쉼터로 여긴다. 그리고 자신의 시간보

> 다 고객의 시간을 소중히 여긴다. 필요 시 최상의 결과를 보장하기 위해 융통성을 발휘해야 한다는 것도 알고 있다. 맷은 고객의 이야기를 회사 문화의 일부로 만들었다.

## 능숙한 고객 경험 교육자로 성장하라

고객 경험에 대해 피상적으로 좋은 얘기를 하기란 쉽다. 많은 임원들이 고객 경험에 대해 일반적인 용어들을 사용하여 이야기할 것이고, 종종 그들의 이야기를 듣다 보면 고객 경험은 일종의 초월적 세계라는 인상을 받을 것이다. 이러한 관점은 득보다 실이 많을 수 있고, 고객 경험을 모호하고 무의미한 것으로 만들 수 있다. 만약 이 책을 5장까지 읽었다면, 훌륭한 고객 경험을 끊임없이 구현하려면 열심히 일하고, 계획하고, 의도해야 한다는 사실을 알고 있을 것이다.

최고의 고객 이야기는 실천을 촉구하는 것으로 마무리되어야 한다. 여기에는 부서 간에 지식을 공유하고, 오해의 소지가 있는 커뮤니케이션을 재구성하며, 직원들에게 고객이 말하는 비정형적인 의견들을 놓치지 않도록 촉구하는 작업 등이 포함될 수 있다.

> "고객의 이야기를 설득력 있게 들려주는 것이 그 이유에 대한 해답을 줄 것이다. 만약 고객 경험을 굳게 지켜나가려면, 이제 그 방법을 제시해야 한다."

교육자로서의 역할은 두 가지로 나눌 수 있다. 첫째, 모든 사람이 쉽게 이해할 수 있는 방식으로 고객 여정의 현실을 직원들에게 전달해야 한다. 둘째, 고객 여정에 있어 각각의 직원들의 역할이 중요하다는 것을 교육하고 지도해야 한다. 관련성이 높고 구체적일수록 좋다. 직원들이 충분히 참여할만한 간단한 방법을 제시하는 것이다. 고객의 여정이나 CX에 대해 교육하는 것만으로는 충분하지 않다. 특정 관점이나 행동을 바꿀 수 있는 기회를 직원들에게 제공해야 한다.

수많은 리더들은 자신들의 접근방식이 향상되었다고 말했다. 그들의 고객 경험 초기에는 많은 사람들이 경보를 울렸다. "이봐, 이 고객 데이터를 봐. 우리가 여러 가지로 고객들을 실망시키고 있어." 이해할 수 있다. 고객의 의견을 듣고 개선 기회를 찾기 시작하면, 문제해결에 뛰어들게 될 것이다.

문제는 죄책감을 주고 당근이 아닌 채찍질을 하는 것이, 다른 사람들에게 오랫동안 동기부여를 주지는 못한다는 것이다. 사실, 그들은 완전히 낙담하게 될 수도 있다. 그들은 직원들에게 영감을 주는 방식이 훨씬 더 오래 간다는 것을 깨달았다. 그리고 그 과정에서 발전과 승리를 축하해주는 데 더 중점을 두었다. 문제점을 파악하고 개선 사항을 만들어가야 하는 부분은 반드시 있다. 하지만 개선 과정을 보여주고 긍정적인 태도를 유지하는 것이 모든 차이를 만든다.

그럼 어떻게 시작해야 할까? 프로세스에 직원들을 포함시키고 직원이 하는 일과 고객이 경험하는 일을 연결할 수 있는 방법은 무엇일까? 몇 가지 입증된 방법들을 선택할 수 있다. 가장 효과적인 방법 중 몇 가지를 살펴보자. 고객 여정 지도부터 시작해 보겠다.

## 고객 여정 지도를 전략적으로 활용하라

고객 경험 전문가를 전율케 하는 가장 인기 있는 방향성 중 하나는 고객 여정 지도다. 그럴 만한 이유가 있다. 고객과 조직의 관계를 시각적으로 보여주는 간단하고 효과적인 방법이기 때문이다. 고객 여정 지도는 매우 인기가 많아서, 어떤 사람들은 고객 경험 관리를 고객 여정 지도와 동일시하기도 한다. 사실 그렇지는 않다. 여정 지도는 도구일 뿐이다. 하지만 매우 강력한 도구가 될 수 있다.

고객의 여정을 지도로 만드는 방법은 무수히 많지만 목표는 동일하다. 특정 고객 페르소나를 정의하고 고객의 경험을 한 줄로 시각화하여 문서화하는 것이다. 그러면 일련의 '접점'을 따라 움직인다는 사실을 보게 될 것이다. 이와 관련된 기본 단계를 요약해 드리긴 하겠지만, 반드시 고유의 프로세스를 만들어야 한다. 공백 상태에서 만들어진 지도는 쓸모없는 경우가 많다. 즉, 팀과 협력하여 지도를 만들고, 팀원들의 역할을 이야기에 첨가할수록 더 의미 있는 결과물이 나올 것이다. 부서

나 역할에 상관없이, 조직 내의 모든 사람이 지도를 이해하고, 자신들이 현재 고객 여정 지도의 어디쯤에 위치하고 있으며, 어떻게 참여하고 있는가를 확인할 수 있다면 성공이다.

### 1단계 : 고객 페르소나 생성하기

고객 여정 지도의 프로세스를 생성하는 것은 고객 페르소나를 생성하는 것으로 시작된다. 이 단계에서의 목표는 비교적 비슷한 여정에 속하는 고객끼리 그룹화하는 것이다. 다시 말해, 같은 그룹 내의 고객 여정의 핵심 단계 또는 '접점'은 거의 같을 것이다. 가능하면 가장 일반적이고 쉬운 고객 그룹을 선택하여 시작점으로 삼는 것이 좋다. 요점은 결국 각각 다른 페르소나와 여정을 가진 다양한 고객 페르소나 그룹을 갖게 된다는 점이다. 고객 여정 지도 기술이 증가함에 따라 지도의 범위와 깊이도 자연스레 증가할 것이기 때문에, 시작은 간단하게 하는 것이 좋다.

고객과 청중에 맞게 이러한 페르소나를 맞춤화할 수 있는 완전한 창조적 통제권을 가지고 있는 셈이다. 포함시켜야 할 데이터에 대한 몇 가지 포인트는 다음과 같다.

- 주요 목표 : 이 고객에게 성공이란 어떤 것일까? 애초에 왜 그들은 우리의 제품이나 서비스를 이용하게 되었을까? 한두 문장으로 서술하라.

- 주요 목표 KPI : 핵심 목표를 달성한 이후, 성공 수준을 측정하는 가장 중요한 측정 지표는 무엇인가?
- 고객 통계 : 연령대, 거주 지역 등과 같은 몇 가지 기본 인구 통계를 항목별로 분류하라.
- 과제 : 무엇이 이 고객의 밤잠을 못 이루게 하는가? 업무나 개인의 생활에서 겪고 있는 어려움이나 불편함은 무엇인가?

여러분의 조직이 보건 및 안전에 대한 관리 시스템과 교육 프로그램을 제공한다고 가정해 보자. 고객인 알리사는 환경, 보건 및 안전 관리자이다. 알리사의 주요 목표는 모든 직원의 건강과 안전을 보장하는 것이며, 최우선 과제는 준법 감시와 환경 개선에 대한 교육이다.

### 2단계 : 접점 식별하기

이제 특정 고객 페르소나를 염두에 두고, 조직과 해당 페르소나 사이에 발생하는 각각의 중요한 상호작용을 분리시켜야 할 때다.

**그림 5-3** 고객 페르소나의 예시

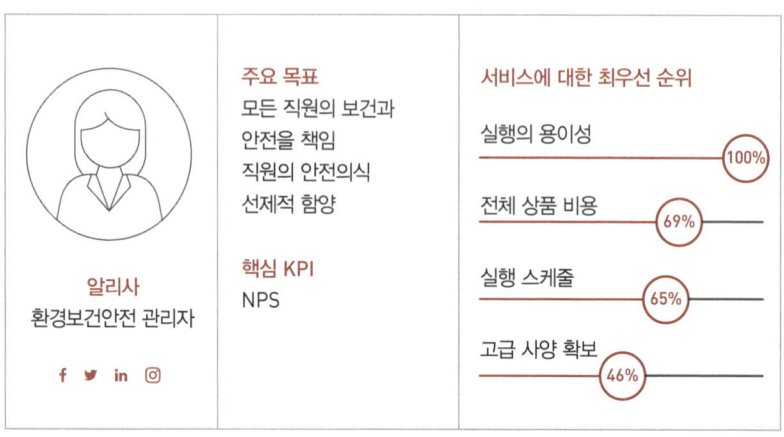

페르소나는 고객의 관점에서 작성되어야 하며, 가능하면 고객이 사용하는 용어를 사용하는 것이 좋다. 여기서부터 고객 여정 지도가 모양을 갖추기 시작한다. 많은 조직들이 단순히 접점을 순차적으로 분리하는 일만으로도 굉장히 놀라운 발견을 할 수 있다는 사실을 알아냈다. 하지만 이는 대부분 사람의 관점을 비즈니스 관점에서 고객 그룹의 사고방식으로 전환하는 것을 의미하기 때문에 그다지 놀라운 일은 아니다.

당연한 얘기지만, 모든 고객 여정 지도는 고객과 조직 간에 벌어지는 상호작용의 유형마다 전부 다른 양상으로 나타난다. 그래도 직접 한 번 생각해 보기 위해 고객 여정이 어떻게 진행될 수 있는지에 대해 살펴보자.

- **브랜드 인지도.** 고객이 조직의 고객 서비스를 인식하고, 조직이 자신이 겪고 있는 문제에 대한 해결책을 알고 있다는 사실을 알게 되

는 접점이다. 이 단계는 종종 고객 니즈에 대한 인식과 일치한다. 즉, 고객은 니즈를 가지고 현재 가능한 해결방안을 모색하고 있다는 뜻이다.

- **판매영업.** 고객이 추가 정보를 얻고자 하고, 데모 버전을 받고, 고객 정보를 알아가는 단계이다.
- **판매.** 견적이 제공되고, 협상이 이어지며, 계약이 성사되는 접점이다.
- **실행.** 고객이 제품 또는 서비스를 사용하기 시작하는 단계다.
- **지속적 고객 지원.** 송장 발행 또는 결제 프로세스가 시작되는 접점이다. 또한 고객 지원의 도움이 필요할 수도 있다.
- **갱신.** 고객이 제품 또는 서비스를 갱신하고 잠재적으로 파트너십을 확장하기로 결정하는 단계다.

**그림 5-4** 고객 여정 지도, 주요 접점들

**고객 여정 지도**

이름: 알리사
직업: 환경보건안전 관리자
나이: 40대 중반
전공: 경영학

주요 목표: 모든 직원의 보건과 안전을 책임지고 직원의 안전의식 선제적 함양
핵심 KPI: NPS

| | 브랜드 인지도 | 판매 | 실행 | 고객 지원 | 갱신 |
|---|---|---|---|---|---|
| 접점 | 고객이 처음 브랜드를 접하는 단계 | 판매 단계로 진입하고 파트너십이 형성되는 단계 | 의미 있는 첫 사용을 위한 교육, 환경설정, 작업 확장 및 고급 사용 단계 | 확장 및 고급 사용 단계 | 재무, 고객 서비스, 갱신 등 |

### 3단계 : 고객 니즈와 기대 파악하기

이 단계에서는 고객과 고객의 니즈 및 기대치에 대한 중요한 정보를 추가로 수집하게 된다. 실제 고객 피드백 데이터는 많으면 많을수록 좋다. 고객 피드백을 수집하고 관리하기 시작하는 초기 단계라면 가정에 의한 추측을 해도 무방하다. '가설 지도'라고 부르며, 지도가 전혀 없는 것보다 훨씬 낫다.

대부분의 경우 고객 경험은, 고객의 기대치를 이해하고, 식별하여, 고객 여정 전체에 걸쳐 고객의 기대치에 다시 영향을 끼치는 선순환의 과정을 기반으로 한다. 따라서 각 접점마다 고객의 기대치를 최대한 정확하게 포착하는 것이 중요하다. 여기에는 각 접점에서 고객의 핵심 요구와 기대치를 개략적으로 설명하는 간략한 서술문과 글머리 기호 모음 등이 포함된다.

가능한 한 고객의 관점에서 고객의 언어로 여정을 구축해야 한다는 점을 명심해야 한다. 많은 경영진이 고객 여정 지도를 내부 프로세스 맵으로 대체하는데, 그런 일이 일어나지 않도록 해야 한다. 고객 액세스 전략 같은 내부 '서비스 청사진'을 만드는 것은 필수적이긴 하지만 고객 여정 지도와는 다르다. 팀을 고객의 관점으로 다시 안내해야 한다.

### 그림 5-5 고객 여정 지도, 기대치

**고객 여정 지도: 샘플**

**이름**: 알리사
**직업**: 환경보건안전 관리자
**나이**: 40대 중반
**전공**: 경영학

**주요 목표**: 모든 직원의 보건과 안전을 책임지고 직원의 안전의식 선제적 함양
**핵심 KPI**: NPS

| | 브랜드 인지도 | 판매 | 실행 | 고객 지원 | 갱신 |
|---|---|---|---|---|---|
| 접점 | 고객이 처음 브랜드를 접하는 단계 | 판매 단계로 진입하고 파트너십이 형성되는 단계 | 의미 있는 첫 사용을 위한 교육, 환경설정, 작업 확장 및 고급 사용 단계 | 확장 및 고급 사용 단계 | 재무, 고객 서비스, 갱신 등 |
| 기대치 | | 판매담당자로부터의 시기적절한 납품 | 유능한 PM | 고객 서비스 연결 실패 시 대체 접점 마련 | |
| | 깔끔한 웹사이트 | | 쉬운 사용성 | | 실시간 전화 응답 |
| | 온라인 데모 | | 격주로 고객 서비스 연락받기 | 정기 교육 | |

## 4단계: 고충점 식별하기

네 번째이자 마지막 단계가 가장 중요할 수 있다. 이 단계에서는 고객 여정의 각 단계에서 잠재적인 마찰 지점을 문서화한다. 지금까지 고객의 니즈를 파악했다면, 이제는 많은 조직들이 자주 혹은 가끔 그러한 니즈를 충족시키지 못하는 단계다. 이 단계에서의 고객 여정 지도는 가

상의 연습을 넘어서서, 고객의 경험을 개선하는 방법에 대한 전략적 로드맵이 된다.

모든 직원이 지도를 보고 자신이 중요한 역할을 할 수 있는 지점을 찾을 수 있도록 하는 것이 이상적이다. 이 단계에서 고객 고충점을 설명함으로써, 직원들은 고객 경험을 개선하는 데 있어 자신의 역할을 이해하게 된다. 그리고 이 점이 바로 효과적인 고객 여정 지도의 힘이다. 전체 여정을 설명할 뿐 아니라 행동의 변화를 주도할 수 있는 충분한 전술적 방향을 제시한다.

고객 여정 지도를 통해 많은 부수적인 통찰력을 얻을 수도 있다. 예를 들어, 순고객추천지수NPS의 전후 변화를 포함시키는 등 각 접점에 관련된 핵심 성과 지표KRI를 제시할 수 있다. 온라인 검색을 통해 여정 지도의 많은 사례를 확인할 수 있는데, 일부 지도들은 여기에 제공된 예시보다 훨씬 더 광범위하다. 세부적인 내용들과 사용성 사이에서 적절한 균형을 잡는 것이 중요하다.

## 그림 5-6 고객 여정 지도, 고충점

### 고객 여정 지도 : 샘플

**이름** : 알리사
**직업** : 환경보건안전 관리자
**나이** : 40대 중반
**전공** : 경영학

**주요 목표** : 모든 직원의 보건과 안전을 책임지고 직원의 안전의식 선제적 함양
**핵심 KPI** : NPS

| | 브랜드 인지도 | 판매 | 실행 | 고객 지원 | 갱신 |
|---|---|---|---|---|---|
| **접점** | 고객이 처음 브랜드를 접하는 단계 | 판매 단계로 진입하고 파트너십이 형성되는 단계 | 의미 있는 첫 사용을 위한 교육, 환경설정, 작업 확장 및 고급 사용 단계 | 확장 및 고급 사용 단계 | 재무, 고객 서비스, 갱신 등 |
| **기대치** | 깔끔한 웹사이트 / 온라인 데모 | 판매담당자로부터의 시기적절한 납품 / 쉬운 사용성 / 격주로 고객 서비스 연락받기 | 유능한 PM | 고객 서비스 연결 실패 시 대체 접점 마련 / 실시간 전화 응답 / 정기 교육 | |
| **고충점** | 부정적인 WOM | 부서마다 일관되지 않은 브랜드 목소리 / 산발적이고 불명확한 커뮤니케이션 / 상품에 대한 영업담당자의 지식 부족 | 첫 실행 단계가 지나치게 복잡함 / 반복적 커뮤니케이션 부족 | 소프트웨어 버그로 발생하는 시간 낭비와 데이터 손실 | 판매담당자의 잦은 퇴사 |

NPS 30% → NPS 75%

### 기업 대 소비자 B2C 사례

간단한 B2C 시나리오에 고객 여정 지도 프레임워크를 적용해 보도록 하자. 샘이 딸의 음악 수업을 위해 피아노를 구매하려 한다고 가정해 보자. 이 고객 경험을 묘사하기 위해, 간단한 고객 여정 지도 프레임워크를 사용할 수 있다.

**1단계: 고객 페르소나 생성**

**페르소나 개요:** 샘은 38세의 아버지이며, 집에 놓을 피아노를 처음으로 구매하려고 한다.

- **주요 목표:** 성장하는 아이의 니즈를 충족시킬만한 피아노를 3,500달러 미만으로 2주 이내에 구입해야 한다.
- **주요 목표 KPI:** 샘은 제품 기능, 가격 및 빠른 배송을 고려할 것이다. 고객 정서와 휴대폰 설문조사는 이러한 구성 요소를 측정하는 데 도움이 될 수 있다.
- **고객 통계:** 샘은 두 아이의 아버지이다. 자신이 음악가는 아니지만, 그는 아이들이 피아노를 연주할 수 있기를 바란다. 그의 월급은 7만 달러이고 평생을 이 지역에서 보냈다.
- **과제:** 샘은 피아노에 대해 잘 모르며, 이 점이 가장 두렵다. 3,000달러짜리와 8,000달러짜리 모델의 차이점은 무엇일까? 샘에게는 둘 다 똑같아 보인다. 샘은 결정을 내릴만한 자신감을 얻기 위해 피아노 기능에 대한 기본적인 교육이 필요 할 것이다.

### 2단계 : 접점 식별

브림 브라더스Bream Brothers로 가정한 비즈니스와 샘 사이의 주요 상호작용을 파악해 보자. 이 문제에 접근하는 방법은 다음과 같다.

- **브랜드 인지도 :** 샘은 딸의 피아노 선생님을 통해 추천을 받았다.
- **온라인 조사 :** 샘은 다양한 피아노 모델과 특징들에 대해 알아본다.
- **매장 :** 샘은 처음으로 전시장에 가서 모델을 직접 체험해 보고 질문한다.
- **구매 :** 샘은 구매를 결정한 후 매장으로 돌아와 구매를 완료하고 배달 날짜를 선택한다.
- **배송 :** 피아노를 샘의 집으로 배송하고 원하는 위치에 설치 및 조율을 진행한다.
- **사후 지원 :** 여러분은 판매 후에 고객 만족을 보장하고 샘을 브랜드 홍보대사로 승격시키는 것을 목표로 샘과 협력한다.

### 3단계: 니즈 및 기대치 파악

첫 번째 예시였던 알리사의 B2B 여정 같이, 샘의 긍정적인 고객 여정을 위한 핵심은 명확하고 달성 가능한 기대치를 시기적절하게 설정하는 것이다. 샘의 기대치를 살펴보자.

- **브랜드 인지도 :** 샘은 최고급 제품이 필요하지는 않다. 딸의 니즈를 충족시킬 수 있는 좋은 옵션을 가진 피아노를 선택 과정의 노력을 최소화되길 바란다. 브림 브라더스는 '초보자에게 친화적'인 브랜

드 이미지를 구축했으며, 마을에서 가장 좋은 가격대를 형성하고 있다.

- **매장**: 샘은 이미 겁을 먹었다. 자신감을 가지고 앞으로 나아갈 수 있도록 부담 없는 환경이 필요하다. 브림 브라더스의 직원들은 수수료를 받지 않고, 항상 고객들의 집에 음악이 울려 퍼지도록 돕는 일에 열성적이다.
- **구매**: 샘은 단지 처음 본 가격으로 다음 주까지 피아노가 배송되기를 바랄 뿐이다.
- **배송**: 샘의 가족은 새로운 피아노에 매우 기뻐했지만, 만약 배송 과정에서 원목 바닥에 손상이 발생할 경우 실망할 것이다. 배송이 전문적으로 제때 이뤄지길 기대하고 있다.
- **사후 지원**: 샘은 언제 어떻게 피아노를 조율해야 하는지에 대한 지식이 전혀 없다. 그는 브림 브라더스가 향후 몇 년 동안 최고의 상태로 피아노를 유지하기 위해 필요한 모든 것들을 제공하기를 기대한다.

### 4단계: 고충점 식별

모든 고객 여정에는 잠재적인 마찰 지점이 있다. 고객의 고충 지점을 이해한다면, 고객 환경 개선을 위한 최적 방안 수립에 기여할 수 있다. 샘의 여정에서 마찰 지점의 예는 다음과 같다.

- **브랜드 인지도**: 웹사이트 접근성이 낮다. 사람들은 Bream Brothers가 아니라 Brim Brothers나 Bean Brothers로 잘못된 검색

어를 사용하는 경우가 많다.
- **매장:** 샘은 고가 모델 전시 구역을 통과해야만 매장 내부로 들어갈 수 있다. 그는 가게 뒤편에서 자신이 원하는 가격대의 모델을 보기 전까지 당혹스러움을 느꼈다.
- **구매:** 샘은 배송비가 200달러까지 나올 것이라고는 예상하지 못했다. 이는 피아노 설정 및 음향 튜닝이 포함된 가치 있는 서비스의 가격이라고 초기 방문 시 설명했어야 했다.
- **배송:** 배송업무 창구가 너무 작고, 담당자가 30분 정도 늦는 경우가 많다.
- **사후 지원:** 샘의 전자 메일 주소를 수집하지 못해 팀에서 유지보수 관련 스케줄 공지 이메일 전송이 불가능하다.

### 고객 여정 지도 작성 시 참고할만한 도움말

**단순함을 유지하라.** 어떠한 여정 지도도 완벽하지 않을 것이고, 모든 뉘앙스와 관점을 포괄적으로 다루지는 못할 것이다. 과도한 세부사항과 복잡성을 추구할 경우 지도의 효율성이 저하된다. 핵심은 단순함을 유지하는 것이다. 모든 이해관계자가 지도를 직관적으로 이해하고, 여정을 이해하고, 고객 경험에서 자신의 역할을 명확히 파악할 수 있도록 구성해야 한다.

**고객에게 초점을 맞춰라.** 일반적으로 실수하는 부분은, 여정 지도를 내부 프로세스 맵과 혼동하는 것이다. 프로세스를 문서화하고 개선하는 것은 중요하지만 여정 지도와는 별개의 작업이다. 이 둘을 명확히 구분해야 한다.

**실행에 옮겨라.** 고객 여정 지도는 문제점과 개선 기회를 식별하는 데 도움이 된다. 하지만 실행하지 않으면 아무런 효과가 없다. 중요한 것은 실제 행동으로 옮기는 것이다.

그림 5-7  고객 여정 지도, 소비자 예시

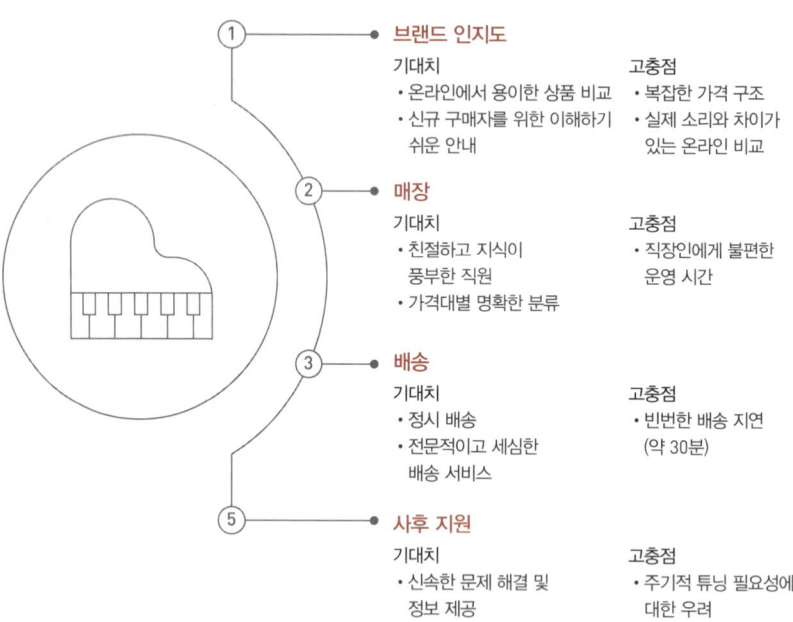

# 인사이트 도출을 위한 보조 도구를 적극 사용하라

고객 여정 지도는 고객의 이야기를 전달하고 임직원들이 여정에서 맡은 역할을 교육하는 데 널리 사용되는 도구다. 하지만 선택할 수 있는 다양한 대안이 존재한다. 최소한 하나의 보완적 도구를 함께 사용하면 여정 지도의 보다 효과성이 증대된다는 점을 확인했다. 고객의 이야기를 전달하는 대안적 방법들은 다음과 같다.

### VoC 포럼

일부 조직은 VoC 포럼을 기업 문화의 일부로 정착시켰다. 샌프란시스코에 있는 작지만 빠르게 성장하고 있는 한 소프트웨어 회사가 한 예다. 이 회사는 VoC에 중점을 둔 월간 '오픈 하우스' 포럼을 운영한다. 모든 직원이 초대되는 이 회의는 기업 문화의 중요한 한 부분이 되었다. 여러 가지 세션 중 고객 이야기에 대한 부분은 통화 녹음, 화면 캡처 또는 이와 유사한 상호작용의 형태를 취하고 있다. 그런 다음 진행자는 세션을 열고 기존 제품 및 서비스를 개선하는 방법에 대한 강력한 토론을 이어간다. 직원들의 참여 방안에 대해 논의해 보자. 이러한 접근방식은 직원과 고객 사이의 격차를 해소할 뿐만 아니라 전체 비즈니스에서 협업과 창의성을 장려한다.

## 고객실 The customer room

많은 조직이 접수처, 복도, 회의실, 빈 사무실 등을 '고객실'로 바꿔, 그 공간에서 고객 여정을 시각적으로 스토리텔링하고 있다. 이들 고객실의 공통적인 특징으로는 사진, 비디오, 다이어그램, 여정 지도 및 감사의 글 등이 있다. 심지어 오디오 클립, 제품 시뮬레이션, 제품 시연 등의 방식으로 고객과 상호작용하기도 한다. 이는 고객에 대한 관심을 직원들에게 보여주는 효과적인 방법이다.

최근 라디오 플라이어 Radio Flyer의 시카고 본사는 빨간색 철제 유아용 웨건으로 유명한 장난감 제조사에 방문한 적이 있다. 1919년에 설립된 이 회사는 1990년대에 생존 위기에 직면하기 전까지 70년 동안 꾸준히 성장했다. 소비자 취향은 변화하고 있었고 경쟁업체들은 더 다재다능한 플라스틱 장난감 자동차를 출시하고 있었다. 창업주의 손자인 로버트 패신 Robert Pasin CEO는 혁신을 통해 회사를 파산에서 구하고 글로벌 리더십을 회복시켰다. 본사의 로비는 한 세기에 걸친 회사의 역사와 제품을 전시하는 박물관으로 꾸며져 있다. 유아용 세발자전거, 스쿠터, 접이식 웨건, 어린이를 위한 배터리 구동 테슬라 탑승 체험 등 오늘날 제품 라인의 혁신은 고객의 변화하는 요구에 부응하고 있음을 보여준다.

## 그래픽 소설

많은 조직이 내부용 뉴스레터를 제작하고 있는데, 일부라도 고객 경험 관련 글을 싣는다. 이 중에는 재미있고 똑똑한 전개 방식으로 고객 경험을 강조하는 그래픽 소설을 만든 조직들이 있다. 예를 들어, 미시간 주 로체스터 힐스에 있는 노스힐스 수의학 병원은 실험실 벽에 그래픽 소설을 전시한다. 새로운 강아지에 대한 검사부터 수명을 다할 때까지의 관리 전반을 보여준다. 이러한 출판물은 독특하고 매력적인 방식으로 고객의 이야기를 전달함으로써 호소력이 있고, 고객 경험의 중요성을 상기시켜주는 역할을 한다.

## 고객 제스처 게임

워크숍 형식으로 채택하면 좋을 한 가지 아이디어는 '고객 제스처 게임 charade'이다. 직원을 소그룹으로 나누고 특정 고객 페르소나의 역할을 지정하거나, 직원들이 스스로 하나를 선택하도록 한다. 각 그룹은 선택된 페르소나를 연구할 책임을 가진다. 그 후 고객 역할을 맡는다. 그룹을 다시 한 번 모아 고객의 여정을 '재연'해보도록 한다. 심화 단계로 더 진행하려면 직원들이 간단한 고객 여정 지도를 작성해보도록 할 수 있다.

제스처 게임의 효과는 직원들이 직접 연구를 하고 고객을 의인화하는 과정을 거치는 데 있다. 어떤 하향식 교육보다도 많은 직원들에게 큰 영향을 끼칠 것이다. 만약 그룹이 원한다면, 공연을 하도록 하고 비디오로 촬영하여 조직의 더 많은 사람들이 볼 수 있도록 주요 장면을 게시할 수 있다.

### 고객 대면

고객의 소리를 완전히 시뮬레이션할 수 없는 경우도 있을 것이다. 고객 여정에서 가장 잘 이해되지만, 표현하기 어려운 감정이 있을 수 있다. 이럴 때는 직접 대화할 의향이 있는 고객을 초대해 세션을 진행하는 방법을 고려할 수 있다. 이런 세션들이 다른 형식에서는 얻어내지 못할 엄청난 가치와 동기부여를 가져온다는 사실을 알게 되었다.

핵심은 가능한 직원들을 모두 참여시키는 것이다. 직원들이 고객의 소리를 의인화하면 고객 경험에 대한 이해가 크게 향상된다.

## 모두가 참여하는 조직 문화를 조성하라

몇 년 전, 의료 산업 컨퍼런스에 기조연설을 한 적이 있다. 청중은 열광했고, 오전 중간 휴식 시간 동안 활기찬 대화가 이뤄졌다. 주최 측의 초청으로, 다른 연사들의 연설을 듣기 위해 남은 하루 동안 머물렀다. 모든 연사들이 중요한 내용을 공유했으며, 모든게 잘 준비되어 있었다.

다른 어떤 행사에서도 일어날 수 있는 일이지만, 하루가 지나면서 프레젠테이션 내용이 서로 섞이기 시작했다. 슬라이드를 넘길 때마다 불안감이 감돌고 있었다. 이어서 중견 바이오파마 회사의 고객 대면 업무 운영을 총괄하는 리사가 그날의 마지막 연사로 나섰다. 청중이 또 다른 파워포인트 발표를 예상하던 순간, 리사는 모두를 놀라게 했다.

> "그녀는 프레젠테이션 리모컨이나 아무런 노트도 없이 무대 가장자리에 있는 의자에 앉아 그저 한 이야기를 들려주기 시작했다."

그 이야기는 한 고객 경험에서 비롯된 서비스 실패 사례였다. 이 고객은 리사의 회사에서 제조한 만성 호흡기 질환용 흡입기 제품을 사용하던 한 남성의 성인 딸이었는데, 그 남자는 흡입기가 제대로 작동하지 않으며 처방받은 약도 받지 못했다고 말했다. 그의 딸 크리스틴은 흡입기가 정상적으로 작동한다고 여겼으나, 실제로 확인해보려 했다.

리사는 침착한 목소리로 크리스틴의 문제 해결 과정을 공유했다. 회사 웹사이트에는 흡입기에 대한 FAQ가 있었지만, 크리스틴의 질문에 대한 명확한 답변은 없었고, 그저 추가 정보를 위해 의사나 약사에게 확인하라는 얘기만 했다. 의사의 긴급 응답이 주말에 필요할 정도로 심각하다고 판단하지 않았다. 크리스틴은 아버지가 흡입기를 구입한 약국에 갔지만, 약사는 다음날까지 휴무였고, 당직자가 도움을 주려고 했지만 확실한 답변을 받지는 못했다.

모두가 리사의 이야기에 완전히 집중했다. 시간이 지날수록 잡담과 휴대폰 확인 행동이 모두 사라졌다. 리사가 크리스틴의 이야기를 계속하는 동안 모든 시선이 리사에게 집중되었다.

약국을 방문한 후, 크리스틴은 회사의 웹사이트를 다시 확인했고 검색 끝에 수신자 요금 부담 전화번호를 찾았다. 그녀가 전화했을 때, 미리 녹음된 셀프서비스 옵션 6가지가 나왔지만, 어느 것도 도움이 되지 못했다. 그녀는 상담사와 통화하기 위해 "O"를 눌렀지만, "영업시간이 종료되었습니다"라는 메시지로 연결됐다.

리사는 잠시 말을 멈춘 후, 이 이야기가 결국 행복한 결말을 맺었다고 말하며 다시 이야기를 이어 나갔다. 크리스틴은 월요일 아침 회사에 다시 전화를 걸었고, 크리스틴의 아버지를 담당했던 의료 정보 전문가와 연결되었다. 전문가는 크리스틴의 말을 주의 깊게 들으며, 중간중간 명확한 질문을 했다. 그 전문가는 결국 크리스틴과 그녀의 아버지 모두에게 흡입기가 제대로 작동하고 있다고 확신시킬 수 있었다.

하지만 리사는 크리스틴의 고객 여정이 너무 순탄치 않았고, 자사가 불필요하게 상황을 복잡하게 만들었다는 점에 크게 우려했다. 리사는 크리스틴과 같은 사람들이 더 쉽게 필요한 답변을 얻을 수 있도록 자신과 다른 리더들이 회사 내에서 실행했던 변화에 대해 파워포인트 슬라이드 없이 몇 분 동안 이야기했다.

리사의 이야기가 끝난 후 방안에서 들리는 소음은 전기음향 소리뿐이었다. 리사가 마지막 연설자였던 것은 다행이었다. 아무도 리사처럼 발표하고 싶지는 않았을 것이기 때문이다. 간단한 이야기로 풀어가면서도 회의의 주제를 전달하며, 헌신적인 리더십의 힘을 입증했다.

최고의 고객 경험을 제공하는 조직은 모든 직원을 고객 홍보대사로 탈바꿈시킬 수 있는 특별한 능력을 보유하고 있다. 이것이 궁극적인 목표다. 직원들이 고객 경험의 핵심 동력이 되도록 그들을 교육하고 영감을 주는 일이다. 우리는 7장에서 이에 대한 주제를 다룰 것이다.

### 주요 권장 사항

- 고객의 스토리를 효과적으로 전달하는 기술을 만들어라.
- 능숙한 고객 경험 교육자로 성장하라
- 고객 여정 지도를 전략적으로 활용하라.
- 인사이트 도출을 위한 보조 도구를 적극 사용하라.
- 모두가 참여하는 조직 문화를 조성하라.

# 프로세스 및 기술 최적화

많은 출장과 훌륭한 식당들을 찾아다니는 것이 육체적으로 부담스럽게 느껴지기 시작했던 때가 있다. 여전히 스스로를 갓 대학을 졸업한 젊은이로 여기고 있었다. 세월이 많이 흘렀다는 사실을 깨닫고, 몇 가지 변화를 주기로 했다. 우선 건강을 회복하기로 결심했다. 약간의 조사 후에, 애리조나 투손 소재 휴양 리조트 캐니언 랜치를 예약했다.

그 후로 캐니언 랜치가 건강 분야에서 유명하고 상징적인 장소라는 것을 알게 되었고, 그 이유도 알게 되었다. 캐니언 랜치 팀은 식이요법, 유산소 운동, 근력, 유연성, 향후 변화 가능성에 대한 테스트와 조언 등을 기반으로 내 상태에 맞춘 운동 프로그램을 제공했다. 어느 날 오후 로리라는 트레이너와 약속이 되어 있었는데 우리는 내 가족에 대한 이야기를 나눈 후, 러닝머신에서 강도 테스트를 했다. 그녀는 테스트 결과를 좋지도 나쁘지도 않다고 평가했다.

"브래드, 왜 여기에 왔나요?" 로리가 물었다.

"몸무게를 몇 파운드 정도 빼고 몸매를 가꾸고 싶어서요."라고 내가 말했다.

"아뇨, 더 큰 이유가 뭐예요?"

"나이가 들어도 건강하고 활동적으로 지내고 싶어서요. 괜찮은 대답인가요?"

"하고 싶은 얘기가 있는데, 말씀드려도 될까요?"

"그럼요."

"제 아버지가 딱 브래드 씨 나이에 돌아가셨어요." 그녀는 창밖을 넌지시 바라보며 말했다. "그때 저는 어렸거든요." 그녀는 부드럽게 말을 이어갔다. "어린 소녀들은 결혼식에서 아빠 손을 잡고 입장하는 걸 꿈꾸잖아요."

눈물을 참으려고 애쓰던 순간 나의 관점이 완전히 바뀌었다는 것을 알게 됐다. 내 대답이 얼마나 무심하고 자기중심적으로 들렸을지 깨달아 당황스러우면서도 아무렇지 않게 대답해준 로리에게 너무 감사했다. 사별을 겪은 다른 이들을 떠올렸던 그날 오후, 나에게는 사명이 생겼다.

나의 새로운 목표는 가족과 함께 더 좋은 시간을 보낼 수 있도록 건강해지는 것이었다. 그리하여 언젠가 딸의 결혼식에서 손을 잡고 입장할 수 있도록 하는 것이었다. 로리는 심박수, 체중, BMI 등 주요 지표를 설명해 주었다. 적당한 신발과 심박수 측정기 같은 새로운 기술이 필요했다. 또한 그녀는 내게 운동 주기와 인터벌을 힐 때 목표로 해야 할 심장 bpm, 효과적이고 '안정된 상태'를 유지하는 데 필요한 거리 등을 이해하도록 도와주었다. 모든 것이 체계적으로 준비되었다. 미래를 알 수는 없지만, 내가 조금은 더 현명하고 나은 길을 가고 있다고 생각했다.

고객 경험의 추구는 여러 면에서 보다 더 건강해지는 여정과 비슷하다. 필요한 일을 추진할 수 있을 만큼 강력하고 영감을 주는 비전이 필요하다. 목표, KPI, 고객 지원 관련 지표, 그리고 지원 프로세스와 기술도 필요하다. 다음 장에서는 이러한 주제를 다루고 있다. 먼저 대시보드 구축에 대해 살펴본 후 프로세스, 기술 및 변경 관리에 대한 내용을 다루고자 한다. 이 모든 요소가 비전 실현에 필요할 것이다.

그림 6-1 **리더십 프레임워크(6장): 프로세스 및 기술 최적화**

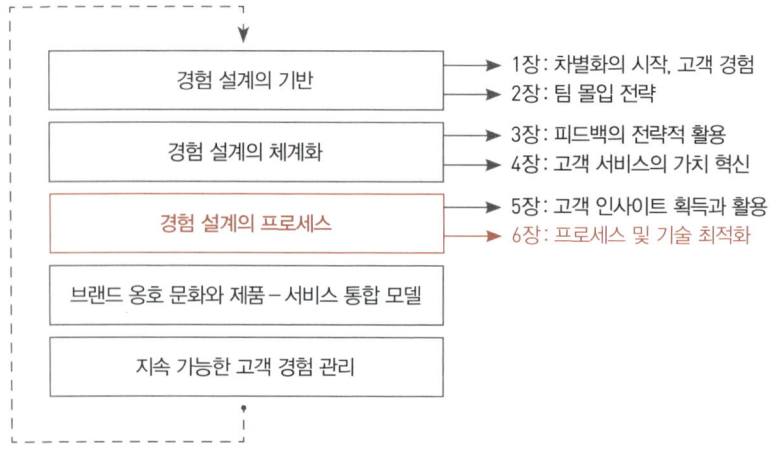

## 고객 경험 데이터를 시각화하라

고객 경험을 효과적으로 이끌기 위해 팀에게는 대시보드가 필요하다. 지금이 여정 중 대시보드 구축에 적합한 시점이다. 무엇보다도 중요한 나의 조언은 비전을 명확히 하라는 것이다. 순고객지수NPS, 고객만족도CSAT 또는 기타 지표들이 비전이 될 수는 없다. 중요한 KPI들이긴 하지만 흥미로운 비전은 아니다. 건강에 대한 나의 깨달음처럼, 명확한 비전은 적절한 KPI 선정으로 이어지고, 다시 KPI는 순차적으로 고객 지원 지표로 이어질 것이다.

고객 경험과 직원 경험의 원칙은 대량의 데이터 접근 없이는 성립하기 어려우며, 앞으로 점점 더 AI와 머신러닝 기술에 의한 통찰력이 포함될 것이다. 고객의 행동, 직접적인 피드백 및 행동의 결과를 통해 그 어느 때보다 고객과 직원에 대한 이해도가 높아졌다. 그러나 많은 접점에 걸친 수많은 고객 경험으로 인해 가장 열정적인 CX 전문가라도 모든 것을 측정하는 데 어려움을 겪을 수 있다. 대시보드는 이러한 복잡성을 해소하고 통합된 고객 이야기를 전달하는 데 도움을 준다.

## 다층적 관점

대부분의 경우 대시보드는 부서별 및 역할별 반복 작업이 필요하다. 마케팅 팀은 기능적 관점에서 응답률과 고객 전환·매출 맥락의 경험을 중점적으로 분석한다. IT 팀은 웹페이지 트래픽과 접속률 데이터에 집중한다. 고객 센터에서는 서비스 수준, 해결 시간 및 상담 후 설문조사 결과를 주시할 것이다. 또한 경영진은 고객 충성도, 재구매율, 고객생애가치CLV 등의 결과 지표에 관심을 기울일 것이다.

대시보드는 다음과 같이 세부 사항들을 3단으로 분리하여 나열하는 것이 좋다.

**거시적(전략적) 관점:** 매출, 판매, 시장 침투, 고객 만족도, 순고객추천지수NPS, 고객노력점수CES, 고객 이탈률 또는 충성도 지표, 직원 만족도, 이직률 등을 포함한다. 제품, 부서 또는 고객 그룹별로 데이터를 볼 수 있는 기능을 제공해야 한다. 이러한 높은 수준의 관점을 통해 고위직 리더는 전략적 방향을 파악하고, 관리자는 세부 동향을 모니터링할 수 있다.

예시: 여러분의 핵심 CX 팀은 거시적 관점 대시보드에서 지난달의 설문조사 피드백을 검토한다. 신규 고객의 고객만족도CSAT 점수가 뚜렷이 하락했다. 이것이 최근 제품 출시 이후 나타나는 추세라는 것을 알아냈다. 과거에는 제품 출시 시 준비 부족이나 문서작업 지연으로 문제가 발생했다. 좀 골치 아픈 주제다. 팀은 제품 담당 부사장에게 검토를 요청한다.

**중간적(기능적) 관점**: 관리자·분석가·마케팅/매장/고객 센터 담당자가 데이터를 심층 분석할 수 있는 구조로, 그들의 책임과 전체적인 전략 사이 영역에 있는 점들을 연결할 수 있게 해준다.

제품 담당 부사장이 한숨을 내쉰다. 대시보드의 VoC(불만, 연결 지연, 통화 종료 후 NPS 설문조사)에 접속한다. 그런 그녀는 통화 종료 후 설문조사 데이터를 분석하다 흥미로운 것을 발견한다. 분석 결과, 다수의 피드백이 '기능 불만'으로 분류됐다. 팀의 분류 체계와 달리 고객은 기능 관련 피드백에 부정적이거나 이해하지 못했다. 고객 센터의 사후 설명은 이미 고객의 업무에 지장을 준 뒤라 효과가 떨어진다. 그래서 고객들은 여전히 불만 상태인 것이다.

**미시적(전술적) 관점**: 이 관점은 웹사이트 관리자, 온라인 마케터, 매장 또는 고객 센터 관리자, 제품 관리자와 같은 전문화된 역할을 위한 것이다. 개별 고객의 데이터까지 제공한다.

부사장은 고객의 소리 분석가에게, 형편없는 평가를 받은 통화를 청취하고 내용을 기록하도록 지시했다. 분석가는 고객의 소리 대시보드에서 "기능 불만" 태그가 지정된 통화를 걸러낸다. 그는 고객 센터 담당자들에게 확인했다. "최근 출시 제품에 대해 무슨 얘기를 들었나요?" 통화 내용을 청취하고 담당자들과 논의한 후, 분석가는 문제점을 발견했다고 확신했다. 다수의 클라우드 고객이 설명서 발행 선에 신세품을 사용하고 있었다. 이로 인해 새로운 기능에 대한 오해, 특히 아직 제품에 익숙하지 않은 고객들의 오해를 불러일으켰다. 분석가가 고객 대응

팀과 이 견해를 검증한 결과, 팀원들도 이 점에 매우 동의했다. 최근 출시된 제품에 대한 소통이 지연되었고, 중요 세부사항 준비가 미흡했다. 제품 부사장은 발견한 결과를 CX 팀에게 알려주고 향후 고객 경험을 개선할 계획을 제시한다. 향후 모든 신제품 출시 시 완전한 설명서를 며칠 전에 미리 공개하기로 결정했다. 고객 센터 담당자들은 출시 전 설명서를 사전 검토하여 고객, 특히 신규 고객의 질문과 우려사항을 예측하기로 했다.

### 그림 6-2 다층적 대시보드

**거시적(전략적) 관점**

매출, 판매, 시장 침투, 고객 만족도, 순고객추천지수 NPS, 고객노력점수 CES, 고객 이탈률 또는 충성도 지표, 직원 만족도, 이직률을 결합한다.

**중간적(기능적) 관점**

관리자, 분석가 및 마케팅, 매장, 고객 센터와 같은 영역에서 관련 데이터에 접근할 수 있도록 한다. 예: 매장 트래픽, 서비스 수준, 영역별 고객만족도.

**미시적(전술적) 관점**

웹사이트 관리자, 온라인 마케터, 매장/고객 센터/제품 관리자 등 전문화된 역할을 위한 데이터. 개별 고객과의 상호작용에 대한 데이터를 제공한다.

이 정도로도 핵심 내용을 파악할 수 있다. 이는 다층적이고, 통합적인 CX 대시보드를 활용하는 수많은 방법 중 하나에 불과하다. 분석가가 고객 문제에 가장 가까이 있는 사람들과 전화나 화상 회의를 포함한 직접 대화를 나눈다는 현명한 결정을 내린 것을 강조하고 싶다. 대시보드는 중요한 도구다. 하지만 직접적 경험, 지혜, 직관을 대체할 수는 없다.

대시보드는 직접 구축하거나 구매할 수 있다. 이때 조직 내 전문지식, 예산, 조직의 규모, 기존 사용 도구 및 고객 경험 계획의 범위를 고려해야 한다. 일부 조직은 개별 제품과 서비스를 구입해 자체 대시보드를 구축한다. 많은 조직이 선호하는 것은 클라우드 솔루션과 개방형 플랫폼으로 인해 예전보다 훨씬 쉬워진 기성 도구를 구입하는 방법이다. 또한 조직에서 기존에 사용 중인 도구를 철저히 조사해보자. 쓸만한 것이 있을 수도 있다. 고려 사항이 많을 경우, 외부의 도움을 받아 옵션을 목록화하고 필요한 부분을 종합하여 전체적인 접근방식을 수립하는 것이 일반적이다. 효과적인 대시보드를 만들기 위해 필요한 모든 것을 해야 한다. 아낄 필요가 전혀 없다.

## 고객 경험 중심 프로세스를 설계하라

아마존의 기술적 역량은 다른 조직이 근접할 수 없는 것이 거의 없다고 봐도 무방할 것 같다. 사실, 아마존은 자체 운영을 위한 도구를 만든 다음, 심지어 가장 작은 다른 조직늘도 사용할 수 있는 싱품으로 제공하고 있다. 아마존의 기술력은 누구나 활용할 수 있다. 하지만 그것만으로는 충분하지 않다.

"경영진들은 종종 자신의 조직이 아마존의 기술 역량을 갖추길 희망한다고 말한다. 그들이 진정으로 갈망하는 것은 아마존의 프로세스다."

다른 사용자가 접근할 수 있는 기술은 누구나 사용할 수 있으며, 이를 거의 대부분 활용하는 강력한 프로세스를 구축할 수 있다. 하지만 과정은 스스로 얻어야 하는 것이다. 아마존이 좀 더 좋은 방식에 대한 투자를 감행하고 매해 손실을 감수하는 동안, 다른 조직들은 다음 분기에 초점을 맞췄다. 좋은 소식은 더 나은 고객 경험을 제공할 수 있다는 것이다. 어떤 조직에도 비밀스러운 해결책은 없다.

먼저 프로세스가 왜 중요한지 살펴보자. 광범위하게 말하면, 고객 경험 관리는 많은 기능을 포함하는 확장적인 프로세스다. 보다 구체적으로 말하자면, 고객 경험 관리의 각 부분이 하나의 프로세스다. 예를 들어, 판매 또는 고객 지원 과정에서 벌어지는 상호작용이 하나의 프로세스다. 실제로 상호작용의 모든 부분이 프로세스이고, 데이터 시스템, 사람 또는 봇, 그리고 일련의 조치사항들이 포함된다. 이제 고객의 기대치를 충족시키고 업무 오류를 방지하기 위해 개선하고자 하는 고객 경험 관리의 모든 측면을 고려해 보자. 이러한 각 변수는 영향을 끼치며, 서로 연관되어 있다.

이러한 방식으로 프로세스에 대해 사고하는 것은 오랜 기간 동안 품질 개선 운동의 핵심이었던 원칙을 다시 강조하게 된다. 즉 직원들이 속한 프로세스를 개선하지 않고서는 고객 경험 개선을 권장해도 효과가 미미하다는 것이다. 더 나은 프로세스를 통해 조직은 일관되고 효과적이며 지속 가능한 고객 경험을 제공할 수 있게 된다.

## CX 프로세스는 교차 기능적이어야 한다

얼마 전 한 동료가 유명 건강보험회사의 고객 센터를 방문했다. 팀원들과 만나는 동안, 그녀는 "공감 형성하기"와 "진심을 담아 사과하기"라고 써 있는 직무 보조물을 보았다. 품질 보증 양식에는 자사의 직원들이 클레임에 대한 고객의 불만을 해소하는 데 얼마나 도움이 되었는지 평가하도록 되어 있었고, 직원 교육 내용에는 복잡한 클레임 절차를 설명하는 방법이 강조되어 있었다. 그녀는 고객 센터장에게 물었다. "실망한 고객을 관리하기 위해 교육 담당 직원에게 왜 그렇게 많은 시간과 노력을 들이나요? 그냥 클레임 문제를 해결하면 되지 않나요?"

고객 센터장은 한숨을 쉬며 말했다. "그게 그렇게 쉽지가 않아요. 클레임 부서에는 그들 나름대로의 방식이 있어요. 우리는 이 문제를 두고 그들과 몇 번이나 논의해 보려고 했지만, 클레임 부서의 메시지는 '우리 영역을 넘지 말라'는 것이었어요. 마법을 부리듯 고객을 만족시킬 수가 없네요."

이 시나리오는 많은 조직에 익숙한 이야기일 것이다. 사실, PwC PricewaterhouseCoopers(영국 런던에 본사를 둔 세계 최대 규모의 다국적 회계·컨설팅 기업)의 연구조사에 의하면, 49%의 소비자만 그들과 상호작용했던 회사들이 좋은 고객 경험을 제공한다고 말한다. 고객이 원하는 것과 고객에게 전달되는 것 사이에 괴리가 발생하는 경우가 너무 많다.

고객 중심 조직은 프로세스 설계에 더 많은 시간을 투자하고, 불만족스러운 고객을 달래는 데는 적은 시간을 쓴다. 그들은 애초에 고객을 불행하게 만드는 것을 제거하는 데 우선적인 관심을 쏟는다. 물론 의도치 않게 추가적인 결함이 발생할 수 있기 때문에 이를 해결하기 위한 프로세스도 필수적이다. 효과적인 고객 불만 해결은 항상 CX 포트폴리오의 일부다. 하지만 그것이 주된 관심사가 되어서는 안 된다.

의도적인 개입 없이는 부서들이 교차 기능적 경계를 넘어 협력하기 어렵다. 마케팅팀은 메시지 전달 및 응답률에 중점을 둔다. 제품관리팀은 제품 설계 및 개발에 전념하고 있다. 재무부서는 매출과 거래대금 수취에 집중하며, 고객 센터는 서비스 수준을 충족시켜 긍정적인 고객 상호작용을 창출하는 데 집중한다. 각 팀은 자신의 부서 영역 내에서 최선을 다하는 데 전념한다.

이러한 점은 관리자들이 고객 경험에 미치는 전반적인 영향을 완전히 파악하지 못할 수도 있다는 것을 의미한다. 법무팀은 고객 관련 문서에 필요한 난해한 법률용어를 요구한다. 내부감사는 고객과 조직을 보호하기 위해 엄격한 검증을 요구한다. 고객을 염두에 두고 프로세스와 기술을 설계하는 것이 타당하다는 데에는 모든 부서가 동의할 것이다. 하지만 각 부서가 독립적으로 고객 중심적이 된다고 해서 좋은 고객 경험에 대한 가장 짜증스러운 장애물이 해결되는 것은 아니다.

부서 간 협업을 고려한 설계로 훌륭한 고객 경험을 창출할 수 있다. 마케팅, 제품관리, 재무 및 고객 센터에서 수행하는 업무를 종합하여 보면 고객을 명확하게 볼 수 있다. 이 과정은 고객에게 수월하고, 만족스러우며, 때로는 놀라운 경험을 제공하도록 매끄럽게 조정되어야 한다. 이러한 협업을 실현하기 위해서는 조직 차원의 강력한 지원이 필요하다. 고위급 리더들은 공통의 비전과 목표를 수립하고, 이를 추구하기 위해 모든 책임을 져야 한다.

### 그림 6-3  고객 경험 기능/프로세스

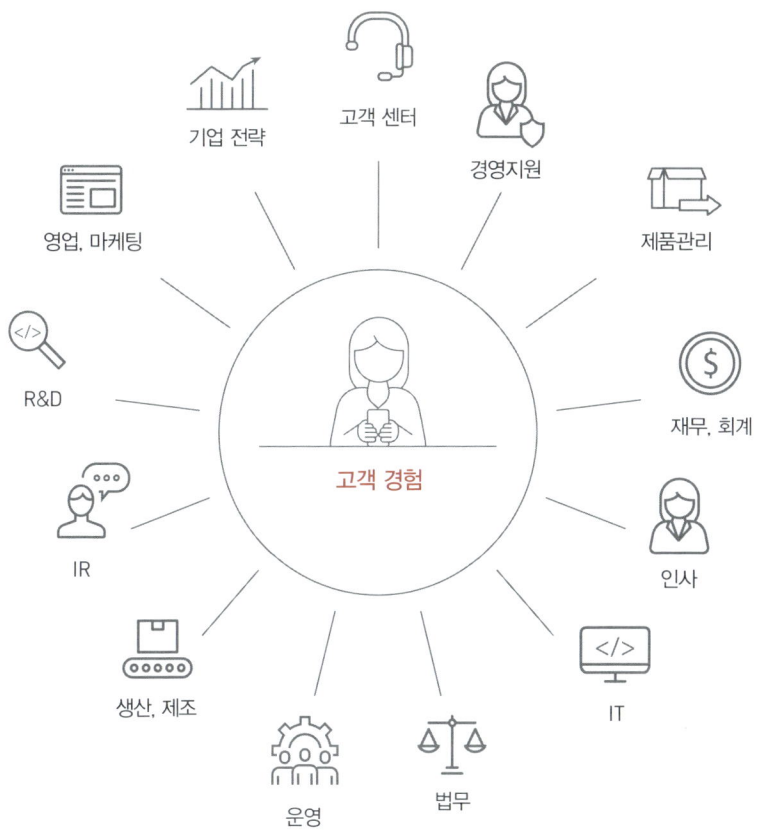

## 괴리를 찾고 우선순위를 정하라

고객에게 영향을 미치는 프로세스는 조직 전체와 연관되어다. 따라서 CX와 비즈니스 목표에 가장 큰 영향을 미치는 변경 사항의 순위 설정은 매우 어렵다. 의료 보험회사를 예로 들어보자.

마케팅팀은 목표 고객을 대상으로 웹사이트 주소(IT팀)와 전화번호(고객 센터)가 포함된 다이렉트 메일을 발송한다. "간단하고 빠르며 번거롭지 않다"는 것이 고객들에게 약속된 바이다. 광고 확인부터 온라인 정보 습득을 거쳐 등록에 이르는 여정, 즉 인지, 교육, 등록 과정을 지도화하는 과정에서, 그들은 등록이 접수됐을 때 "신청 완료" 단계에 대한 안내가 누락되었음을 발견했다.

이 등록 과정에서는 고객의 사회보장 번호, 결혼 여부, 우선 보장 증명서, 부양가족 사회보장번호, 과거 의료 기록, 과거와 현재 처방약품 등의 정보를 입력해야 한다. 웹페이지에서 정보입력을 완료하지 않으면 다음 단계로 넘어갈 수가 없고, 또한 입력 중 장시간 미진행 시 이미 입력한 정보들이 저장되지 않는다. "간단하고 빠르며 번거롭지 않다"는 슬로건의 실질적 의미가 명확히 드러났다. 마케팅 부서에서 고객이 그렇게 느끼기를 원했던 것뿐이다. 그러나 조직 차원의 부서 간 협력 없이는 해당 약속 이행이 불가능했다.

만약 고객 여정에 대한 자세한 조사를 시작하면, 해결해야 할 괴리가 너무 많아 압도당할 수 있다. 우선순위를 정하는 간단한 방법은 먼저 목표와 일치하는지, 고객에 대한 영향은 무엇인지를 생각하는 것이다. 예를 들어, 보험회사의 주요 목표가 고객 확보와 매출이라면, 그러한 괴리를 해소하는 종류의 우선순위가 도출될 것이다. 기존 고객 유지가 신규 유치로 연계된다. 둘째, 신청 완료 단계가 고객의 고충점이라는 피드백 데이터가 확인된다면, 그 괴리를 줄이는 것이 우선순위다. '고객 증가'의 목표에 반하는 고객의 고충점이 많은 경우, 우선순위 매트릭스에 해당 요소가 포함되어야 한다.

고객 여정 지도를 만드는 과정에서 발견할 수 있는 괴리감에 대해 과도한 위기감을 가질 필요는 없다. 그것이 여정 지도 제작의 요점이고, 효과적인 리더십이 중요한 이유다. 지금은 부서 이기주의와 영역 확장 경쟁을 지양해야 하며, 일선 직원들을 참여시키는 것이 중요하다.

> "직원들은 프로세스를 알고 있고, 고객들에게 약속한 것과 실제 전달되고 있는 것 사이의 차이점을 알고 있으며, 다양한 고객들이 맞닥뜨린 문제들의 시급함과 고객들이 느끼는 감정의 수준을 이해하고 있다."

## 기술의 잠재력을 활용하라

명확한 비전과 건전한 프로세스만큼 기술 솔루션도 중요하게 다뤄지는 경향이 있다. 기술 활용 방안을 모색함에 따라 일부 영역은 점진적으로, 다른 영역은 혁신적으로 개선될 수 있다. 어떤 경우에는 새로운 시장을 창출하기 위해 기술을 사용할 것이다.

## 기존 프로세스 자동화시키기

다음은 기술을 사용하여 기존 프로세스를 자동화한 사례다. 팬데믹이 유행하기 전까지, 한 IT 회사는 모든게 잘 돌아가고 있었다. 그들이 지속해온 주요업무 중 하나는 IT 서비스를 사용하는 고객 조직을 지원하는 것이었다. 수준 높은 직원들과 함께 모든 목표를 성공적으로 달성하고 있었다. 고객과 직원들은 행복해했다. 그러나 팬데믹이 하룻밤 사이에 모든 것을 바꿔놓았다. 그전까지는 기본적인 고객 지원 서비스를 제공하는 자체 개발 솔루션을 사용했었는데, 위기 상황에서 엄청난 숫자의 고객과 직원들이 재택근무를 하며, 회사에 직접 연락하기 시작했다.

부서장은 "엄청난 양의 사소한 질문 때문에 미쳐가고 있었어요"라고 얘기했다. "엔지니어들은 라우터 재부팅 방법과 같이 아주 기본적인 문제를 안내하는 데 시간을 낭비했어요. 훌륭한 고객 지원 서비스를 제공하고 싶지만, 별거 아닌 문제들로 에너지가 소비되고 있었어요!" 또 그는 "만약 프로세스에 적혀있는 대로만 했다면, 전화를 건 고객들에게 '고객님 회사의 IT 부서에 먼저 전화해보셔야 합니다'라고 말해야 했을 겁니다. 만일 그렇다면 전화를 건 고객들에게 유쾌한 경험은 아닐 겁니다. 그들은 실질적인 도움이 필요했어요. 이에 우리는 고객과 시간을 보내며 프로세스를 조정했습니다. 고객사들의 IT 부서는 완전히 정신이 나간 상태였고, 어쨌든 우리에게 다시 문의가 올 것이기 때문에 우리는 그러한 입문 수준의 질문들에 대한 답변을 하기로 결정했습니다."

해결 방법은 무엇이었을까? 우리는 이미 자동화된 시스템을 사용하고 있었기 때문에, 봇은 합리적인 선택이었다. 계약 조건에 위배되지 않긴 했지만, 어쨌든 우리가 문제를 회피하고 있다고 느끼지 않기를 바랐다. 우리에게 중요한 것은 적시에 대응 가능한 서비스를 계속 제공하는 것이었다. 봇을 통해 고객이 가장 일반적인 기초 레벨 유형 중 4가지를 선택하면, 챗봇이 간단한 문제 해결 단계를 안내하는 새로운 프로세스를 구축할 수 있었다. 문제 해결 시 봇은 자동으로 종료됐다. 추가 지원이 필요한 고객의 경우, 문제 해결 시도 기록과 설명이 포함된 설명이 포함된 메모가 생성되었다.

테스트 기간 동안 사용자 경험UX 디자이너가 사용자들을 관찰한 후 질문을 진행했다. 고객들은 100% 참여했으며 이 기술이 IT 팀과 일선 사용자에게 제공하는 고객 지원 서비스에 만족해했다. 고객사 IT 팀들이 우리와 유사한 기술 구현을 고려할 정도로 만족도가 높았다.

이상적인 고객 프로세스를 설계하는 것이 항상 기술보다 우선시되어야 한다. 위 사례에서 IT 회사는 고객의 니즈를 명확히 파악하는 것으로 시작하여, 핵심 팀원을 전문성이 필요한 고객에게 예약 배치하는 높은 수준의 서비스를 진행했다. 팬데믹 발생 당시에는 숙련도가 낮더라도 고객 문의를 처리할 수 있는 팀원 배정을 고려했다. 하지만 고객들은 자동화되고 확장 가능한 접근방식을 선호할 것이라고 판단했다. 이 솔루션은 다방면에서 성공을 거두었다. 고객의 니즈를 충족시켰고, 고객과의 관계도 깊어질 수 있는 동시에 비용적인 면에서도 효율적인 방법이었다.

"시장에는 기술 솔루션이 넘쳐난다. 오히려 붐비고, 혼란스럽고, 약간은 열광적일 수 있다."

성숙한 CX 주도 기업들 중 약 3분의 2가 여전히 고객과 직접 대화하고, 최고의 인재를 기용하고, 시장 조사를 한다. 또한 챗봇, 예측 분석, 증강 현실과 같은 '과잉된' 방법을 찾을 가능성은 낮다. 성숙한 기업들은 화려한 방법에 정신 팔리기 보다, 기존의 지식으로도 결과를 낼 수 있다는 점을 강조한다.

### 새로운 프로세스 만들기

ATM이 막 등장하기 시작했을 때, 한 이웃사람이 아버지에게 이렇게 말했던 것은 기억한다. "기계가 정확한 계산을 해줄 거라고 믿을 수는 없죠. 만약 계산이 잘못됐다면요? 은행에서 내가 차액을 가져갔다고 생각할 거예요!" 나도 비슷했다. 나는 CD 수집을 즐겼고, 디지털 전용 포맷으로 음악을 구매하는 초기 방식에 저항했다. 표지 그림은? CD, LP 레코드에 첨부된 해설서는? 그럼 내 CD 선반에는 무엇을 넣어야 하지?

일반적인 고객 경험 및 지속적 개선 작업에서, 기존 프로세스에 대한 개선사항을 궁리하는 일은 결코 끝나지 않는다. '문제점 확인', '해결 완료', '고객 만족', '고객 여정 정상화' - 이렇게 모든 것이 잘 해결될 수도 있지만, 때로는 수평선 너머를 바라보고 더 큰 그림을 그리며 가는 것이 타당할 때도 있다. 완전히 새로운 고객 경험을 위해 새로운 기술의 잠재력을 활용하기도 한다. 애플, 넷플릭스, 아마존, 테슬라, 헬리 한센Helly Hansen 등 혁신적인 기업들은 신기술의 경계를 확장함으로써 이러한 것을 해냈다. 그들은 고객이 요구한 더 작은 휴대전화, 더 나은 절연 성능 이상을 추구했기에 천문학적인 성공을 거두었고 독특하고 새로운 시장을 창출했다.

> "예상을 뛰어넘는 탁월한 고객 여정으로 유명한 대부분의 기업은 기술의 한계를 뛰어넘어 진화된 색다른 경험을 만들어낸다. 이들은 새로운 고객 경험에 대한 명확한 비전을 바탕으로 이를 실현한다."

그들은 새로운 고객 경험이 어떤 모습이어야 하는지에 대한 명확한 비전을 가지고 그렇게 한다. 1장에서 언급했던 안경 소매업체 와비 파커는 집에서 가상으로 착용해보는 고객 경험을 통해 명성을 날린 후로, 증강현실AR을 활용해 실감 나는 디지털 착용 경험을 제공하는 앱을 출시했다.

해양 및 스키 장비를 제조하는 147년 역사의 노르웨이 기업 헬리 한센은 기술 중심의 고객 경험이 미래로 가는 길이라고 생각한다. 예를 들어, 아웃도어 전문가 커뮤니티와 협업하여 가볍고, 환기 지퍼를 통해 온도를 조절할 수 있는 첨단 소재를 개발했다. 최근 토론토에 본사를 둔 CTCCanadian Tire Corporation에 인수되었는데, CTC는 노르웨이에 헬리 한센 본사를 그대로 유지하고, 그들의 독특한 기업 문화가 지속되도록 하는 동시에 글로벌 유통 및 서비스 네트워크 권한을 부여하겠다고 약속했다.

예측 가능하고 마찰이 없는 고객 경험과 파괴적 혁신을 넘어선 고객 경험을 동시에 구현하는 것은 모순일까? 그렇지 않다. 하지만 리더십과 판단력이 필요하다. 현 위치에서 점진적으로 더 나은 경험을 제공하는 것도 방법이지만, 이 경우 고객 경험과 혁신을 병행하는 경쟁업체에 뒤처질 위험이 있다. 성공하기 위해서는 두 가지 모두 필요하다.

기술이 고객 대면 프로세스를 주도할 수 있게 하는 합리적인 두 가지 시나리오가 있다. 첫 번째는 기존 프로세스를 기술로 변환할 수 있다고 믿는 경우다. 음성 인식 기술 도입 이전에는 버튼 기반의 인터페이스만 사용 가능했다. 통화 메뉴를 점진적으로 개선할 수도 있지만, 여전히 만족스럽지 않은 경험이다. 대화형 시스템이 구호품을 제공한 셈이다. 이제 고객은 원하는 것을 시스템에 간단히 말할 수 있다. 그것은 결국 새로운 기회의 세계를 열어준다. 한번은 자동응답시스템IVR의 "프린터 기술 지원"에 전화를 했는데, 내 전화번호를 인식해 자동으로 프린터 모델과 보증 정보를 확인하고, 문제를 물은 뒤, 담당자에게 자동 연결해 주었다. 담당자는 "어제 이 문제로 전화 주셨네요. 톰과 논의한 업그레이드 설치는 잘 되었나요? 잘 작동하나요?"라고 말했다.

호주 정부의 서비스 부문인 서비스 오스트레일리아는 음성 생체 인식을 통한 고객 인증을 성공적으로 추진했다. 프로세스를 자동화를 통해 상호작용을 처리 시간이 단축된다. 더 중요한 점은 새로운 기회의 창출이다. 시스템은 고객이 누구인지만 알고 있다면 "4월 20일까지 결제 가능합니다."와 같은 정보를 전달할 수 있다. 추가 지원이 필요할 경우, 시스템은 서비스 담당자에게 고객의 이력을 전달한다.

두 번째 시나리오는 완전히 새로운 경험을 가능하게 하는 경우다. 과거에 중고차를 사는 것은 많은 소비자들이 두려워하는 것이었다. 그런데 온라인 중고차 소매업체 카바나Carvana가 이 과정을 완전히 새롭게 재해석한 것이다. 고객은 필요와 예산에 맞는 차량 검색부터 시작한다. 자동차를 클릭하면 더 자세한 정보를 얻을 수 있다. 각 세부 페이지에는 사진 갤러리, 차량 상태에 대한 세부 보고서와 함께 사고, 화재, 프레임 또는 침수 피해를 겪지 않았다는 보증서가 제공된다. 배송 및 픽업 옵션을 클릭하면 차량이 얼마나 빨리 배송될 수 있는지 확인할 수 있다. "시작하기" 버튼을 누르면 구매 프로세스가 시작된다. 차량 배달 후 시승해 보고 마음에 들지 않으면 반송할 수 있으며, 아니면 서류를 작성해서 보내주기만 하면 구매가 완료된다.

카바나가 현재 성공에 안주한다면, 다른 대안들이 존재한다. 예를 들어, 시프트Shift는 고객의 차량을 현장에서 검사하고 즉시 가격을 제안할 것이다. 고객이 수락하면, 시프트는 차량을 수거하고 당일 중 구매 대금을 계좌로 입금한다. 아마존의 COO를 거쳐, 시프트의 COO로 재직 중인 션 포이Sean Foy는 "우리는 고객들에게 과도하게 기술 집약적인 프로세스를 제공하길 원치 않습니다. 가능한 한 원활한 프로세스를 유지하여 더 많은 고객을 확보하고자 합니다. 핵심은 제품에서 마찰을 제거하는 것입니다."라고 말한다. 션 포이는 기술 선도를 위한 기본 원칙을 제시한다. 기술 자체가 고객에게 보이지 않아야 하고, 완벽하게 작동해야 하며, 원활한 고객 경험을 가능하게 해야 한다. 점진적 개선과 파괴적 혁신의 적절한 조합을 결정하는 정해진 공식은 없다. 다만 리더십을 필요로 할 뿐이다.

### 중요한 교훈들

점진적이든 파괴적이든 혁신의 유형에 관계없이 기술을 활용하는 방법에 대한 몇 가지 중요한 교훈은 다음과 같다.

**이미 문제가 있는 프로세스에 기술 솔루션을 적용하는 것을 피해야 한다.** 고객과 약속한 후속 조치를 자주 놓치는 경우에 있기에, 가장 우아한 해결책은 후속 조치 자체를 불필요하게 만드는 것일 수 있다. 직원들에게 권한을 부여하여 AI 의사 결정 도구를 활용하는 등 즉각적으로 중요한 결정을 내릴 수 있게 해야 한다. 번거롭거나 망가진 프로세스는 없애거나 재구성해야 한다.

**기술 솔루션이 실제 환경에서 작동하는지 확인하라.** 새로운 문제를 야기하지 않으면서 기존 문제를 적절히 해결하는지 테스트해야 한다. 한 회사에서 출시한 웹 응용 프로그램이 잘 작동하긴 하지만 일부 기능을 사파리Safari에서는 사용할 수 없었다. 애플 충성 고객들의 경우 사파리를 선호할 수 있기 때문에 제품 출시를 재검토하였다. 또 다른 회사는 필요한 데이터가 개인정보였고, 개인정보에 민감한 고객들은 불안해 하였다. 고객들은 레딧Reddit에 게시글을 올렸고, 이 경고가 확산되었다. 이 두 가지 사례 모두 실제 있었던 일이다. 개발자, 제품 관리자, UX 디자이너 같은 고객 경험 담당자들이 이러한 상황을 예측하지 못해서 발생한 일이다.

**디지털 전환으로의 노력을 조정하고 통합하라.** 많은 조직에서 디지털 기술을 활용해 효율성을 개선하고 고객과 직원에게 새롭고 향상된 경험을 제공하는 '디지털 전환' 프로젝트를 실행하고 있는 중이다. 그러나 이러한 시도들이 항상 고객 경험 계획과 조율되거나 통합되지는 않는다. 디지털 전환은 고객 경험 관리의 틀 안에서 이루어지는 것이 이상적이다. 적어도 디지털 전환과 고객 경험이 별개로 진행되거나 불균형을 이루지 않도록 해야 한다.

**환상적인 가능성에 현혹되지 마라.** 출시되지 못하거나, 구현되지 않거나, 방치되거나, 약속된 결과를 내지 못하는 기술에 매년 수백만 달러가 낭비되고 있다. 고객 경험 관련 기술 지출이 계속해서 신기록을 경신하고 있으나, 많은 조직은 여전히 고객에게 만족스러운 경험을 제공하기 위해 노력하고 있다. 고객 경험에 대한 비전과 목표를 지원할 기술의 우선순위를 정해야 한다. 고객과의 거리를 좁히고 효과적이며 간편한 경험을 제공하는 데 도움이 되는 기술을 우선적으로 추구해야 한다.

# 고객 경험 관리 필수 도구 체계를 구축하라

이제 고객 경험을 관리에 사용되는 특정 기술 범주를 살펴보겠다. 먼저 CX의 기초가 되는 핵심 기술을 검토한 후, '있으면 좋은nice-to-have' 기능들도 살펴볼 것이다.

## 필수적인 기능

### 고객관계관리 플랫폼

고객관계관리CRM 기술이 미치는 영향력은 긍정적이거나 부정적이거나 어느 쪽이든 놀랍다. 다수의 상이한 CRM 시스템 존재나 CRM 기능의 부적절한 유지보수는 관리 및 사용성 측면에서 심각한 문제를 야기할 수 있다. 그러나 마케팅, 판매, 서비스 기능 전반에 걸쳐 조직이 강력하고 잘 조율된 단일 CRM으로 통합될 경우, 이 도구는 일상 운영의 핵심이 된다.

CX의 핵심은 개인화이다. 각 고객의 특성에 맞춘 고유한 경험을 제공하는 것을 의미한다. 고객 정보, 선호도, 내역, 상태, 그리고 적절한 경험을 창출하는 능력은 강력한 CRM의 역량이 갖춰져 있느냐에 달려 있다.

CRM의 또 다른 핵심 이점은 고객에게 '단일 기업' 이미지를 제공한다는 점이다. 고객이 다양한 채널을 통해 일관된 경험을 받을 수 있도록 하는 전략인 옴니채널 역량은 오늘날의 환경에서 매우 중요하다. 부서가 독립적으로 운영되거나 소통 채널이 단절된 조직을 상대하는 것은 매우 답답한 경험이다. 경험의 연속성과 일관성 부족은 고객 충성도를 크게 저하시킬 수 있다. 잘 관리된 CRM 플랫폼은 모든 고객 상호작용에 투명성을 제공한다. 직원과 시스템이 전체적인 계획의 틀 내에서 운영되고, 예상치 못한 상황에도 지능적으로 대응할 수 있게 한다.

### 지식 관리

지식은 대부분의 조직의 생명줄이다. 그리고 고객 노력 감소는 CX 계획을 추진하는 가장 오래된 원칙 중 하나다. 문제를 신속하고 용이하게 해결하는 능력은 대부분 정확한 정보에 실시간으로 접근할 수 있는지에 좌우된다.

지식관리를 도입하라. KM은 CX와 직간접적으로 중복된다. 직접적으로 중복되는 것은 셀프서비스 및 고객 커뮤니케이션 영역이다. 강력한 지식 관리 프로세스와 우수한 도구를 통해 많은 고객 지원 문제를 고객이 직접 해결할 수 있게 되었다. 이것은 고객 경험을 개선할 뿐만 아니라, 브랜드에 대한 고객의 기대치도 높인다. 고객은 즉각적으로 필요한 정보를 얻기 위해 앱이나 웹사이트를 탐색하는 수고를 원치 않는다.

간접적으로 중복되는 부분은 직원의 데이터 액세스 능력이다. 고객들의 문제를 적시에 해결하기 위해 직원들은 신뢰할 수 있고 즉각적으로 접근 가능한 정보가 필요하다. 직원들이 기본적인 정보를 쉽게 찾지 못하거나 독립적으로 검색하지 못하는 경우가 여전히 존재한다. 뛰어난 고객 경험에 항상 집중하는 조직은 지식 관리를 우선시한다.

지식 관리를 위한 몇 가지 일반적인 방법이 있으나, 그 차이는 미묘하다. 하나는 기능이 풍부하고 CRM 시스템과 통합될 수 있는 최고 수준의 KM 솔루션이다. 대안적으로, 많은 CRM 패키지에 포함되어 있는 KM 기능을 사용할 수 있으나 기능이 적은 경향이 있다. 두 옵션 모두 직원 및 고객 대면 기능을 포함할 것이다. 또한 포털이나 협업 플랫폼과 같은 많은 자체 개발 접근방식이 있다. 이는 일반적으로 널리 사용되는 접근방식이지만, CRM 시스템과 통합되거나 내장된 KM만큼 효과적이지는 않다.

사용하는 기술과 무관하게 기본 프로세스는 매우 중요하다. 프로세스가 잘 조직화되고, 체계화되며, 모두가 접근 가능할 때, 기술을 통해 얻어진 올바른 정보들은 고객과 직원 경험 모두에 강력하고 긍정적인 영향을 미칠 것이다.

### 소셜미디어 관리 플랫폼

소셜미디어 채널을 통한 고객 접촉은 고객 경험 관리의 교차 기능적 특성을 보여주는 실제적인 예시다. 마케팅 부서는 주로 도구 선택, 마케팅 중심 메시지 처리, 일부 고객 상호작용을 담당한다. 그러나 고객 상호작용의 범위와 양을 관리하기 위해서는 더 많은 에너지와 역량이 요구된다. 많은 조직이 고객 서비스 개념 아래 고객 센터나 관련 팀을 전략적으로 운영하고 있다.

소셜미디어 관리 플랫폼은 매우 중요하다. 브랜드 표현과 고객 심리 변화에 대한 통찰력을 제공한다. 이러한 통찰력은 기회, 공백 및 우선순위를 강조하는 데 도움이 될 것이다. 보다 효과적인 참여와 서비스를 위해, 그것은 또한 CRM 및 옴니채널 라우팅 도구와 통합이 필요하다.

그림 6-4  **정보의 가치**

## 기본을 넘어

다음은 '있으면 좋은' 범주에 포함되는 역량들로 우선순위 부여는 최종적으로 개별 판단의 문제이며, 당신의 직관을 지지할 것이다.

### 고객 경험 관리 플랫폼

고객 경험 관리CXM : Customer Experience Management 플랫폼이 등장하고 있으나 아직 보편화되지는 않는다. CXM 기술을 보유하고 있는 조직들은 CXM이 고객 프로그램에서 나오는 목소리가 중심이 된다는 것을 알게 된다. 아직 CXM을 도입하지 않았다면, 그것에 집착하기보다는 CX 계획 개발 시 로드맵에 포함시키는 것이 좋다.

우수한 CXM 플랫폼은 모든 고객 데이터를 단일 시스템으로 통합하며 일반적으로 AI 및 머신러닝을 활용하여 조직, 태그, 추세, 점수 설정, 대시보드 생성, 투자 수익률(ROI) 설명 및 CX 개선을 위한 다음 단계로 나아가기 위한 제안 사항까지 제공한다. 분석 기능을 통해 고객 정서 지수를 산출할 수 있다. 소규모 조직도 CXM의 중립적이고 자동화된 접근방식을 통해 엄청난 가치를 얻을 수 있다.

또한 많은 CXM 플랫폼은 사용자가 구성한 촉발 장치를 기반으로 '폐쇄 루프' 프로세스를 쉽게 수행할 수 있다. 예를 들어, 7점 만점에 4점 이하의 고객노력점수를 받은 경우, 감독자가 내용을 검토하고 고객에게 연락할 수 있다. 이는 핵심 CX 팀의 노력 없이 적절한 팀 내에서 실시간으로 커뮤니케이션이 이루어지도록 쉽게 설정할 수 있다.

CXM 플랫폼은 거의 매일 새로운 기능이 추가되며 개선되고 있다. CX Accelerator와 같이 개발 상황을 모니터링하는 커뮤니티는 조사를 시작하기 좋은 곳이다. CXM 플랫폼 없이 버틸 수는 있겠지만, 장기적으로는 CXM 플랫폼 도입을 권장한다. 소규모 조직도 CXM의 혜택을 누릴 수 있기 때문이다.

### 직원의 소리 펄스 서베이 도구

2장에서 논의한 바와 같이, VoE를 파악하는 것은 VoC 프로그램만큼 중요하다. 펄스 서베이를 사용하면 직원들이 휴대폰에서 최적화된 설문조사를 신속하게 수행할 수 있다. 관리와 응답이 용이하며, 상황에 따라 주기적으로 실시할 수 있다. 휴대폰 앱을 통해 익명의 문자 피드백 등 매력적인 기능을 제공할 수 있다.

고객 경험 리더에게 이 데이터는 매우 중요하다. 고객 경험 문제가 존재하는 이유를 알고 싶을 때 가장 먼저 살펴봐야 할 것은 직원 경험 데이터인 경우가 많다. 직원의 장애물을 해결하고 나면 고객의 문제도 해결할 수 있다.

### 사용자 커뮤니티 플랫폼

고객들은 브랜드나 제품에 대해 빠르게 특별한 친밀감을 형성할 수 있으며, 많은 사람들이 자신과 같은 입장에 있는 다른 사람들과 연결되기를 원할 것이다. 고객을 하나로 묶는 '사용자 커뮤니티'가 큰 인기를 끌고 있다. 하지만 모든 조직에 적합한 것은 아니며, 조직에 효과적인 부분을 고려해 볼 수 있다.

사용자 커뮤니티를 구축하거나 촉진하기 위한 한 가지 옵션은 페이스북 또는 링크드인과 같은 기존 소셜 플랫폼을 사용하는 것이다. 예를 들어, 이캄Ecamm software은 Mac 사용자가 라이브 스트리밍을 제어할 수 있게 해주는 정교한 소프트웨어로, 영상 블로거, 교수들 및 기타 사용자에게 이상적이다. 이캄은 2020년에 급부상한 틈새 상품으로 수천 명의 사용자들을 페이스북 사이트로 끌어들였고, 여기에서 질문을 하고 경험을 교환할 수 있게 하였다.

다른 옵션은 도구를 사용하여 자신만의 커뮤니티 플랫폼을 구축하는 것이다. 4장에서 언급했듯이, 금융 및 세금 소프트웨어 개발사인 인튜이트는 소프트웨어 인터페이스에서 직접 액세스할 수 있는 강력한 사용자 커뮤니티를 개발했다. 존 디어 John Deere 트랙터의 새 타이어 세트를 구입할지 리스할지 고민된다면, 커뮤니티의 누군가는 답변해줄 것이다. 인튜이트 직원들이 포럼을 운영하고, 플랫폼의 컨텐츠는 보관 및 검색 가능하다. 흥미로운 기능 중 하나는 게시하고 답장하는 사용자의 순위가 매겨진다는 것이다.

## 변화 관리를 체계적으로 실행하라

고객 경험 혁신은 지속적 개선과 변화로 특징지어진다. 그러나 CX는 단일 방법론에 의해 정의되지 않는다. 경험이 풍부한 10명의 실무자와 이야기를 나누면 각자 자신만의 비밀 방법을 얘기할 것이다. 가끔은 대단한 확신을 가지고 말이다. 목표는 방법론을 자세히 다루는 것이 아니라 리더십 관점에서 이 영역 전체에 접근하는 방법에 대한 권고안을 제공하는 것이다. 해결해야 할 세 가지 주요 영역은 다음과 같다.

**변화 관리.** 고객 경험 계획에는 복잡하고 끝없는 변화를 통해 조직을 이끌어가는 노력이 수반되는데, 변화 관리는 여러 가지 변화의 측면에서 주로 사람에 집중한다. 직원들이 변화를 이해하고 수용하며 성공적으로 적응할 수 있도록 하는 데 중점을 두고 있다. 프로사이Prosci의 ADKAR 모델과 존 코터John Kotter의 리딩 체인지 모델Leading Change Model이 일반적으로 사용되는 접근방식이다. 그리고 8장에서 다루는 거버넌스는 변화 관리의 중요한 부분이다. 변화 관리는 프로세스 개선 및 프로젝트 관리와 구별되며, 가장 중요한 사항이며 변화 관리는 항상 정체성 위기를 겪어왔다. IT 전문가들은 주로 소프트웨어의 새로운 버전을 출시할 때 주로 변화 관리라는 용어를 쓰지만, 여기서 다루는 변화 관리는 사람에 대한 관점을 언급한다. 둘 다 필요하나 동일시되어서는 안 된다.

**프로세스 개선.** 팀에는 지속적인 진단과 프로세스 개선을 이끌어 갈 수 있는 효과적인 방법이 필요하다. 모든 CX 계획에서 프로세스 개선은 풍부하고 다양하며 지속적으로 이루어진다. 예를 들어 앱, 웹사이트, 커뮤니케이션, 예측, 품질 표준, 보고서, 지식 관리 및 기타 많은 부분에 대한 지속적인 조정 및 개선이 포함된다.

약어로 되어 이해하기 어려운 린Lean, 식스 시그마Six Sigma, 카이젠Kaizen, DMAIC 같은 단어들과 플로우 차트, 인과 관계 다이어그램처럼 수년 동안 존재해 온 많은 도구들이 아직도 필수 도구로 남아 있다. 새로 만드느라 시간을 낭비하지 말고 기존의 도구를 사용하자. 리더로서 중요한 것은 팀이 작업을 수행할 때 일관된 방법론과 도구를 사용하여 일이 진행되도록 하는 것이다. CX 계획이 성장함에 따라, 프로세스 개선 도구들이 점점 확장될 것이다. CX 실무자들을 적응시키는 것이 도움이 된다. 팀은 여러 기능과 업무 범위를 넘나들며 활동할 것이다.

**프로젝트 관리.** 팀에는 프로젝트를 예산 내에서 궤도에 올려놓을 수 있는 접근방식이 필요하다. CX 프로젝트의 대표적인 예로는 신기술의 평가 및 구현, 교차 기능 프로세스의 재설계 또는 새로운 CX 지향 워크샵 커리큘럼을 만드는 것 등이 있다. 대다수의 조직에서 큰 프로젝트에는 전담 프로젝트 관리자를 둔다.

프로젝트를 관리하기 위해 전문가go-to 방식을 채택하는 것이 도움이 된다. 예를 들어 PMI Project Management Institute 표준 및 JPACE가 있다. 이렇게 체계적인 방법론은 프로젝트의 성공을 촉진하고 혼란과 불확실성을 줄일 수 있다. 다만, 모든 상황에 완벽히 적용할 수는 없다는 것이다. 프로젝트 관리의 업무량이 너무 적거나 너무 많은 것 사이에서 균형을 맞춰야 한다. 프로젝트 관리와 본연의 업무 사이에서 적절한 균형을 유지해야 한다.

### 추천 사항

다음은 세 가지 영역에 대한 몇 가지 권장 사항이다.
- 팀이 당면한 업무에 적합한 방법을 사용하고 있는지 확인한다. 검토 중인 방법에 대해 팀이 보고하는 시간을 마련하는 것이 바람직

하다. 좋은 결정을 내릴 수 있도록 직원들의 도움을 받자.
- A) 모든 영역에서 모든 사람이 모든 도구를 사용할 수 있도록 허용하는 것과 B) 세부적인 접근방식을 의무화하는 것 사이에 균형을 찾아라. 센스 있게 혼합된 중간 지대를 가장 많이 선호한다.
- 조직 내에서 전문성을 개발할 수 있는 기회를 모색하라. 도구에 대한 경험이 풍부하고 프로젝트와 프로세스를 잘 이해하고 사람들과 잘 어울리는 복합적인 역량을 가진 최고의 직원들을 반드시 붙잡아야 한다! 팀 및 활동 전반에 걸친 노하우를 심화시키기 위해 그들의 도움을 받아야 한다.
- 색다른 접근방식들은 종종 다른 영역에 뿌리를 내리고 있는데, 그것이 꼭 나쁜 것만은 아니다. 어떤 도구는 특정 활동에 더 적합하다(예: 소프트웨어 개발팀은 종종 데브옵스 DevOps 또는 애자일 agile을 사용한다). 내가 강조하는 점은 다른 접근방식을 허용할지에 대한 여부와 영역을 결정할 때 정확한 의도가 있어야 한다는 것이다.
- 어떤 것이 좋은지 나쁜지는 직접 시도해봤을 때만 알 수 있다. 효과가 있는 방법을 고수하고, 만성적으로 막히는 부분을 조정하라.

전체적인 메시지는 기존의 도구들을 그대로 활용하자는 것이다. 공인 프로젝트 관리자들이 소속된 팀이 있는 경우에는 그들을 그대로 활용하자. 만약 조직에서 과거에 린 Lean 방법론을 채택한 적이 있다면 그 경험을 활용하자. 직원들이 변화를 따라잡기 위해 고군분투하고 있는 상황에서 익숙한 툴을 사용하여 시간을 절약하고 자신감을 높이며 고객 중심 업무에 대한 마인드 쉐어를 확보할 수 있다. 나이키의 슬로건

"Just Do It!"을 기억하자. 세부사항을 과도하게 고민하는 데 소요되는 시간이 고객과 더 가까워지는 시간을 의미하진 않는다.

### 주요 권장 사항

- 고객 경험 데이터를 시각화하라.
- 고객 경험 중심 프로세스를 설계하라.
- 기술의 잠재력을 활용하라.
- 고객 경험 관리 필수 도구 체계를 구축하라.
- 변화 관리를 체계적으로 실행하라.

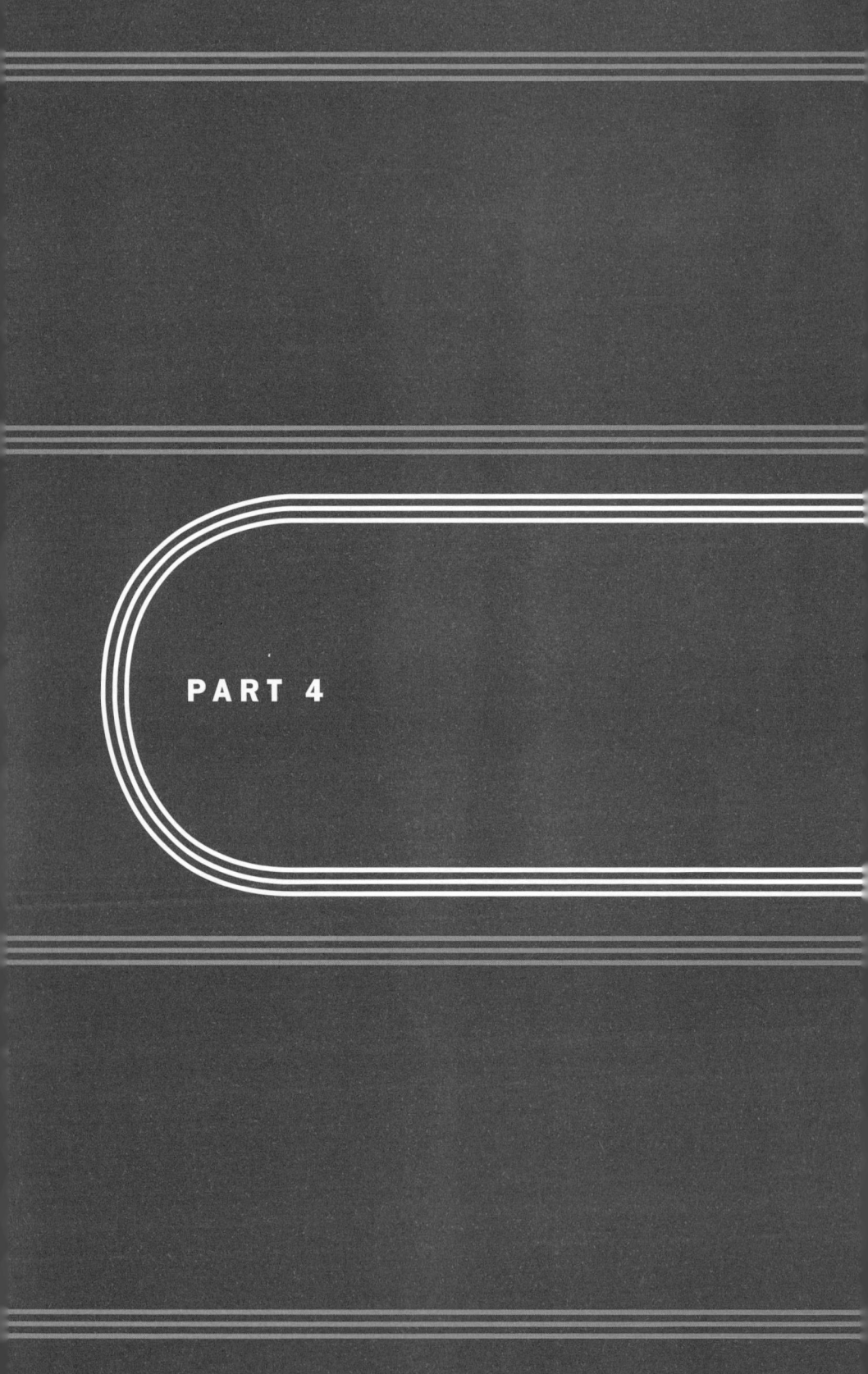

PART 4

# 브랜드 옹호 문화와 제품 -서비스 통합 모델

# 고객 옹호 문화 구축

    나는 영국에 있는 한 대형 유틸리티 시설 회사의 서비스 운영에 대한 컨설팅 평가를 했다. 당시 그 회사로 새로 왔던 한 이사는 내부 지표상 문제가 없음에도 불구하고, 고객들의 평가가 좋지 않은 방향으로 움직이고 있다고 우려했다. 그리고 왜 이런 일이 일어나는지 알아내는 데 그리 오래 걸리지 않았다.

    그 회사는 서비스 표준 중에 고객 문의의 80% 이상이 30초 이내에 회사 담당자에게 연결되어야 한다는 서비스 수준 목표 80/30을 달성하기 위한 규정을 갖추고 있었다. 하지만 나는 그들이 꼼수를 쓰고 있다는 것을 발견했다. 만약 서비스 수준이 떨어지기 시작하면, "트래픽 컨트롤러" 중 하나가 대기 중인 고객을 보류 상태로 바꾼다. 그렇게 되면 대기 줄에 방금 진입한 고객만 담당자로 바로 이동할 수 있는데, 30초 이내에 응답된 통화의 비율을 그 즉시 증가시키는 방식으로 목표가 달성된 것처럼 보이게 했다.

대기 줄이 줄어들고 서비스 수준이 개선되거나 개선된 것처럼 보이면, 그들은 보류 상태에서 전화를 풀고 직원들에게 연락할 수 있도록 허용했다. 이러한 방식으로 이 회사는 직원의 직급에 상관없이 서비스 수준의 결과를 직접 조작할 수 있게 된다. 고객들이 영문도 모르고 줄 맨 뒤에 서서 악몽 같은 대기 시간을 보내고 있다는 사실은 신경 쓰지 않았다.

그날 오후 늦게 이사의 사무실에서 그녀를 만나 이러한 관행을 지적했다. "이건 명백한 기만 행위예요. 달리 표현할 방법이 없습니다."

그녀는 동의했다. "맞습니다. 그리고 그 말을 들으니 오히려 안심이 됩니다. 제가 여기 온 지 두 달 됐는데 몇 년 동안 그래왔다는 것을 알게 됐어요." 그녀는 계속해서 말했다. "문제는 우리에게는 필요한 자원이 부족하다는 거예요. 만약 제가 그 관행을 중단시킨다면, 내부 보고서 결과는 훨씬 더 나빠질 것이구요. 그래서 그저 지켜보고만 있었어요."

"네, 하지만 현실은 훨씬 심각해요."라고 답했다. "그리고 효과적으로 회사를 이끌기 위해서는 실제로 어떤 일이 일어나고 있는지 반드시 알아야 합니다."

그녀는 "실적이 크게 하락하게 되면 우리 고위 임원들에게 어떻게 설명해야 할까요?"라고 물었다.

좋은 질문이었다. 우리는 가능성에 대해 이야기했다. 당연하게도, 정책의 변화가 왜 필요한지, 그리고 나면 왜 상황이 악화되게 보일 것인지에 대해 고위 임원들과 소통하는 것이 해답의 중요한 부분이었다.

"그리고 일어날 수 있는 최악의 일은 무엇일까?"라고 그녀는 큰 소리로 스스로에게 물었다. "그들이 듣고 이해한다면 아주 좋겠지. 내가 필요한 자원을 얻을 수 있는 근거가 될 거야." 그녀는 곰곰히 더 생각했다. "만약 그들이 듣지 않는다면… 내가 일을 제대로 하지 못하고 있다고 생각할 거고… 더 나쁜 경우는, 나를 해고할 수도 있겠지. 그러면 이곳이 내 경력을 쌓아갈만한 곳은 아닌 거겠지?"

"맞아요!" 그녀의 자신감이 너무 좋았다. "해보세요. 주장을 펼치세요."

몇 개월 후의 이야기로 넘어가자. 회의 중간중간 메시지를 확인하면서 다른 프로젝트 업무를 보고 있었던 나는 새로운 뉴스를 대충 훑어보다가 한 뉴스의 제목에서 그녀의 이름을 알아봤다. 자세히 읽어봤더니, 그녀가 권위 있는 리더십 상을 받았다는 것을 알게 되었다.

며칠 뒤 그녀에게 축하 전화를 했고 그녀는 그간 무슨 일이 일어났는지 이야기해주었다.

"우리 고위 경영진은 제가 입사하기 전까지 상황을 전혀 몰랐다고 말했어요. 오히려 그 사실을 알려준 것에 대해 고마워 했습니다. 경영진들은 저와 우리가 만들어야 할 변화를 100% 지지해줬어요." 그녀는 계속 말했다. "더 있어요. 우리가 얘기했던 성과 문제에 대한 건, 여러 가지 다른 방법들이 있다는 것을 깨달았어요. 우리는 기업 문화를 재건하기 위해 많은 일을 했는데 아주 힘들었어요. 우리 팀은 지금 성장하고 있고요. 그리고 예전과 다르다는 것을 고객들도 알아주기 시작했어요."

"당신은 위험을 무릅쓰고 올바른 방향으로 나아갔군요."라고 대답했다. "그리고 심지어 그런 만큼 충분히 자격이 있는 상을 받았군요. 축하해요!"

이 유틸리티 회사는 진정으로 고객 중심적인 조직으로 극적인 변화를 이룬 사례다. 이 여정의 다음 주제는 영감을 주고 혁신하는 것에 대한 내용이다. 이 장에서는 팀, 부문 또는 조직 전체에 고객 옹호 문화를 구축하는 방법에 대해 살펴보겠다. 고객이 중심이 되도록 보장하는 원칙들과 실행에 대해 논의해보자. 또한 브랜드 옹호자들을 격려하고 참여시킬 수 있는 흥미로운 기회에 대해 논의해보자.

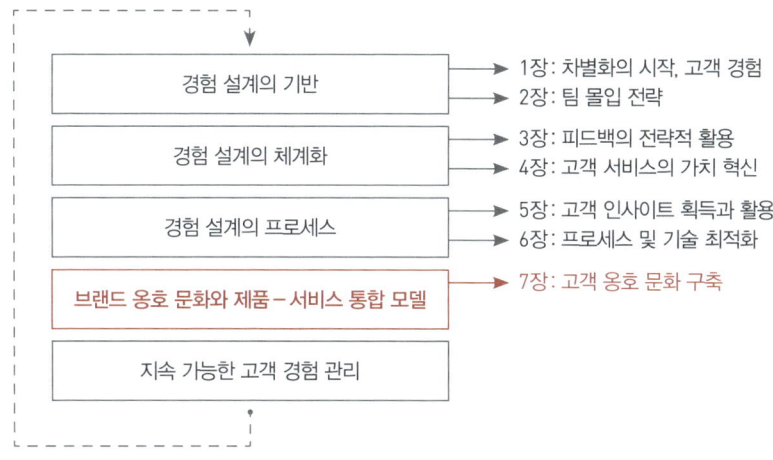

그림 7-1  리더십 프레임워크(7장) : 고객 옹호 문화 구축

## 고객 옹호의 정의를 조직 차원에서 정립하라

최근 몇 년 동안, 고객 옹호는 마케팅과 고객 서비스 분야에서 뜨거운 주제였다. 2020~2021년의 경제적 격변을 겪으며 훨씬 더 많은 관심을 받고 있다. 하지만 이 용어에 대해 검색해 보면 두 가지 매우 다른

정의를 발견하게 된다.

하나는 **내부적인 관점**에서의 정의다. 고객에게 가장 적합한 것에 조직의 역량을 집중하고, 훌륭한 고객 경험을 창출하고, 고객을 옹호하며, 고객이 문제를 해결할 수 있도록 돕는 것이다. 이는 고객 서비스 및 운영 업계의 지배적 견해다.

다른 하나는 **외부적인 관점**이다. 기업을 옹호하고 제품, 서비스 및 브랜드에 대한 정보를 퍼뜨리는 고객의 관점에서 고객 옹호를 정의하는 것이다. 이러한 관점은 마케팅과 영업 분야에서 공통적으로 나타난다.

그렇다면, 둘 중 어느 것이 옳은 것일까? 정답은 둘 다이다. 고객 옹호를 이렇게 정의하고 싶다.

> "고객 옹호 : 고객에게 가장 좋은 일을 하는 데 집중하기 위해 취하는 기업의 행동들로 구성되며, 이는 결국 제품과 브랜드를 옹호하는 충성 고객으로 보상된다."

시장의 리더들은 고객 옹호의 내부 및 외부 양쪽 측면 모두에 종합적으로 초점을 맞추고 있다. 물론, 기업과 조직이 하는 일이 더 중요하다. 자신의 니즈를 파악하여 만족시키고, 무엇이 최선인지에 대해 집중하지 않는 제품과 브랜드를 홍보하는 고객은 없을 것이다. 그러나 고객을 팬이자 추천자로 인정하고 적절히 참여시키는 방법은 점점 더 인기를 얻고 있다.

조직이 고객 옹호에 접근하는 방법은 크게 네 가지 사분면으로 분류할 수 있다.

**낮은 내부 초점, 낮은 외부 초점**: "무지." 이러한 조직은 고객 옹호의 원칙을 알지 못하거나 쉽게 무시한다. 이는 해당 조직과 그 고객들에게 불리하다.

**높은 내부 초점, 낮은 외부 초점**: "소극적." 이러한 조직은 고객의 요구에 집중하는 일을 잘한다. 그러나 그들은 브랜드 홍보대사 역할을 하는 고객과의 관계 구축 및 신규 고객 확보 기회를 놓치고 있다.

**낮은 내부 초점, 높은 외부 초점**: "모방." 이러한 조직은 브랜드 홍보자인 고객이 자신들을 위해 할 수 있는 일이 무엇인지에 대한 관점으로만 고객 옹호를 바라본다. 하지만 그들은 고객의 충성도를 얻기 위한 일은 열심히 하지 않는다.

**높은 내부 초점, 높은 외부 초점**: "리더." 이러한 조직은 고객의 니즈를 이해하고 고객에게 가장 적합한 활동을 수행하는 데 집중하여 긍정적인 평판과 브랜드 홍보 효과를 창출한다. 또한 브랜드 옹호자인 고객을 인정하고 적극적으로 참여시킨다.

**그림 7-2** 고객 옹호 – 내부 및 외부

## 고객 옹호를 업무화하라

고객 옹호는 크고 작은 다양한 방식으로 이루어진다. 다음은 몇 가지 예다.

- 고객 옹호는 개별적 상호작용을 운용하는 데 도움이 될 수 있다. 예를 들어, 예약 대행업체가 고객에게 오후 항공편을 이용하는 게 괜찮으시다면 150달러를 절약할 수 있다고 말하는 식이다.
- 기능적 레벨의 계획에 더 많이 관여하는 계기가 될 수 있다. 예를 들어, 고객 서비스 부서에서 주말 시간을 할애하기로 결정하는 식이다. 또는 단골 고객을 유치하는 로열티 프로그램을 만들거나 개선하는 이유가 되기도 한다.
- 고객 옹호는 또한 극적인 변화의 원동력이 될 수 있다. 찰스 슈밥 Charles Schwab이 자신의 이름을 내건 금융 회사에서 은퇴 후 몇 년 만에 다시 돌아왔을 때, 그는 회사가 이전까지 집중적으로 투자했던 몇 가지 집중 분야를 제거했다. 그는 서비스를 간소화하고 고객의 니즈에 맞춘 서비스에 집중했다. 슈왑의 회사는 반격을 시작했고 금융 업계에서 "위대한 해방자"라는 별명을 얻었다.

종종 정의 definitions에 관한 질문을 받는데, 특히 자신의 역할이 무엇을 의미하는지, 즉 고객을 위해 훌륭한 일을 하는 것에 대한 내부적인 초점과 관련이 있는 질문들이었다. 고객 옹호는 피드백 관리(3장)나 고객 서비스 제공(4장)과 어떻게 다를까? 피드백 관리나 고객 서비스 제공을 잘하면 확실히 고객을 옹호하게 되는 것일 수 있다. 고객 옹호는 고객 피드백을 관리하고 서비스를 제공하는 영역을 포괄하지만 그 이상의 의미를 지니고 있다.

지금까지 책에서 논의한 내용 중 상당 부분은 과거 및 현재와 관련이 있다. 고객이 언급한 내용과 그 피드백을 어떻게 사용하는가(3장)? 고객이 필요로 하는 도움과 지원은 무엇인가(4장)? 기업을 통해 어떤 과정을 거치게 되는가(5장)? 고객 경험을 지원하기 위한 프로세스 및 기술을 어떻게 구축하는가(6장)? 여기서부터 우리는 미래를 바라보게 된다. 문제가 발생하기 전에 고객을 옹호하는 문화를 어떻게 구축하는가? 어떻게 앞을 내다보고, 경쟁에서 앞서가는가?

스티브 잡스의 생애를 다룬 전기 드라마인 영화 〈잡스Jobs〉를 보면, 그가 투박하고 무거운 휴대용 CD플레이어를에 CD를 넣으려고 애쓰다 쓰레기통에 버리는 장면 을 보여준다. 나머지 스토리는 아이팟과 디지털 음악의 탄생, 그리고 이러한 기능이 아이폰에 어떻게 침투하는지에 대한 내용인데, 이제는 역사가 되었다. 그렇다, 그것은 비전과 혁신이었고, 또한 미래 지향적인 고객 옹호이기도 했다. 이러한 기기가 시장에 출시되기 전에는 고객이 피드백이나 서비스 상호 작용을 통해 이를 요구한 적이 없었다.

> "고객 옹호를 그저 '프로젝트' 또는 '계획'으로 여기지 말 것을 권장한다. 대신 그것을 재료로 상상해 보사. 이미 알고 있는 레시피에 맛을 더하는 비밀 소스다."

고객 옹호는 제품 개발, 마케팅, 커뮤니케이션, 고객 서비스 등 고객 경험의 다른 모든 측면을 대체하는 것이 아니라 일부인 것이다.

고객 옹호는 현재 CX 계획이 더 잘 돌아가도록 해준다. 고객 옹호가 조직 문화에 내재화되면, 첫 번째 접점으로부터 기대치를 설정하는 것에서부터 판매 후 문제 해결 및 고객 참여에 이르기까지, 고객 옹호 문화는 전체 고객 여정으로 확장된다. 다음은 고객 옹호의 몇 가지 사례다.

- 만약 UPS의 컨테이너가 눈보라로 인해 다음 행선지를 놓치게 되면 운영 관리자는 이 사실을 알고, 즉시 보고를 받아 제시간에 운반될 수 있는 대체 방법을 찾게 된다. 이 시스템은 고객에게 '예외적인 상황'이 있었다는 알림과 함께 어떻게 진행될지를 알려준다.
- 시카고 랭햄 호텔에서 방을 청소하는 사람이 다음 손님을 위해 방을 점검하던 중 물을 내려보니 손잡이가 걸린다는 사실을 알아차린다. 그는 손잡이를 이리저리 움직여서 다시 원상태로 돌려놓는 방법을 알지만 - 고객이 이를 해결할 수 있을까? 그는 수리를 요청한다. 이 지역에서 가장 높은 등급의 호텔이 갖고 있는 많은 운영 노하우 중 아주 작은 하나의 예다.
- 고객을 옹호하지 않아 발생했던 비극적인 예는 보잉 Boeing의 737 MAX 항공기에 대한 태도였다. 라이온 에어 Lion Air와 에티오피아 항공의 사고가 발생하기 전까지 많은 전조 증상들이 있었다. 조작 특성 증강 시스템 MCAS에서 잘못된 값이 생성되었고, 비행기들은

자동 조정에 들어갔다. 항공기 조종사들은 MCAS 시스템에 대한 보고를 받지 못했다. 교육 매뉴얼도 불충분했고, 항공기 인증 과정에서 이러한 문제들을 대충 넘어갔던 것이다. 어떤 부서든지 이 부분을 미리 생각해봤다면 문제를 피할 수 있었을 것이다. 346명이 목숨을 잃었고, 보잉은 여전히 신뢰를 회복하기 위해 노력하고 있다. 제품 설계, 매뉴얼, 교육, 인증 프로세스, 커뮤니케이션 등 모든 분야는 고객 경험의 일부다.

조직의 문화는 얼마나 진보적인가? 조직의 사고방식에 고객 옹호가 얼마나 내재화되어 있는가? 고객 옹호의 중요성을 인정하고 말과 행동으로 이를 장려하는 것에서 발전이 시작된다. 또한 개인에게 권한을 부여하고 기능 전반에 걸쳐 고객 옹호를 강화해야 한다. 이는 다음으로 다룰 주제다.

## 직원을 통해 더 많은 옹호자를 육성하라

직원들이 고객 옹호자가 될 수 있도록 권한을 부여하는 아이디어는 개념적으로 많은 리더들에게 훌륭하게 들릴 것이다. 하지만 말하기는 쉽지만 실제 실행하기는 어렵다는 것이 주요 장벽이다. 이는 훈련 부족, 잘못된 수행 목표, 제한된 의사 결정 권한 등으로 인한 것일 수 있다. 직원들을 고객 옹호자로 변화시키는 데 필수적인 다섯 가지 구성 요소가 있다. 이 책의 다른 부분에서 이미 많은 부분을 다루었으므로, 여기서는 목록을 만들고 주목할 필요가 있는 부분을 보강하고자 한다.

**철학:** 고객 중심이 무엇을 의미하는지 명확한 정의한 비전을 수립하고, 이를 강화하는 것이다. 1장에서 보험 및 금융회사인 USAA를 언급했는데, USAA는 고객 서비스 분야 최고의 회사들에 지속적으로 순위를 유지하고 있다. USAA는 "우리는 봉사가 무엇을 의미하는지 알고 있다"라는 철학에 의해 운영된다. 이 간단한 문장은 모든 결정의 방향을 정하는 데 도움이 된다. 윈덤Wyndham의 "모든 사람이 이용할 수 있는 호텔 여행."이라는 미션은 또 다른 좋은 예다.

**교육 및 코칭:** 두 번째 필수 요소는 고객 옹호가 무엇이고 어떻게 작동하는지 깊이 이해하는 것이다. 모든 직원과 모든 직무 역할에 대한 교육과 코칭은 실용적이어야 한다. 예를 들어 다음과 같은 질문을 살펴보자.

- 고객의 입장에서 생각한다는 것은 무엇을 의미할까?
- 고객에게 가장 적합한 솔루션을 찾으려면 어떻게 해야 할까?
- 다른 분야의 자원과 지원이 필요할 때 누구에게 연락해야 할까?

모든 직무와 부서에 대한 교육과 코칭은 이러한 주제를 다루어야 한다. 많은 조직이 고객 서비스 영역에만 초점을 맞추고 있다. 그러나 이는 운영, 마케팅, 물류 등 모든 영역에 적용되어야 하며, 심지어 회계부서와 같이 많은 사람들이 고객과 관련 있다고 생각하지 않는 영역에조차 적용된다. 자포스Zappos는 신입 사원들에게 회사의 역사와 가치를 배우고, 전화를 받고, 게임, 활동 및 프로젝트를 통해 동료들과 유대감을 형성하는 4주간의 과정을 거치게 한다. 조직에서 즉시 이러한 교육을 실행하는 것이 어려울 수도 있지만, 대신 강의가 아닌 참여와 실질적인 적용을 강조하는 짧은 대화형 워크숍을 실행해 볼 수도 있다. 이러한 활동이 원활하게 이뤄진다면, 직원들에게 즐겁고 유익한 시간이 될 것이다.

**권한.** 고객 옹호는 고객에게 가장 좋은 일을 하기 위한 조치를 취하는 것이다. 직원들이 직접 결정을 내릴 수 있는 권한과 수단이 없다면 효과적으로 일하기가 힘들다. 수년 동안 리츠칼튼Ritz-Carlton은 손님 1인당 2,000달러 사용 재량권을 직원 1인에게 주고, 직원이 이를 사용하기에 적법하다고 생각하는 문제를 직접 해결하도록 했다. 한 매니저가 설명하기를 "가끔씩 가장 즐겁고 놀라운 해결이 가능한 순간은 눈 깜짝할 사이에 벌어진다. 직원들에게 많은 결제와 승인 과정을 거치게 만들어서 즉시 해결할 권한을 주지 않는다면, 이러한 순간은 영원히 오지 않을 것이다".

적어도 초기에는 많은 조직의 경영진들이 이러한 수준까지 권한을 부여하는 것에 관심을 가지고 있을 것이다. 어떤 문제나 일에 직접 관련된 직원이 신속하게 결정을 내림으로써 결국 조정 비용이 감소하고 고객 만족도가 높아지는 많은 사례를 보아왔다. 이런 경우 직원들은 회사의 신뢰에 감사하며, 고객과 조직을 위해 더 나은 결정을 내리고자 할 것이다. 문제는 현장에서 이루어지므로, 의사 결정에 대한 상사와 관리자의 승인 과정을 최소화하면 자원을 절약하고 문제의 악화를 방지할 수 있다. 고객은 신속한 의사 결정에 깊은 인상을 받을 것이다. 명확한 품질 표준과 가치 체계를 확립한다면, 직원들의 좋은 의사 결정으로 이어질 것이다.

**목표와 목적:** 고객 옹호를 지원하고 장려하는 올바른 목표와 목적도 필수적이다. 지표 설정을 통해 측정 가능한 결과를 얻을 수 있다.

**도구 및 프로세스:** 지원 툴과 프로세스도 필요하다. 반드시 최신 기술을 보유해야 한다는 의미는 않지만, 몇 가지 기능은 특히 유용할 것이다. 여기에는 도움될 만한 고객 정보와 문제들을 바로 알 수 있는 정보 수집 수단인 고객의 이력 및 선호도, 내부 협업을 위한 원활하게 해줄 커뮤니케이션 도구 등이 포함된다.

고객 옹호는 알아서 이루어지지 않는다. 그러나 만약 이 다섯 가지 구성 요소를 잘 갖추었다면 직원을 고객 옹호자로 육성하는 데 큰 도움이 될 것이다.

### 권한 부여란 무엇일까?

고객 중심 기업은 권한 부여를 다른 조직과는 다르게 정의한다. 이는 직원들에게 무제한적인 권한을 부여한다는 의미가 아니다. 직원들이 무분별하게 제품과 서비스를 무상으로 제공하는 것을 상상하는 관리자들에게는 꽤 겁나는 사고방식일 것이다.

권한 부여의 실제 의미는 직원들이 탁월한 고객 경험을 제공할 수 있도록 하는 것이며, 여기에는 세 가지 중요한 조건이 있다. 첫 번째는 필요한 자원을 제공하는 것이다. 일선 직원들이 제품에 결함이 있거나, 서비스를 이용할 수 없거나, 또는 적절한 도구와 장비가 부족한 경우 문제를 해결할 수 없다.

두 번째 조건은 명확한 절차의 정립이다. 제품을 생산하든, 서비스를 제공하든, 문제를 해결하든 간에 일관된 작업 방식이 있어야 한다. 이를 통해 모든 구성원이 통일된 방식으로 업무를 수행하며 고객이 원하는 일관성, 안정성 및 효율성을 창출할 수 있다.

마지막 조건은 권한이다. 직원들은 상황에 따라 합리적이라고 판단될 경우, 표준 정책과 절차를 벗어날 수 있는 재량권을 가져야 한다. 명백한 문제를 신속하게 해결하기 위해 항상 관리자의 승인을 받을 필요는 없다.

제프 토이스터 Jeff Toister,
《고객 서비스 문화 핸드북 The Service Culture Handbook》 저자

## 옹호 문화를 부서 간 확산하라

고객 옹호가 이뤄질 때 얻는 큰 보상 중 하나는 고객이 브랜드 옹호자가 된다는 점이다. 이러한 강력한 결과를 얻어내는 것이 중요하다.

애초에 충성 고객이 있는 실질적인 이유를 잊지 말자. 잘 설계된 제품과 서비스를 고객에게 전달하고, 발생하는 문제를 능동적으로 해결하는 것, 개별 직원을 고객 옹호자로 변모시키는 것이 그 시작이지만, 궁극적으로는 전체 조직이 한 배에 탑승해야 한다.

조직은 고객 옹호로 가는 과정의 일부 또는 상당 부분을 달성했을 수도 있다. 조직에서는 매우 다양한 방식으로 고객 옹호를 정의하고 구현한다. 다음은 가장 일반적인 몇 가지를 나열했고, 후자일수록 그 효과가 더 크다.

교차 기능 업무를 수행하는 특정 직원들을 고객 옹호 전담자로 지정하는 경우가 기본적인 방식이다. 의료 시스템의 환자 옹호자 제도와 마찬가지로, 고객 옹호 담당자들은 독특하거나 긴급한 요청을 한 고객이 필요로 하는 조직의 부서 및 프로세스를 찾을 수 있도록 지원한다. 대부분의 경우, 직원들이 고객을 돕기 위해 많은 노력을 기울이는 모습을 목격할 수 있다. 그러한 모습들이 내가 추진하고자 하는 광범위한 문화적 변화는 아니지만, 고객 옹호의 한 형태고, 향후 더욱 광범위한 참여를 목표로 빠르게 시작할 수 있는 방법이 될 수 있다.

어떤 조직들은 부서 내에 고객 옹호 팀을 구성하거나 등급을 설정했다. 고객이 문제를 해결할 수 있도록 지원해 주는 것뿐만 아니라, 이러한 팀은 더 넓은 범위의 조직과 협력하여 제품, 서비스 및 프로세스에 필요한 개선사항을 발견하고 우선순위를 정한다. 어떤 경우에는 그들에게 '고객 옹호자'라는 타이틀을 부여하고 있기도 하다. 이는 고객 옹호의 발전된 형태라고 볼 수 있다.

일부 조직은 조직의 부서와 기능 전체에 걸쳐 고객 옹호를 감독하는 중앙 팀을 구성하기도 한다. 총책임자는 '고객 옹호자'라는 직함을 갖기도 하며, 보통 고위급 임원에게 직접 보고하거나, 아니면 고위 관리직의 일원이 고객 옹호의 총책임자인 경우도 있다. 이는 고객 경험과 매우 유사해 보일 수 있고, 고객 경험 도구와 원칙이 그대로 적용될 수도 있다. 변칙적으로 고객 옹호는 주로 마케팅 계획으로 간주될 수 있으며, 이러한 경우 마케팅이 고객 옹호를 주도하기도 한다. 즉, 종종 다른 고객 경험 계획과 중첩되어 있다는 것이다. 만약 이 모든 것이 혼란스럽게 들린다면, 정확히 본 것이다. 이상적으로는 고객 경험이라는 틀 안에 고객 옹호 활동을 통합하는 것이 바람직하다.

> "최상의 접근방식은 고객 옹호의 원칙을 별도로 조직의 전략과 문화에 구축하는 것이다."

이를 구축하면 직원을 지정하거나 팀을 구성하거나 계획을 시작할 필요가 없다. 고객 옹호는 회사 전체의 가치 체계로 존재할 때 가장 효과적으로 작동하게 된다.

대규모 조직에서는 통합적인 접근방식이 더 어려울 수도 있지만, 이를 훌륭하게 적용한 몇 가지 사례가 있다. 프랑스의 뤼에이-말메종 지역에 본사를 둔 슈나이더 일렉트릭 Schneider Electric은 135,000명 이상의 직원을 두고 있다. 고객 옹호 원칙을 그들의 문화에 적용시킨 방법 중 하나는 '고객 옹호자' 그룹이다. 비즈니스 전반에 선별된 인력들에게 집중적인 교육을 제공한다. 이들은 업무 그룹 내에서 CX 전략과 원칙을 전파하는 위해 전문 홍보대사 역할을 수행한다.

## 그림 7-3  고객 옹호 - 효과의 수준

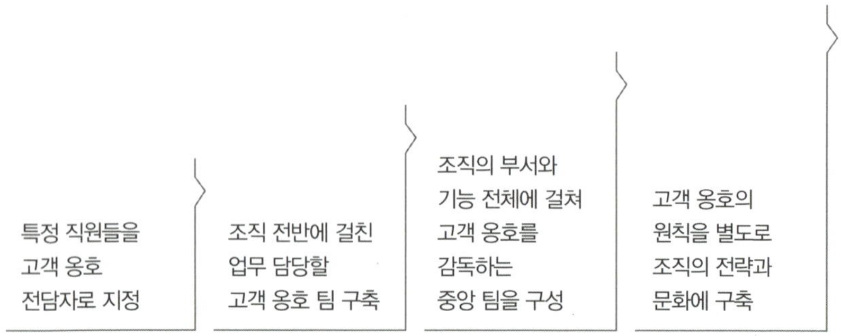

| 특정 직원들을 고객 옹호 전담자로 지정 | 조직 전반에 걸친 업무 담당할 고객 옹호 팀 구축 | 조직의 부서와 기능 전체에 걸쳐 고객 옹호를 감독하는 중앙 팀을 구성 | 고객 옹호의 원칙을 별도로 조직의 전략과 문화에 구축 |

## 자체 평가

고유한 자체 업무 또는 업무 기능 전체에 걸쳐 고객 옹호를 언제라도 수행할 준비가 된 상태로 만드는 방법이 있다. 바로 자체 평가다. 고객 옹호의 진행 상황에 따라 다르겠지만, 최소한 가까운 시일 내로 몇몇은 아직 미흡하거나 혹은 목표에 도달할 수 없을 것으로 보일 것이다. 고객 옹호는 모 아니면 도가 되어서는 안 되기 때문에, 어떤 환경에서도 활용할 수 있는 것으로 시작하는 게 좋다. 고객 옹호는 결국 조직 전체를 최적화하는 데 필요하기 때문에 중요하다.

- 고객 중심 비전 : 조직은 고객 중심의 비전을 가지고 있어야 하고, 진정으로 그러한 비전을 실천해야 한다. 내가 특히 좋아하는 예시는 1장에서 언급했던 REI의 사명이다. "아웃도어의 모험과 자연환경 보호를 위한 삶에 영감을 주고, 교육하고, 장비를 제공할 것."

- 고객 중심 전략 : 고객 옹호는 고객의 이익을 의사 결정의 중심에 두는 또 다른 비즈니스 모델을 의미한다. 일반적으로 제품 중심 조직은 제품과 서비스로 시작하여 고객을 찾는 반면, 고객 중심 조직은 고객을 염두에 두고 고객을 위한 솔루션을 만든다. 스티브 잡스가 애플로 돌아와 회사를 전환시켰을 때 보여주었듯이, 우선순위의 극적인 변화를 가져오기도 한다.
- 고위급 리더십의 지원 : 앞서 언급했듯이, 고위급 리더십의 지지가 관건이다. 경영진의 리더십은 부서 간 협업, 우선순위 설정 및 고객 옹호의 목표 강화를 통해 고객 옹호를 가능하게 할 수 있다.
- 고객 중심 목표 및 지표 : 웰스 파고 Wells Fargo는 고객당 평균 계좌 수를 늘리기 위해 설정한 목표와 인센티브로 인해 곤경에 처했다. 신규 계좌를 필요로 하거나 원하지 않는 고객들을 대신해 직원들이 수백만 개의 계좌를 개설했다는 사실이 나중에 밝혀졌다. 그들에겐 뒤늦은 깨달음이지만 고객 충성도 향상에 집중하여 유기적으로 고객과의 거래를 증가시키는 목표를 설정하는 것이 더 좋았을 것이다.
- 교차 기능적 협업 : 고객 옹호에 필수적이며, 더 넓게 보면 고객 경험에도 필수적이다. 협업과 효과적인 커뮤니케이션 도구를 지원하고, 고객에게도 전반적인 초점을 맞추기 위한 목표들이 양립 가능한 프로세스를 찾아야 한다.
- 서비스 수준 계약 SLA : 협업을 하는 데 있어 중요한 요소 중 하나는 내부 반응에 대한 기대치를 설정하는 것이다. 필요에 따라 형식적이고 구체적인 내부 반응을 얻을 수 있다. 내부 SLA는 대응의 중요

성을 강조하고 예상 및 필요에 따라 부서 간 자원을 사용할 수 있도록 보장해준다.

- 브랜드 옹호자와의 관계 구축 : 고객 옹호는 브랜드 옹호자인 고객들의 엄청난 가치를 잘 알고 있는 기업 문화를 기반으로 할 때 가능하다. 브랜드 옹호자 고객들을 식별하고, 그들의 성공을 강조하며, 적절하게 그들과 교류하는 것 등이 실질적인 차원에서 포함되어야 한다. 이는 주로 마케팅 영역에 국한된 기능이기 때문에, 이런 경우 고객 경험에 대한 통합적 접근이 효과적으로 이루어지는지 확인해야 한다.

이러한 일곱 가지 특성을 모두 갖춘 조직에서는 고객 옹호가 잘 이루어지는 경향이 있다. 사실, 고객 옹호는 조직의 주요 동력이 된다. 아마존의 설립자 제프 베조스Jeff Bezos는 "우리는 고객을 우리가 주최한 파티의 귀빈으로 여긴다. 고객 경험의 모든 중요한 측면을 점진적으로 개선하는 것이 우리의 일상적인 업무다."라고 말했다. 아마존은 자사의 미션, 전략, 자원을 조정하여 고객에게 최적화된 서브스를 제공하는 데 초점을 맞춘다. 이러한 요소들이 결합되어 강력한 비즈니스 플랫폼을 구축하는 것이다.

## 브랜드 옹호자를 예우하라

고객은 제품과 브랜드를 긍정적으로 홍보하며 옹호자가 된다. 흔히 브랜드 옹호자라고 불리는 이들은 조직에 많은 가치를 가져다준다. 다음의 예를 보자.

- 닐슨Nielsen의 연구조사 결과, 고객 추천이 유료 광고보다 훨씬 신뢰할 만하다는 것이 일반적인 인식이라고 한다.
- 실제로 제품이나 서비스를 사용해 본 사람들이 가장 가치 있는 정보를 제공한다.
- 베인Bain에 의하면, 충성 고객을 보유한 조직은 업계의 경쟁사보다 2.5배 빠르게 매출을 올리고, 과거 10년 동안 주당순이익이 2~5배 증가했다고 한다.

연구조사 결과에 따르면 절반 이상의 회사가 자사의 브랜드 옹호자를 파악하지 못하고 있다. 소수의 기업만이 브랜드 옹호자를 인식하고 상호작용하고 있는 것이다. 이는 중요한 기회를 놓치고 있음을 의미한다.

브랜드 옹호는 종종 자연스럽게 일어난다. 예를 들어, 고객이 스타벅스, 카페 네로Caffè Nero, 피트Peet's 또는 다른 선호하는 커피를 구매하여 컵을 손에 들고 다니면, "난 바쁘게 움직이고 있어, 커피를 들고 말이야."라며 무의식적으로 일종의 지위 상징이 된다. 브랜드 로고는 다른 사람들에게 보여진다. 하드락 카페 티셔츠와 'Just Do It' 야구 모자는 라이프 스타일과 브랜드를 홍보한다. 편의점 체인인 와와는 많은 주유기, 풍부한 신선 식품, 깨끗한 시설과 같은 고객의 의견을 바탕으로 만든 덕분에 빠르게 성장하고 있다. 와와의 웹사이트에는 "장소 제출" 페이지가 있어, 고객 옹호자들은 자신의 지역에 매장 입점을 요청할 수 있다.

고객 옹호는 많은 성공적인 소규모 기업의 핵심 요소가 되었다. 보스턴을 방문하는 관광객들은 노스 엔드에 있는 마이크의 페이스트리Mike's Pastry를 찾는다. 피자를 좋아하는 사람들은 코네티컷주 뉴헤이븐에 있는 페페스 피자Pepe's Pizza에 가볼 만한 가치가 있다는 것을 알고 있다. 여행 중 메뉴판을 살펴보고 있을 때 나를 보고 "이 레스토랑은 꼭 가보세요"라고 추천해주는 현지인들의 친절함에 깊은 감사를 느낀다. "해산물 요리를 원하신다면, 제가 추천하는 식당은 길 아래 두 블록 정도 가면 있어요."라고 말해줄 정도다.

고객 옹호는 가장 효과적인 영업 네트워크를 형성한다. 또한 옹호자들은 제품이나 서비스를 개발 및 개선하고, 경쟁업체들이 무엇을 하고 있는지 알게 해주며, 혁신적인 아이디어와 영감을 주기도 한다. 작은 음식점부터 상징적인 브랜드에 이르기까지 수많은 성공을 가져다준 비밀스러운 요소다. 일단 그 고객들이 제품이나 서비스를 경험하고 만족하여 충성도가 형성되면, 이들은 새로운 고객을 유치하는 역할을 한다.

소극적 옹호자와 적극적 옹호자로 구분한 후, 몰입도를 적절하게 조절하면 이 기회를 최대로 활용할 수 있다.

## 소극적 옹호자를 인정하고 격려하라

브라이트 로컬Bright Local의 조사에 따르면, 82% 이상의 소비자들이 구매 결정을 내리기 전에 지역 기업에 대한 리뷰를 읽어 본다고 한다. 그리고 대다수의 소비자들이 회사의 제품과 서비스에 대한 온라인 리뷰를 자신들이 직접 개인적인 추천을 하는 것만큼이나 신뢰한다고 한다. 많은 고객들이 자신이 좋아하는 브랜드와 제품을 기꺼이 홍보한다. 하지만 모든 사람들이 아주 적극적으로 홍보하는 것을 선호하지는 않는다.

따라서 옹호자는 크게 소극적 고객과 적극적 고객으로 분류할 수 있다. 소극적 옹호자의 전형적인 특징은 기꺼이 공유한다는 것이다. 즉, 그들에게 제품이나 서비스가 중요하다. 그들은 추천 글과 리뷰를 쓰기도 하고, 다른 사람의 리뷰나 포럼에 질문에 답하기도 한다. 즉, 소극적인 옹호자들은 대화에 개방적이다.

원칙적으로 대화형 인터페이스의 사용을 유도하는 것이 좋다. 효과적인 쇼핑 플랫폼은 리뷰와 대화 참여를 장려한다. 구매자가 질문을 했을 때 다른 사람들이 플랫폼에서 답변할 수 있도록 해야 한다. 이러한 단순하고 효과적인 접근방식은 기대치를 가지고 관련 정보를 제공받는 데 도움이 된다. 예를 들어, 트립어드바이저에서는 리뷰 과정을 통해 여행자들이 서로 연결된다. 가족을 위해 샌디에이고로 깜짝 여행을 계획 중인 한 아버지가 최근 다른 리뷰어에게 농구 코드가 있는지 물었다. "농구를 할 수 있나요?" "제 것을 갖다 드릴까요?" 이 대화는 좋은 식당에 대한 얘기와 그 지역에서 할 수 있는 놀거리에 대한 다른 질문들로 이어졌다. 이것은 고객 간의 대화였고, 호텔은 예약을 받았다. 그리고 이 고객을 도와준 리뷰어는 호텔로부터 감사 인사를 받았고, 이를 계기로 그녀는 적극적인 옹호자가 되었다.

모든 부정적인 평가가 항상 나쁜 것은 아니라는 것을 주목하자. 나쁜 평을 두려워하지 말아야 한다. 그것들을 편집하거나 삭제하지 말고, 진실하고 친절한 대응을 고려해볼 필요가 있다.

고객이 리뷰를 쓰도록 하려면 어떻게 해야 할까? 가장 좋은 방법은 그들에게 부탁해보는 것이다. 한 연구는 고객의 2/3 이상이 개인적인 리뷰 요청에 응한다는 사실을 발견했다. 캘리포니아 솔라나 비치에 새로 생긴 농장 직송 레스토랑 알체 101 Alce 101의 매니저는 최근 나에게 리뷰를 쓸 의향이 있는지 물었고, 신선한 재료로 만든 옥수수 수프에 대해 열변을 토하고 있었던 나는 흔쾌히 리뷰 작성을 약속했다.

최근 리본 Rivon에서 탁구 라켓을 구매했는데, 소린이라는 이름의 직원에게 비디오, 전자책 및 기타 물품에 대한 링크가 포함된 이메일을 받았다. 일주일 후 또 다른 이메일을 받았다. "구매를 어떻게 평가하십니까? 당신이 이긴 탁구 경기의 사진이나 동영상을 게시할 의향이 있습니까?" 우리끼리 얘기지만, 난 아직 포장된 박스에서 탁구 라켓을 꺼내지도 않았는데, 벌써 새로운 커뮤니티의 일원이 된 기분이 들었다.

"소극적 옹호자들은 많은 조직에 점점 더 중요한 영향을 미치고 있다. … 이들의 참여는 눈에 띄지만 다른 고객에게 방해가 되지 않으며, 신뢰할 만하다."

의견이 긍정적이든 부정적이든 자유롭게 대화를 나누도록 장려하고 적절한 곳에 참여시킴으로써 고객 옹호를 강화해야 한다.

### 적극적 옹호자를 찾아서 보상하라

적극적 옹호자는 소극적 옹호자보다 상대적으로 표현에 더 능동적이고 외향적이다. 적극적 옹호자들에게서 발견되는 4가지 주요 특성이 있다. 이들은 공유하는 일에 열성적이고, 기꺼이 대화하며 그 대가로 감사와 인정을 받고 싶어 한다. 이들은 다른 사람들에게 해당 제품이나 브랜드 사용을 앞장서서 추천한다. 또한 브랜드의 평판을 바탕으로 새로운 제품이나 다른 제품들을 시도할 것이다. 적극적인 옹호자들은 이러한 활동의 일부가 되는 것을 좋아한다.

> "적극적인 옹호자들의 '적극성'정도를 측정할 수 있는 척도가 있으며, 이에 해당하는 옹호자들은 그에 상응하는 수준의 참여를 필요로 하고 기대한다."

소극적, 적극적 옹호자들을 우대하기 위한 다양한 방법을 고려할 때, 브랜드 옹호자 피라미드를 활용하는 것이 좋다. 새로운 고객, 소극적 옹호자, 적극적 옹호자 및 인플루언서로 분류되는 네 가지 척도로 시작할 수 있다. 절대적인 분류 방법은 없지만, 구분을 하고 각 카테고리에 맞는 활동을 적용하면 좋은 시작점이 될 것이다.

신규 고객이 가장 기본적인 수준에 해당하며, 이들 중 일부는 소극적 옹호자다. 간단하게 생각해보자. 피라미드의 꼭대기에는 상대적으로 훨씬 적은 수의 적극적 옹호자들이 있다. 그들은 진정한 인플루언서들이다. 이들에게는 VIP나 핵심 고객 그룹같이 훨씬 더 높은 참여 등급을 부여하는 것이 타당하다. 실제로 다이렉트 TV는 칭찬과 비판을 모두 사려 깊게 작성한 블로거를 수석 엔지니어로 고용했다.

고객 참여에 능숙한 조직을 관찰하는 일은 영감을 준다. 레고가 그중 하나다. 레고에 대한 이야기는 많은 사람들에게 어린 시절을 떠올리게 한다. 충성스러운 고객들은 자녀와 손주들을 위해 레고 세트를 구비한다. 레고가 여러 세대에 걸쳐 생존하고 잘 알려진 주된 고객과의 관계 방식에 있다. 디자인 공모전, 로봇공학 도전, 소셜 플랫폼을 통해 재미있는 스토리를 곁들여 신제품을 소개한다. 옹호자들의 지속적인 참여를 유도하고, 그들이 회사의 방향성에 기여한다고 느끼게 한다. 고객의 피드백이 새로운 제품 개발의 주요 요인이 된다(다른 참여의 예시로서 유튜브에서 고프로, 글로시에, 레드불 또는 파타고니아를 검색해보자.).

B2B 사례로, 구글 비즈니스 솔루션은 광고를 통해 고객 옹호자의 특징을 효과적으로 표현했다. 그 광고에서 고객 옹호자들은 구글이 어떻게 도움을 주었는지 보여주면서 자신들의 소규모 사업을 홍보한다. 또한, 법률 및 리스크 관리 서비스 회사인 렉시스넥시스LexisNexis는 기존 고객과 잠재 고객이 서로 연결되어 아이디어를 교환할 수 있는 기회를 제공한다. 경영진에 따르면, 이러한 아이디어로 인해 판매 주기가 획기적으로 단축되어 판매량이 증가했다고 한다.

### 그림 7-4 브랜드 옹호자 피라미드

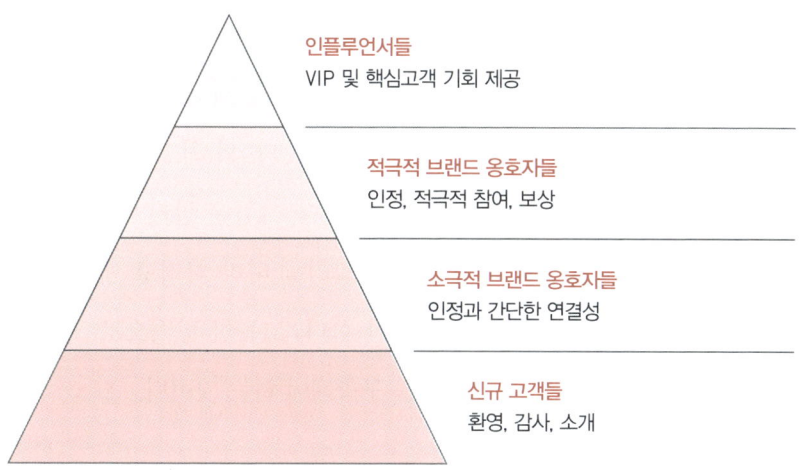

## 독특한 브랜드 만들기

유년기 시절 미국 시트콤 〈해피 데이즈Happy Days〉를 좋아하곤 했다. 최근 한 컨퍼런스에서 어린 시절의 영웅 헨리 윙클러"The Fonz"를 만날 기회가 있었다. 〈해피 데이즈〉 이후, 그는 많은 히트 작품들의 총괄 프로듀서를 맡았고, 수많은 영화에 출연했으며, 최근 HBO 시리즈인 〈배리Barry〉에서의 역할로 에미상을 수상했다.

헨리 윙클러에 대한 인식과 관계 없이, 그는 그가 하는 모든 일에 자신만의 독특함과 진정성을 가지고 있다. 무대 뒤에서 이야기를 나누면서, 우리는 그간 상황이 어떻게 변해왔는지, 그리고 새로운 도전과 기회가 어떻게 오는지에 대한 이야기를 나누었다. 그는 어머니가 내게 해주곤 했던 조언을 상기시켜주었다. "그냥 너답게 행동하라." 아주 좋은 조언이었고 지금도 그렇다. 이는 여러 조직에게도 좋은 조언이다.

모터사이클 회사인 할리데이비슨은 믿을 수 없을 정도로 충성스러운 고객들을 가지고 있다. 라이더들은 클럽에 가입해서 할리의 옷을 입으며, 일부는 할리 문신을 하기도 한다. 많은 CEO와 최고 마케팅 책임자들은 할리를 고객 충성도의 성배로 여긴다. 그들은 할리처럼 되려면 어떻게 해야 할지 궁금해한다. 하지만 할리를 따라 하려고 애쓰지 말고, 오히려 자신만의 모습을 드러내야 한다. 고유한 방식으로 고객과 연결하여 브랜드 고유의 흥미로움을 구축해야 하는 것이다.

## 브랜드 평판 강화를 위한 모멘텀을 만들어라

훌륭한 음식과 흠잡을 데 없는 서비스를 갖춘 한 신규 레스토랑이 빠른 속도로 많은 팔로워를 쌓아가던 사례가 있었다. 추천은 빠르게 퍼졌고, 리뷰는 긍정적이었으며, 얼마 지나지 않아 입장 대기 시간이 길어졌다. 손님들에게 이것은 그 식당이 훌륭한 선택이었다는 것을 확인시켜주는 것이었다. 하지만 시간이 지남에 따라, 음식은 기대 이하에, 서비스는 일관성이 없어졌다. 레스토랑은 현실에 안주하게 되었다. 그리고 이전의 긍정적인 입소문이 이제는 불리하게 작용하기 시작했다. 2년도 안 되어 이 레스토랑은 폐업했다.

안타깝게도 많은 기업이 매일 옹호자를 잃고 있다. 이것은 그 어떤 것보다 소홀함에서 비롯된다. 신뢰를 유지하고 모멘텀을 유지하기 위한 중요한 원칙이 있다. 소극적 및 적극적 브랜드 옹호자들과의 관계 구축을 위해 논의한 내용들을 지속적으로 실천해야 한다. 핵심은 지속성이다. 계속 해보자!

- **정중함을 유지하며 관계를 지속하라.** 옹호자들은 서비스와 제품이 앞으로도 계속 훌륭했으면 하는 기대를 가지고 있다. 문제가 발생하면, 옹호자들은 신속하고 원화한 해결을 기대한다.

- **지속적으로 감사를 표하라.** 인디펜던스 블루 크로스 Independence Blue Cross에서 일하는 한 동료는, 종종 본사 근처 필라델피아의 소네스타 호텔에 묵는다. 그녀는 자신의 생일에 출장지에서 일을 하고 있었다. 생일날 저녁에 자신의 호텔 방에 도착했는데, TV와 침대 위에 현수막이 걸려 있었고, 직원들 모두가 사인한 생일 카드와 생일 케이크가 있어 정말 놀랐고 기뻤다고 한다.

- **항상 접근 가능한 상태를 유지하라.** 고객이 원하는 방식으로 참여할 수 있도록 다양한 채널을 열어두자. 옹호자들은 연결된 상태를 유지하는 것을 좋아하기 때문에 소셜미디어를 통해 배려심 넘치는 존재감을 유지하는 것이 중요하다. 해시태그를 활용하고 항상 쉽게 연결될 수 있는 환경을 조성하라. 한 대학생이 빈야드바인스 Vineyard Vines 의 신상 옷을 입고 인스타그램에 해스태그를 포함한 사진을 올렸고, 회사는 그녀의 게시물에 즉시 '좋아요'를 눌렀다. 단순하지만 충성도를 쌓아가는 방법이다.

- **적극적으로 계속 경청하라.** 옹호자들은 자신들의 생각과 경험이 중요하게 여겨지는지 알고 싶어 한다. 그러니 그들에게 확인해보자. 그들의 요구사항을 파악하면서, 추가적인 니즈도 확인하라. 미시간주 로체스터에 있는 4번가 부티크는 옹호자들이 재밌는 방식으로 참여하는 회사다. 사장은 고객들에게 직접 옷을 디자인할 기회를 제공한다. 그녀는 인스타그램에 실제 고객들의 사진을 게시하고, 팔로워는 새로 나온 제품과 스타일, 트렌드에 대해 대화할 수 있다. 많은 게시물에는 "내 사이즈도 있나요?"라는 댓글이 달리며, 그들은 자신들이 인정받고 있고, 재밌다고 느낀다.

- **응원하라.** 옹호자들이 하는 일을 알아주고 인정해야 한다. 그들의 성취, 수상, 포상을 축하해 주자. 승진을 축하하는 링크드인 게시물은 당사자로서는 매우 감사할 일이며, 관심을 보여주는 방법이다. 전자상거래이자 소매업체인 엘엘빈 L.L. Bean 은 세계 7대 정상 등반을 목표로 하는 10대 소년 타일러 암스트롱 Tyler Armstrong 에 대한 이야기를 특집으로 다루었다. 그는 목표를 향해 가면서, 근육에 영향을 미치는 유전성 질환인 근이영양증 연구 기금을 모으고 있다. 이는 엘엘빈의 고품질 장비와 훌륭한 서비스 평판을 완벽하게 보완하는 효과적인 스토리텔링이다.

- **참석하라.** 성공의 80%는 단순히 모습을 나타내는 것에 달려있다는 우디 앨런의 말에 동의한다. 보스턴 마라톤은 아디다스와 같은 거대하고 상징적인 브랜드뿐 아니라 다나-파버 암 연구소 Dana-Farber Cancer Institute 와 같은 소규모 지역 단체들의 후원을 받는다. 작은 조직이라도 커뮤니티 행사를 후원하거나 콘서트를 홍보하거나

비즈니스 박람회에서 테이블을 주최함으로써 옹호자들을 지원할 수 있다.

브랜드 옹호자들은 브랜드를 신뢰한다. 그들은 그 신뢰가 계속되기를 원한다. 약속을 지키면 고객 경험을 더 강력하게 만들 수 있다.

### 주요 권장 사항

- 고객 옹호의 정의를 조직 차원에서 정립하라.
- 직원을 통해 더 많은 옹호자를 육성하라.
- 옹호 문화를 부서 간 확산하라.
- 브랜드 옹호자 예우하라.
- 브랜드 평판 강화의 모멘텀을 만들어라.

# 제품과 서비스 혁신 실행

　나는 새로운 클라이언트의 회의실에 가장 먼저 도착해서 커피를 손에 들고 주변을 돌아보는 시간을 가졌다. 먼저 한쪽 벽에 게시되어 있는 그들의 비전과 사명을 읽었다. 그리고 다른 벽에 붙어 있는 회사의 역사에 대한 내용과 사진들도 훑어보았다. 그러는 동안 다른 참석자들이 도착했고, 고객 경험과 관련된 각자 다른 역할을 하고 있는 사람들이라고 했다. 이 회의는 운영 현황을 평가하고 새로운 기회와 우선순위에 대한 권장 사항을 도출하기 위한 프로젝트를 시작하기 위한 첫 만남이었다.

　약 10명의 참석자들이 입장하자, 우리는 자리에 앉아 일상적인 소개와 인사를 했다. 인사가 끝나자 이 프로젝트를 담당하는 부사장이 두꺼운 보고서를 테이블 위로 꺼내들었다. 세 개의 대형 링 바인더로 묶인 방대한 보고서였다. 분위기를 보아 모두가 이 보고서를 잘 알고 있는 듯했으며, 모두의 안색이 어두워지는 느낌이었다. "이 보고서가 바로 당신이 여기에 온 이유 중 하나입니다."라고 부사장이 내 쪽을 바라보며 말했다. "우리 회사는 이 보고서와 자문을 위해 상당한 비용을 지불했고, 이를 실행해 왔는데 이게…."

"흥미롭죠." 부사장의 왼쪽에 있는 누군가가 초조한 듯 웃으며 말했다.

"계속 시도하고 있어요." 다른 사람이 고개를 끄덕였다.

"인격 수양을 하고 있죠"라고 말하며 또 다른 사람이 웃었는데, 그로 인해 회의실이 약간 웃음바다가 되었고 긴장감을 깨는 데 도움을 주었다.

그 보고서는 조직의 모든 주요 기능을 포괄하는 전략적 평가를 위해 고용된 컨설팅 회사가 작성한 것이었다. 개선해야 할 목표 정도로 해석될 만한 'Best in Class'라는 실행목표들을 기반으로 고객 경험과 관련된 수십 가지 이상의 권장 사항을 제공했다고 한다. 품질 표준, 측정 지표, 예산 할당 등 다양한 이슈들을 다루고 있었다.

이 조직의 목표는 프로세스를 개선하고, 공백을 줄이고, 혁신을 이루는 것이었다. 프로젝트 팀은 두 가지 근본적인 문제에 주목했다. 하나는 권고 사항들이 유기적이지 않고, 상대적으로 각자 고립되어 제시되어 있다는 것이다. 라디오의 볼륨 조절기를 움직이는 것처럼, 한 영역에서 뭔가를 바꾸면, 다른 영역에 종종 잘못된 방향으로 영향을 끼치게 되는 현상을 발견한 것이었다. 두 번째는 권고 사항을 이행하기 위한 전체 로드맵의 부족이었다. 그들은 모든 것을 원활하게 운영하기 위한 방안을 찾지 못하고 있었다.

두 가지 문제점을 추가로 살펴보자. 첫째, 이러한 벤치마킹은 혁신을 위한 좋은 방법이 결코 될 수 없다. 본능적으로 항상 다른 조직에서 기준을 찾게 된다. 그러나 그것은 다른 누군가가 강에서 이미 낚아올린

물고기 같은 것이다. 둘째, 많은 고객 경험 계획이 미흡한 상황 혹은 고객들이 아직은 브랜드에 대해 황홀해하지 않는 상황에서 다른 사람들이 하는 얘기를 모방하는 것이 과연 좋은 생각일까? 조직만의 특별하고 독특한 점을 무시한 채?

더 좋은 방법이 있다. 이 장에서는 혁신을 주도하는 중요한 원칙을 살펴볼 것이다. 그중 하나는 비판하는 사람들을 무시하고, 제품을 서비스로, 서비스를 제품으로 바꿀 방법을 찾는다. 이는 강력한 소비 욕구를 불러일으킬 것이다. 거버넌스 측면도 살펴보자. 혁신에 매우 중요하다. 먼저 직원들에게 잠재된 창의성을 활용하는 방법에 대한 권장 사항을 살펴보자.

그림 8-1 리더십 프레임워크(8장) : 제품과 서비스 혁신 실행

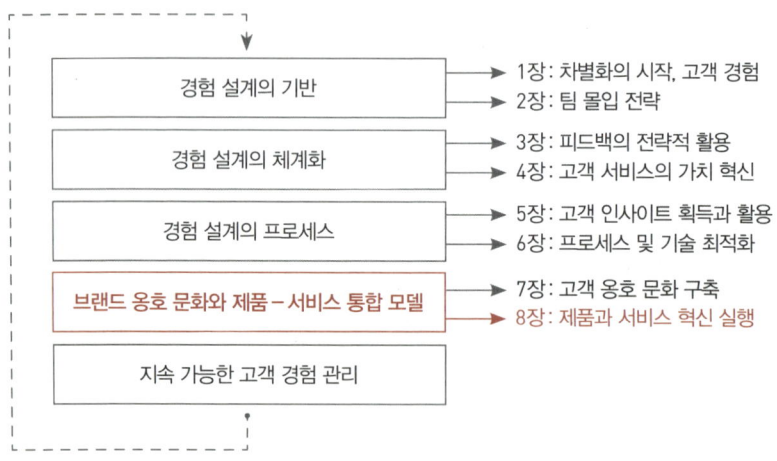

# 모두의 참여로 혁신 아이디어를 수집하라

한번은 에드워즈 데밍W. Edwards Deming을 만나서 이야기할 기회가 있었다. 데밍 박사는 세계적인 품질 전문가 중 한 명으로, 변화를 예고한 《아웃 오브 더 크라이시스Out of the Crisis》의 저자다. 그때는 이 책이 출간되기 몇 년 전이었고, 나는 배움에 열정적인 젊은이였다. 데밍의 총체적 품질 관리 14가지 중 하나는 '두려움을 몰아내는 것'이었을만큼, 그는 많은 조직의 직원들 사이에서 만연한 두려움을 한탄했다. 나는 동의하며 고개를 끄덕였지만, 그 당시 그가 하는 말에 공감할 만한 경험은 거의 없었다. 솔직히 말해 다소 과장되어 보였을 뿐이다.

그리고 나는 수많은 연구, 포커스 그룹, 대화를 거치며 30년이 걸린 이제야 비로소 그의 말을 완전히 이해하게 되었다.

> "많은 직원들이 혁신을 위험하다고 생각한다. 혁신은 멋진 단어이나 그 핵심은 변화에 있다. 즉, 일을 다르게 하는 것이다."

때로는 상황이 미묘하게 악화되기도 한다. 새로운 아이디어를 언급하면, 매니저는 "청구서 지불 기한이 3일 이내 아닌가요?"라는 질문으로 반응할 수 있다. 또는 "괜찮아 보이네요, 한번 살펴보죠"라고 애매모호하게 대답할 수 있다. 어떤 동료는 '우리는 그런 식으로 해 본 적이 없다'고 웃을 수도 있다. 대부분의 경우, 조직의 최고 리더십은 혁신에 완전히 뒤처져 있고, 관리자, 감독자 및 직원들에게 어떻게 혁신을 전개시켜야 할지 모르고 있다.

피터 드러커Peter Drucker는 그의 획기적인 저서,《혁신의 규율The Discipline of Innovation》에서 혁신은 "기업의 경제적 또는 사회적 잠재력에 의도적이고 집중적인 변화를 만들기 위한 노력"이라고 언급했다. 그는 혁신의 규율은 다른 것과는 다르다고 덧붙인다. 회계에는 회계사를, 마케팅에는 마케팅 담당자를, 법무 부서에는 변호사를 고용한다. 그렇다면 혁신가들은 어디에 있을까? 바로 직원들이다. 피터 드러커는 혁신이 천재성이나 뛰어난 재능에서 오는 것이 아니라 "혁신적인 기회에 대한 의식적이고 목적성을 가진 탐색"에서 나온다고 말한다.

많은 조직은 '공헌한 만큼 보상받는다'는 사고방식을 따른다. 혁신을 촉진하기 위해 스톡옵션, 현금 또는 아이디어 가치의 백분율 같은 인센티브를 제공한다.《드라이브Drive》의 저자 다니엘 핑크Daniel Pink는 "사람들은 다른 사람의 동기부여와 행동을 증대시켜 혜택을 얻기를 기대하며 보상을 활용하지만, 의도와는 반대로 종종 그 사람의 내적인 동기부여를 약화시키는 결과를 만들며 눈에 보이지 않는 대가를 치르기도 한다."라며 는 보상시스템이 항상 우리의 예상대로 작동하지는 않는다고 말한다.

핑크에 따르면, 많은 직원들은 외적인 혜택보다는 '자율성'을 중요하게 생각한다. 여기서 자율성은 직원이 스스로 선택한 프로젝트를 수행하거나 독립적으로 업무에 접근할 수 있는 맥락에서의 자유다. 건전한 혁신 파이프라인으로 알려진 구글, 3M 및 기타 기업들은 직원들이 개인 프로젝트에 일정 비율의 시간을 할애할 수 있도록 허용한다. 어떤 직원들은 '해커톤' 대회나 혁신 토너먼트를 한 개최하여 직원들의 창의성을 촉진한다. 다음은 모든 조직에 적용될 수 있는 몇 가지 권장 사항이다.

- **혁신을 가로막는 장애물들을 찾아서 제거하라.** 이 첫 번째 권고는 포괄적이고 지속적이어야 한다. 혁신을 가로막고 있는 장애물을 찾고 제거한다. 장애물을 식별할 수 있는 많은 방법이 있다. 예를 들어, 무엇이 혁신을 가로막는 장애물인지에 대한 질문을 설문조사에 넣거나, 비공식적인 대화에서 물어보거나, 직원들과 포커스 그룹을 수행하여 알아낼 수 있다. 장애물이 무엇인가에 대한 일반적인 답변으로는 '시간이 없음', '아이디어로 무엇을 해야 할지 확실치 않음', '과거의 아이디어에서도 아무 일도 일어나지 않았음', '시간과 집중을 낭비하여 다른 성과 목표를 위태롭게 할 수 있음' 등이 있다. 때로는 불편한 진실을 듣게 될 수도 있지만, 커다란 장애물들을 제거할수록 기회도 커진다.

- **관리자가 직접 관찰하고 추적할 수 있도록 보장하라.** 혁신 학습 곡선은 가파르다. 특히 견고하게 확립된 접근방식과 프로세스를 가진 매니저들에게 공통적으로 나타나는 현상이다. 팀 회의, 코칭 세션 및 비공식 토론 중에 새로운 아이디어를 공유할 수 있는 환경이 필요하다. 단순히 아이디어를 상부에 전달하는 관리자보다는, 직원들의 훌륭한 아이디어를 옹호해주고, 그 과정을 코칭해 줄 수 있는 관리자가 필요하게 될 것이다. 목표는 혁신을 직원 경험에 내재화하는 것이다.

- **아이디어를 포착, 분석 및 구현하기 위한 효과적인 프로세스를 수립하라.** 아이디어를 수집, 통합, 평가 및 추적하기 위한 프로세스 및 지원 도구가 필요하다. 체계적인 접근법이 없다면 아이디어는 길을 잃거나, 아이디어를 생각해낸 직원과 분리되거나, 더 이상 나아가지 못하게 될 것이다. 그렇게 되면 직원들은 한동안 "제 아이디어는 어떻게 진행되고 있나요?"라고 물을 것이다. 그리고 그들은 재빨리 포기할 것이다. "뭐하러 신경 쓰지?"라고 말이다. 반면에 만약 한 직원이 자신이 낸 아이디어가 사방으로 번져나가는 것을 보게 된다면 혁신이 그저 그런 또 다른 '프로그램'에 불과한 것이 아니었다는 사실을 이해하게 될 것이다. 조직 문화에 있어 아주 중요하고 기대되는 부분이다.

- **공로를 인정하여 전략적 기회로 삼아라.** 신제품의 혁신이 노후화된 제품의 라인을 개선하는 열쇠라면, 이러한 기여에 대해 인정할 때 반드시 연결성을 부여해야 한다. 고객 서비스 혁신이 전략적 중점 사항이라면 서비스 채널에 영향을 미치는 아이디어를 내고 기여한 직원을 인정해야 한다. 물론 모든 분야의 아이디어 생성을 장려해야 하지만, 핵심 분야에 우선순위를 두어 집단지성을 집중시키고, 그에 대한 공로를 인정해야 한다. 2020년 영국의 어스샷프라이즈Earthshot Prize와 같은 기후 변화 대응 프로그램이 매우 효과적인 사례이다. 이 프로그램은 혁신에 대한 인센티브와 보상을 통해 광범위한 관심을 끌고 있다.

- **혁신에 대한 기여를 고객에게 미치는 영향과 연결하라.** 이야기를 전달 시 아이디어의 탄생 배경, 개발 직원, 그리고 긍정적 영향을

받은 고객의 사례를 포함해야 한다. 한 보험회사는 기별 혁신상 수상자의 실물 크기 입간판을 제작하여 혁신적 아이디어나 프로젝트 요약을 함께 전시했다. 매 분기 로비에 전시된 후 회사의 복도로 옮겨져 다시 전시된다. 이것은 회사가 어디에 우선순위를 두고 있는지를 시각적으로 상기시키는 방법이다.

혁신적인 조직들은 혁신을 우선시하여 일한다. 그들은 두려움과 장애물을 제거하는 것을 우선순위로 삼는다. 만약 혁신에 가치를 두고 있다고 말하면, 직원들은 제품과 서비스의 혁신성과 진화 여부를 알려줄 것이며, 관행과 과정을 되짚어서 살펴볼 것이며, 또한 팀 회의와 고객들로부터 인정받는 것을 추구하게 될 것이다. 주로 생산성 목표에 집중하고 있는가? 아니면 이번 분기에 투자자들이 좋아할 만한 숫자에 초점을 맞추고 있는가? 아니면 혁신에 주목하고 있는가?

### 혁신 자체 평가

- 혁신을 방해하는 장애물을 정기적으로 식별하고 제거하고 있다.
- 감독자와 관리자는 효과적으로 혁신을 지원하고 있다.
- 아이디어 포착, 분석 및 구현을 위한 프로세스가 있다.
- 직원들이 아이디어를 개발할 수 있도록 충분한 시간과 자율성을 제공한다.
- 혁신에 대한 공헌을 인정하고 보상하며, 이를 기업문화의 핵심으로 자리 잡게 한다.
- 혁신 사례를 고객들에게 끼친 영향력과 연관지어 공유하고 축하한다.

## 필요하다면 과감히 다른 길을 택하라

한때 성공했던 기업들의 몰락 사례는 잘 알려져 있다. 코닥, 블록버스터 Blockbuster, 게이트웨이 Gateway 등이 대표적이다. 이들은 확립된 비즈니스 규칙에 따라 운영되며 고품질의 제품과 서비스를 제공하는 견실한 기업이었다. 그러다가 경쟁자들이 뭔가 다른 것을 만들어내기 시작하자 이들의 운명은 영원하지 않게 되었다. 그럼에도 불구하고, 사람들은 여전히 사진을 찍고, 영화를 보며, 컴퓨터를 사용한다.

> "명확한 시장 차별화를 구축한다는 것은 독특한 고객 경험을 생성하는 데 있어 중요한 부분이다. 그리고 어떤 경우에는 생존의 문제일 수도 있다."

이는 많은 기업이 독자적인 길을 가야 함을 의미한다. 그렇지 않으면 제품이 명목상 경쟁사보다 우수하고 가격도 비슷하며 강력하지만 차별화되지 않은 서비스를 제공하게 될 것이다. 이러한 혼잡한 시장에 계속 머물게 된다.

강력하고 차별화된 경험을 창출하려는 시도는 때로는 무리로부터 벗어나서 종종 전통적인 지혜를 무시해야 함을 의미한다. 경쟁업체와 업계가 새로운 기술, 최신 트렌드, 더 나은 쥐덫('더 나은 쥐덫의 오류' 참조)을 향해 한 방향으로 나아가는 지금이, 다른 방향으로 나아가야 할 때일 수 있다.

최근 구매한 매트리스를 떠올려보자. 나의 경우, 그저 평범했다. 동네 매트리스 가게에서 거의 비슷해 보이는 매트리스 대여섯 개를 보았다. 판매원은 코일, 폴리폼, 이너 스프링과 같은 전문 용어를 사용하긴 했지만, 어쨌든 충분히 도움이 되었다. 우리는 결정을 미루고 혼란스러운 기분으로 떠났다.

집으로 돌아와서 온라인 검색을 해보니 그간 몰랐던 매트리스 회사들이 꽤 많이 나왔다. 캐스퍼Caspar, 터프트 앤 니들Tuft and Needle, 퍼플Purple, 아보카도Avocado, 에이트Eight 등의 회사들이, 우리가 잠든 동안에도, 구매와 배송 과정에서의 불편을 최소화한 고객 경험에 극도로 집중하며 시장에 뛰어들었다. 수면 품질은 매트리스의 기술에 좌우된다는 것이 그들의 설득 논리였다.

이러한 혁신가들은 비교적 짧은 기간에 매트리스 시장에서 상당한 점유율을 차지했다. 이 매트리스 회사들은 맞춤형 냉각 시스템, 수면을 추적하는 자동화 도구 등 건강과 웰빙에 초점을 맞추고 "그동안 봉인돼있던 인생 최고의 수면을 잠금 해제"해주겠다고 약속한다. 이 모든 일이 일어나자 전통적인 매트리스 소매업체인 매트리스 펌Mattress Firm은 점진적인 개선에도 불구하고 어려움을 겪게 된다. 결국 회사는 2018년에 챕터 11(미국 연방파산법 중 제11장) 파산 보호 신청을 했고 200개 이상의 점포를 폐쇄했다.

이것이 오늘날 고객 경험의 현실이다. '안전한' 전략은 더 나은 할인, 더 빠른 배송, 온라인 커스터마이징, '당신의 매트리스 특성을 선택하세요' 같은 모바일 앱 등 고객의 피드백을 바탕으로 기존 제품과 서비스를 더 좋게 만드는 것이다. 문제는, 경쟁사들도 그러한 것들을 하고 있다는 것이다.

"일부 사람들이 안전하다고 생각하는 길이 비즈니스 역사의 쓰레기통으로 가는 가장 빠른 경로가 될 수 있다."

기업이 잘하고 있을 때도 경쟁자들은 약점을 찾아 울타리를 무너뜨리려 시도할 것이다. 차별화를 위해 반드시 현재의 제품을 버리고 완전히 새로운 방향으로 회사를 바꿀 필요는 없다. 하지만 이는 혁신과 고객을 향한 팀의 사고방식을 근본적으로 바꿔야 한다는 것을 의미한다.

혁신에 관한 유용한 책과 자료는 많으며, 검색을 통해 쉽게 찾을 수 있다. 하지만 정해진 공식은 없다. 한 가지 확실한 점은 고객을 항상 최우선으로 여기는 조직이 혁신을 실현할 가능성이 가장 높다는 것이다. 고객 경험 리더십이 빛을 발하는 대목이다. 고객 경험 팀은 고객의 요구사항을 잘 파악하고 있다. 항상 경청하고, 항상 배우고 있기 때문이다(3장). 서비스를 제공 시 발생하는 문제를 이해하고(4장), 고객의 여정의 성공 요인과 개선점을 파악하고 있다(5장). 또한 미래 전망에 도움을 주는 브랜드 옹호자 및 인플루언서들과 긴밀한 관계를 유지하고 있다(7장).

즉, 고객이 단순하게 세면대와 욕조를 원하는 것이 아니라, 일상의 휴식처가 되어주는 고급스러운 욕실을 원한다는 것을 인지하고 있다.

고객은 새로운 컴퓨터 시스템 자체보다는 규정 준수 보고서 작성 시간이 3분의 1로 단축된다는 점에 더 만족할 것이다. 고객들은 첨단 의료기기가 아니라 손자들과 걱정 없이 시간을 보내기를 원한다. 이러한 심층적인 이유를 이해하면 마케팅, 제품 및 서비스 혁신이 개선되며, 때로는 완전히 새로운 시장이 열리기도 한다.

### 그림 8-2 예시 : 고객 니즈의 심층적 이유

| 매트리스 | 싱크대와 욕조 | 컴퓨터 시스템 |
| --- | --- | --- |
| • 숙면 | • 밝은 색상의 최신 욕실 | • 보고서 시스템 개선 희망 |
| • 직장과 가정에서의 업무 수행을 위한 에너지 필요 | • 일상의 피로를 씻어줄 욕조와 음악 | • 보고서 생성 과정의 비효율성 개선 |
| • 특별한 요구사항이 있는 자녀 돌봄 | • 스트레스 관리를 통한 건강 증진 | • 전략적인 업무에 집중할 시간 확보 |

2009년, 존경받는 의료서비스 제공자인 클리블랜드 클리닉Cleveland Clinic은 그 분야에서 최상위권에 위치해 있었다. 그들은 재정적으로 안정적이었고 우수한 환자 결과 부문에서 최상위권이었다. 그러나 신임 CEO인 델로스 토비 코스그로브Delos Toby Cosgrove는 병원의 중간 수준의 환자 및 직원 만족도 점수를 검토하면서 문제를 감지했다. 그냥 "괜찮다"라는 답변이 많이 포함되어 있었다. 좋은 소식은 병원이 실적 목표를 달성하고 있다는 것이었다. 나쁜 소식은 노인 의료보험 제도 관련 배상이 점점 환자 만족도 점수에 따라 책정되는 것으로 바뀌어 가고 있다는 것이었다.

코스그로브는 C-레벨의 지원을 받아 '환자 경험 사무소'를 만들었다. 핵심 팀이 우리가 이 책에서 다룬 많은 원칙들을 실행하기 시작했다. 고객 피드백이 서비스의 사각지대를 밝혀주기 시작했다. 공동 교육 프로그램은 경비실 직원부터 의사, 관리직까지 다양한 팀원들이 모였다. 이들은 향후 계획을 수립하고 고객 불편의 원인인 더러운 방, 불명확한 간병인의 커뮤니케이션, 불충분한 팀 간 협업, 긴 대기 시간 등을 해결하기 시작했다. 그들은 대시보드, 피드백 메커니즘 및 보상시스템을 개발했다.

이러한 노력의 초기에는 반대론자들이 있었다. 하지만 코스그로브는 상황을 역전시켰다. 그는 경영진에게 "이렇게 진행하지 않으면 결국 환자와 조직에 어떤 희생이 따를까요?"라고 물었다. 그로부터 최근 12년간의 여정을 통해 클리블랜드 클리닉은 환자 만족도 점수 상위 4분의 1에 자리매김했고, 직원 참여도 점수를 개선했으며, 비용 대비 성과와 생산성을 대폭 향상시켰다.

> "고객을 항상 최우선에 두고 시작하는 조직이 혁신을 실현할 수 있는 가장 좋은 기회를 가지고 있다. 고객 경험 리더십이 빛을 발하는 대목이다."

내가 가장 흥미롭게 생각하는 것이 있다. 이들은 매우 헌신적이고 탁월하게 변했고, 자신들이 깨달은 내용을 체계화하고 공유하는 이벤트인 연례 환자 경험 공감 및 혁신 서밋 Annual Patient Experience Empathy & Innovation Summit을 개최했다. 많은 기대를 받고 있는 이 컨퍼런스는 몇 가지 주요한 혜택을 가져다준다. 1) 클리블랜드 클리닉이 선두를 유지할 책임을 지도록 하고, 2) 다른 의료기관에서 수백만 명의 환자의 경험을 개선하는 등 사회에 환원하는 방식으로 기능하며, 3) 선도적 진료에 대한 정보의 강력한 출처가 된다는 점이다.

코스그로브는 이제 은퇴했다. 하지만 그가 우리에게 남긴 질문이 핵심이다.

> "혁신하지 않고, 한계로 밀어붙이지 않으면 결국 어떤 리스크를 짊어지게 될까?"

안전과 안정의 시대는 끝났다. 글로벌 비즈니스의 새로운 상식은 리스크와 보상, 그리고 끊임없는 개선과 재발명이다.

## 제품-서비스 통합 모델을 개발하라

나는 구독 서비스를 통해 최신 소프트웨어를 이용하여 글을 작성하거나 협업을 한다. 이제는 구시대의 유물이 되어버린 부피가 큰 패키지를 구매하는 것보다 구독 서비스가 확실히 낫다. 이 책에 대한 나의 협력자 중 일부는 구글을, 다른 일부는 오피스 365를 선호한다. 나는 줌Zoom, 팀즈Teams, 스카이프Skype 또는 구글 행아웃Google Hangout 등을 전부 사용한다. 그리고 딕셔너리닷컴Dictionary.com과 그래멀리Grammarly 같은 도구를 사용하면 여전히 어렵긴 하지만, 예전보다 훨씬 쉽게 글을 쓸 수 있다.

산업별로 봐도, 제품을 판매하는 형태가 기존의 비즈니스 모델과는 크게 달라졌다. 한 동료가 최신 휴대폰을 확인하기 위해 통신사 매장에 들러서, 매년 새 전화기로 업그레이드할 수 있는 휴대폰 리스 프로그램을 이용했다. 또한 작년에 화면이 한 번 깨져서 비용을 지불한 경험이 있어, 휴대폰 파손 보험에 가입했다.

이제 막 사회생활을 시작한 젊은 친구가 자신의 새 차를 관리하는 앱을 신이 나서 보여줬다. 지구 반대편에서 문을 잠그거나 시동을 걸 수도 있고, 심각한 차량 충돌이 발생할 경우 즉각적으로 응급 서비스를 자동 호출해준다.

유지관리 모듈은 브레이크, 벨트류, 타이어 및 기타 구성 요소 옆에 적정한 레벨을 의미하는 녹색 체크 표시가 되어 있고, 수천 마일 후에 노란색으로 변한다. 누군가가 차를 훔쳐 가려고 한다면, 쉽지 않을 것이다. 이동 추적 장치가 있기 때문이다. 이 모든 것이 인상적이라면, 컴퓨터, 전화기, 핸드백, 서류 가방, 그리고 애완동물 이름표 등 모두가 유사한 서비스의 다양한 조합을 제공한다. 이러한 것들이 서비스로 변신한 제품들이다.

소비자들은 구독 서비스를 점점 더 선호하고 있다. 제품 - 서비스 전환 추세는 산업 전반에 변화를 일으키는 글로벌 트렌드다. 서비스 산업이 오늘날 세계 경제에서 차지하는 비중은 전 세계 GDP의 약 61%로 그 어느 때보다 커지고 있다. 많은 기업들이 현명하게 '어떻게 하면 더 많은 제품을 판매할 수 있을까?'라는 질문에서 '고객이 진정으로 원하는 것은 무엇인가?'라는 질문으로 이동하고 있다. 고객들은 스마트워치나 음성 명령과 같은 도구를 어떻게 사용할 것인가? 향후 3년, 5년 또는 25년 동안 이 제품을 사용하도록 만드는 최고의 고객 경험은 무엇일까?

### 제품/서비스 조합의 예

- 컴퓨터 회사 델Dell은 향상된 교육, 컨설팅, 통합 등의 서비스로 쇠퇴하던 운명을 성공적으로 반전시켰다.
- 버버리는 구글 검색에서 증강 현실 도구를 사용하여 제품과 상호 작용할 수 있는 기능을 제공한다. 특별한 앱이 필요하지 않다. 겨울 코트와 버버리 가방의 조화를 알고 싶은가? 고객들은 선택한 제품을 어떤 이미지나 배경에 투영하여 3D로 확인할 수 있다.
- 홈디포에서 도움을 받는 것은 어려운 일이었다. 홈 디포는 비용 절감에 지나치게 집중해 위기를 겪을 뻔했다. 현재는 매장 내 수업, 집 수리 서비스, 장비 대여 등을 통해 기록적인 매출과 이익을 달성하고 있다.
- 의료기기 제조업체인 메드트로닉Medtronic과 다른 업체들은 검사 결과를 의사에게 직접 전달하는 심장박동기와 경보 시스템을 개발 중이다. 이 장치와 서비스는 매년 수천 명의 생명을 구하고 있다.

세계적인 가구 기업 이케아는 2017년에 스타트업 태스크래빗TaskRabbit을 인수했다. 모르는 사람들을 위해 간단히 설명하자면, 태스크래빗은 가구 이동, 배달, TV 설치, 화장대 조립등을 지원하는 '태스커Taskers'와 소비자를 연결해주는 온라인 마켓플레이스다. 이러한 전략적 파트너십은 단순히 편의성을 제공하기 위한 것이 아니다. 그렇다, 옷장을 집으로 옮겨 설치하는 과정은 더 간편해지지만, 이케아는 고객들이 어떻게 공간에서 생활하고 제품을 활용하는 방식에 대한 태스크래빗의 통찰력을 얻게 된다. 이러한 점이 혁신에 대한 단서를 알려준다. 그리고 더 나은 경험은 고객들이 인스타그램에 다른 회사의 유사한 화장대에 관심을 덜 가지게 다.

서비스 또한 제품화 되고 있다. 나는 최근에 ICMI 컨퍼런스에서 던컨 워들Duncan Wardle을 소개하는 특권을 누렸다. 나는 던컨 워들이 디즈니에서 혁신과 창의성의 책임자로서 수행했던 오랜 역할과 성과에 대해 더 많이 알게 되었다. 그들의 많은 창작물들 중에서, 던컨과 그의 팀은 디즈니 매직밴드를 개발하여, 체크인하고 호텔에서 대기했다가 공원 내 이동 열차를 포함한 대기 시간을 없앴다. 이 서비스는 줄서기, 시간 일정 및 정보 서비스의 생태 시스템이다. 매직밴드라는 제품은 작고 세련된 착용형 제품은 원하는 색상으로 제공되며, 줄을 서거나, 점심값을 지불하거나, 잃어버린 아이를 찾는 데에도 활용된다.

### 더블 래프터 랜치 재창조하기

최근에 나는 아내와 친구 커스틴, 밥과 함께 저녁을 먹었다. 그들은 와이오밍 주 셰리단 카운티에 있는 더블 래프터 목장에서 6일 동안 소몰이를 하는 독특한 휴가에서 막 돌아온 참이었다. 더블 래프터는 600마리의 소를 가진 목축장이다. 목장의 '윤환 방목' 시스템에 의해, 소들은 매년 여름마다 여러 차례 새로운 목초지로 옮겨진다.

목장 주인인 대나와 앨리스 컨스는 모험가들에게 진정한 미국 서부의 경험을 제공했다. 빅혼 산계에서 소를 몰아 이동하며, 1세기 이전에 미국 카우보이들이 했던 방식대로 식사를 하고, 별 아래에서 잠을 잔다. 나는 커스틴과 밥이 묘사한 경험이 전하는 진정성에 감탄했다. 결코 장난이 아니었다. 힘들고, 더럽지만, 결국에는 완전히 만족스러운 경험이었다고 한다(나는 영화 〈굿바이 뉴욕 굿모닝 내 사랑 City Slickers〉의 컬리 역이 떠올랐다. 만약 영화를 봤다면 내 말이 무슨 뜻인지 알 것이다).

나는 그들이 혁신적인 관점에서 그들의 경험을 떠올렸다. 혁신적으로 전환하기 위해서는 인허가, 가격 책정, 마케팅, 보험, 안전한 코스 등 크고 작은 세부 사항들이 철저히 계획되어야 했을 것이다. 결국 상품을 혁신적인 서비스로 전환했고 사업은 성공적으로 성장하고 있다.

## 비효율적 요소를 지속적으로 제거하라

고객 경험의 혁신을 주도하는 것에 대한 주제 중 하나는 낭비적 노력을 줄이는 것이다. 즉, 고객이 최대한 간단하고 편리하게 작업을 할 수 있도록 돕는 것이다. 재택근무가 늘자 고객들이 원활하고 간편한 경험을 더욱 갈망하게 되었다. 많은 사람들이 가정, 직장, 학교에서 곡예를 하듯이 두 가지 이상의 일을 동시에 한다. 구매, 픽업 및 배송을 개선한 편의성은 기대심리와 고객의 행동양식을 영원히 바꾸어 놓았다. 고객 경험 전략의 일환으로 낭비적 노력을 줄이는 방법을 고려할 때, 편의성 설계, 지식 관리 및 자동화 이 세 가지 테마가 효율적인 방향성을 제공한다.

## 편의성 설계

나는 한때 서비스 운영을 통합하던 암트랙Amtrak의 대규모 프로젝트에 속해 있었다. 나는 어머니 애니를 페르소나로 설정했다. 이 접근법은 긍정적인 반응을 얻었다. 프로세스를 통해 작업하는 동안 나는 실제 고객의 모습을 더 잘 볼 수 있게 되었다. 만약 내가 진 블리스Jeanne Bliss만큼 똑똑했다면, 이 아이디어를 책 제목으로 활용했으면 좋았을 것이다. 진 블리스의 CX 설계에 대한 훌륭한 척도는 바로 그녀의 재미있고 창의적인 책 《당신 어머니에게도 그렇게 하시겠습니까?Would You Do That to Your Mother?》의 제목과 같다. 오랜 기다림, 번거로운 과정, 답답한 의사소통, 4시간 동안 서비스를 운영하는 창구? 나이가 많다고 그런 대우를 받아야 할까? 아닐 것이다.

디지털 경험이 항상 편리하지는 않다. 최근 한 동료가 가족과 함께 새집으로 이사했다. 그는 큰 트럭을 빌려 다음과 같은 메모를 남겼다.

나는 디지털과 편의성에 대해 우리가 나눴던 대화를 생각하고 있었어요. 지난주에야 겨우 이사에 필요한 트럭을 픽업했어요. 그 가게는 방문 대면 시간을 대폭 줄였고, 사람들에게 디지털로 자신의 상황을 확인할 수 있는 '편리한 옵션'을 제공했어요. 우선, 정작 필요한 순간에 옵션을 활용할 수 없었어요. 둘째로, 만약 이런 방향으로 가고자 한다면, 이왕이면 제대로 작동하도록 해야 한다. 제 경우에는 그렇지 못했어요. 우리가 얘기해서 다운로드받았던 모바일 앱은 심지어 주문 내용조차 볼 수 없어서 실패였어요. 웹사이트 인터페이스도 별로였고, 우리는 난관을 차례차례 뛰어넘어야 했습니다. 그러는 동안 나와 내 가족들은 좌절감을 느끼며 시간을 허비했어요.

일반적으로 조직이 여정을 개선하기 위해서가 아닌, 비용을 절감하기 위해 고객 경험을 변경하면 뻔한 결과가 나온다. 이 트럭 대여 회사가 그 예다. 만약 노력 감소를 고려한다면, 디지털 전환이 중요한 역할을 해야 한다. 모바일 기기 또는 이와 유사한 셀프서비스 옵션으로 고객이 무언가를 하는 경우 고객 여정의 어떤 부분이 개선될 수 있는지를 고려해야 한다. 단지 향상된 셀프서비스 대안이 도입되었다고 해서, 다른 서비스 옵션을 배제해서는 안 된다. 고객이 상호 작용하는 방식을 선택할 수 있도록 옵션을 부여해야 한다. 그런 다음 CX 계획의 일부인 강력한 도구와 프로세스를 사용하여 상황 진행 상태와 개선이 필요한 부분을 파악해야 한다.

잘못된 프로세스는 비용과 번거로움을 발생시키고 그대로 고객에게 전가된다. 작가 아트 번Art Byrne은 《린 턴어라운드LEAN Turnaround》에서 "낭비를 줄여 고객 가치를 극대화하라"고 한다. 효율적이고 효과적인 조직을 운영하면 결국 고객에게 혜택이 돌아간다.

## 지식 관리

노력을 줄이는 방법은 흔히 지식에서 시작된다. 그럼에도 불구하고 강력한 지식 관리 프로세스를 갖춘 조직이 드물다는 것은 놀라운 점이다. 중요한 지식은 융통성 없는 시스템에 저장되어 방치되거나 혹은 직원의 노하우와 기억에만 의존하는 경우가 아주 많다.

이용 가능하고, 접근하기 쉬운 지식은 스마트 자동화를 가능하게 한다. 고객에 대한 부서별이나 업무 관점에 국한된 셀프서비스 시스템은 답답하고 비효율적이다. 여러 기능이 통합된 실시간 정보를 기반으로 할 때, 셀프서비스 시스템은 더욱 만족스럽고 효과적일 수 있다.

스스로 지식의 수집, 분류, 구조화를 책임지는 담당자가 있는지, 지식의 효과와 접근성을 감독하는 프로세스가 있는지에 대한 질문을 해야 한다. 고객의 노력을 줄일 수 있는 방법을 모색할 때 중요한 반드시 던져야 할 질문이다.

## 자동화와 AI

자동화에 대한 얘기를 해보자. 그리고 인터넷의 발명 이후 가장 주목받는 인공지능으로 눈을 돌려보자. 1990년대에 브라우저를 통해 인터넷이 널리 퍼지고 2000년대에 스마트폰과 소셜미디어가 출현하여 수십 년 동안 시장을 발전시켰던 것처럼, 빠르게 진화하는 AI 기술은 폭발적인 반응을 불러일으키고 있다. AI 및 기타 기능을 활용하면, 고객 경험을 개선할 수 있는 기회는 전례 없이 많아진다.

미국연설가협회를 통해 만난 친구인 라즈 라메시Raj Ramesh 박사는 AI와 머신러닝에 대해 가장 명확한 통찰을 가진 인물 중 한 명이다. 그는 《AI와 당신AI and You》의 저자인데, 원래는 그의 아이들을 위해 쓴 책이기 때문에, 라즈의 아이들은 아마 AI가 그들의 기회와 직업에 미칠 영향을 잘 이해하고 있을 것이다.

라즈는 AI와 머신러닝에 대해 "모든 비즈니스의 각 측면이 영향을 받을 것"이라고 과감하게 예측한다. 하지만 그는 또한 AI가 인간이 할 수 있는 일을 하기까지는 몇 광년이나 멀었다 말한다. 다음은 그가 언급한 가까운 미래다.

- 인공지능은 차를 운전할 것이지만, 연인과 이별을 한 당신의 딸을 위로할 수는 없을 것이다.
- AI는 고객의 질문에 대한 답을 찾지만, 토네이도로 집을 잃은 지 얼마 안 된 고객에게는 공감할 수 없을 것이다.
- AI는 근원적인 패턴을 알아내기 위해 많은 데이터를 고속으로 분석 처리하겠지만, 어떤 데이터를 분석해야 할지 판단하지 못할 것이다.

인간의 뇌는 극도로 복잡하다. 라즈가 지적했듯이, 과학자들이 하나의 알고리즘이니 시스템으로 인간의 능력을 복제할 수 없다는 것을 깨달으면서, 사물을 인식하고 언어를 이해하는 등 뇌의 특정하고 개별적인 능력에 초점을 맞췄다. AI의 진정한 돌파구가 열리기 시작한 것이다.

| 그림 8-3 | 인공지능의 하위 분야

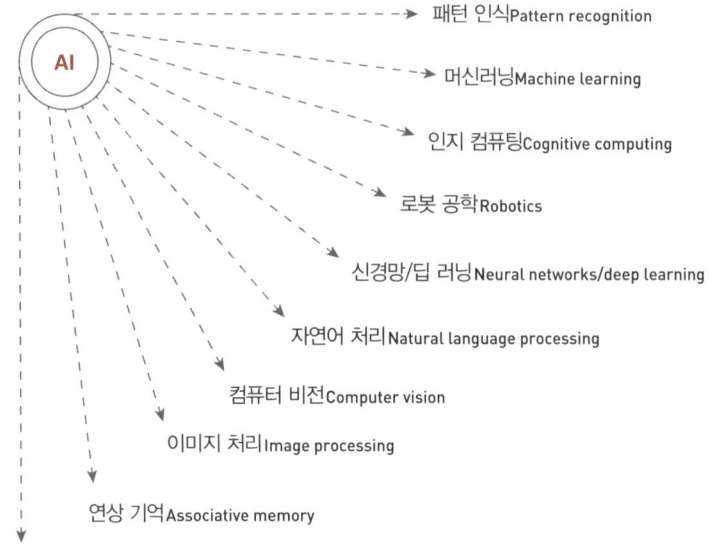

그 이후로 AI는 다양한 하위 분야를 포함하는 포괄적인 개념으로 발전했다. 여기에는 다음이 포함된다.

**패턴 인식**: 데이터의 패턴을 인식할 수 있는 능력(예: 객체 인식, 데이터의 패턴 분석, 손글씨의 특징 인식)

**머신러닝**: 예를 들어, 안면 인식, 게임을 플레이나 날씨 예측과 같은, 유사하거나 새로운 상황에 대응할 수 있도록 컴퓨터를 학습시키는 방법.

**인지 컴퓨팅**: 여러 사실을 바탕으로 논리적 결론에 도달하는 문제 해결 방식.

**로봇 공학:** 소프트웨어를 통한 비결정적 환경에서 기계를 제어하는 기술

**신경망/딥러닝:** 뇌의 신경 구조를 모방한 기술. 예를 들어, 사물과 얼굴을 인식하고, 새로운 개념을 학습하고 결정을 내릴 수 있다.

**자연어 처리:** 인간 언어의 이해 및 대응(예: 자동화된 전화 응답 및 음성 기반 명령)

**컴퓨터 비전:** 물체를 인식하고, 색을 보고, 시각적 패턴을 식별하기 위해 인간의 시각 기능을 모방하는 기술

**이미지 처리:** 디지털 이미지 처리(예: 물체 및 얼굴 인식용)

**연상 기억:** 연상작용으로 인간 기억을 모방하는 기술(예: 꽃의 향기를 인지하고 꽃이 자란 곳이나 꽃장식이 된 이벤트 등을 연관 짓는 것)

**유전/진화 프로그래밍:** 반복 단계를 거쳐 최적의 해결책을 찾는 기술

이러한 하위 분야들은 완전히 독립적인 것은 아니다. 서로 알고리즘과 기술을 공유하고 활용한다. "예를 들어, 항공기와 같은 알려진 물체를 인식하도록 기계를 훈련시키기 위해, 우리는 이미지 처리, 컴퓨터 비전, 패턴 인식 및 신경망 알고리즘과 기술을 활용합니다."라고 라즈는 설명한다. AI와 그 하위 분야를 이런 관점에서 이해하는 것은 유익하다. 고객 경험의 특정 프로세스에서 새로운 기회를 발견할 수 있기 때문이다. 예를 들면 다음 같은 것들이 포함된다.

- 고객의 니즈가 무엇인지 판단하기
- 기존 고객 인증

- 관련 정보 및 기록 불러오기
- 고객이 필요로 하는 프로세스로 안내하기
- 계산 및 분석하기
- 고객 접점에서 데이터 수집
- 고객 피드백 정렬 및 분석
- 그 외 다수

이 책의 서문을 쓴 스콧 매케인Scott McKain이 말했듯이, 인공지능이 '인공적인 지혜'를 뜻하지는 않는다. 인공지능은 강력한 현실로 자리 잡았지만, 내가 알고 있는 많은 효과적인 애플리케이션들이 아직 주목받고 있지는 않다. 대신 조용히 그러나 눈에 띄게 고객 경험의 여러 측면을 개선하고 변화시키고 있으며, 노동집약적 혹은 단편적인 과정에 활용되고 있다. 그리고 대부분의 AI시스템은 직원과 협력하며, 기술은 기술이 할 수 있는 최선을 다하고 있고, 사람은 사람만이 할 수 있는 일을 수행한다.

몇 가지 예를 들어보자. 링크드인의 강력한 AI 기능은 경력과 관련된 채용 기회를 제공하며, 이용자의 전문성을 연결한다. 뉴욕주 용커스에 있는 스털링 내셔널 은행Sterling National Bank은 대화형 AI를 상호 작용의 시작점으로 사용하여, 고객의 사용자 인증을 하고, 고객을 대리인에게 안내하는 동안 셀프서비스로 추가 작업을 지원한다. 스타벅스는 날씨, 시간, 인기, 고객의 구매 이력 등에 따라 맞춤형 메뉴를 제안할 수 있도록 개발하고 있다. 이 사례들에서 알 수 있듯이, 머신러닝은 시간이 지남에 따라 능력이 점점 더 발전하고 확장될 것이다. 사실, 많은 조직의 경험으로 볼 때, 초기 투자에서 큰 수익이 나지 않더라도 지속적으로 실험하는 것이 AI를 성공적으로 사용하기 위한 핵심이다.

거시적, 미시적인 것을 모두 고려하자. 두 가지 모두 고객 여정 지도(5장)에서 오는 이점을 누릴 수 있다. 거시적인 접근에는 고객의 여정을 살펴보고 AI와 기타 자동화 기능을 활용해 이점을 얻을 수 있는 전체 프로세스를 분석하는 일이 포함된다. 항공편이나 호텔 방에 체크인하거나, 웹사이트나 시스템에 로그인하거나, 쇼핑 카트에 물건을 담는 것은 고객 경험이 크게 간소화되는 사례다.

미시적인 사고방식 역시 흥미롭고 효과적이다. 나는 어떤 한 팀이 독특한 접근방식을 취하는 것을 본 적이 있다. 그들은 별도의 노란색 스티커 메모에 특정 자동화 기능을 기록했고, 보라색 스티커 메모에 고객 경험 프로세스의 세부 단계를 기록했다. 그 후 그들은 두 메모를 조합하여 운영했고, 이를 통해 팀 운영에서 성공적을 거두었다.

## 거버넌스 체계로 혁신 속도를 가속화 하라

"거버넌스라는 용어가 주는 느낌이 CX 혁신의 맥락에서는 다소 어울리지 않고 답답하게 느껴질 수 있다. 사실, 거버넌스 프로세스를 만드는 것은 제약을 가하고 심지어 숨 막히는 것처럼 들릴 수 있다. 결론을 말하자면, 사실은 그 반대임을 깨달았다."

거버넌스가 혁신에 중요한 이유는 바로 고객 경험 부서의 본질적인 특성 때문이에 기인한다. 새로운 기회는 항상 예산, 조직도, 그리고 현재 상황에 변화를 가져오기 때문이다.

예를 들어보겠다. 기업 고객에게 비즈니스 시스템을 제공하는 과정에서, 5일간의 교육 수업을 위해 고객사 엔지니어가 본사로 파견되어야 하는 부담이 발생한다. 고객들은 시간과 비용 때문에 주저하지만, 선택의 여지가 없어 파견에 응한다. 최근에는 교육 비용을 할인해도 출장 교육을 꺼리는 경우가 많고, 한 고객은 엔지니어 파견을 피하려고 공급업체 변경까지 요청했다. 이러한 상황에서 교육을 가상이나 자가 학습 방식으로 전환할 수 있지만, 본사의 교육 전담 부서와 트레이닝 리더의 반발이 크다. 이처럼 변화에 대한 저항이 존재할 때, 전사적 문화와 가치를 변화시키기 위해서는 거버넌스와 고객 여정 중심의 의사 결정이 필수적이다.

## 거버넌스 실행

실질적인 거버넌스 팀은 데이터를 해석하고, 우선순위를 최종적으로 결정할 권한을 가진 관련자로 구성된다. 행동을 촉진하고, 영향을 미치고, 추진하기 위해 강력한 영향력을 가진 고위급 리더가 외교적이면서도 단호하게 팀을 이끌어야 한다. 또한 여러 직종의 고위급 리더로 구성된 팀이 필요하다. 그룹의 구성은 다양할 수 있지만, 일반적으로

CX 리더, 브랜드 약속을 책임지는 마케팅 임원, 직원 경험 리더, 고객 서비스 리더 및 IT 리더가 포함된다.

이러한 그룹에는 고객 자문 위원회, 고객 경험 운영 위원회, CX 변화 연합 등의 다양한 이름이 붙는다. 적합한 이름을 선택하면 된다. 어찌 되었든 목표는 조직 문화의 분리된 문제를 해결할 용기를 가진 그룹을 구축하는 것이다. 미래를 전망하며 추진해 혁신을 촉진하자. 다음 장에서는 혁신의 핵심 요소인 투자에 대해 살펴보자.

### 주요 권장 사항

- 모두의 참여로 혁신 아이디어를 수집하라.
- 필요하다면 과감히 다른 길을 택하라.
- 제품-서비스 통합 모델을 개발하라.
- 비효율적 요소를 지속적으로 제거하라.
- 거버넌스 체계로 혁신 속도를 가속화하라.

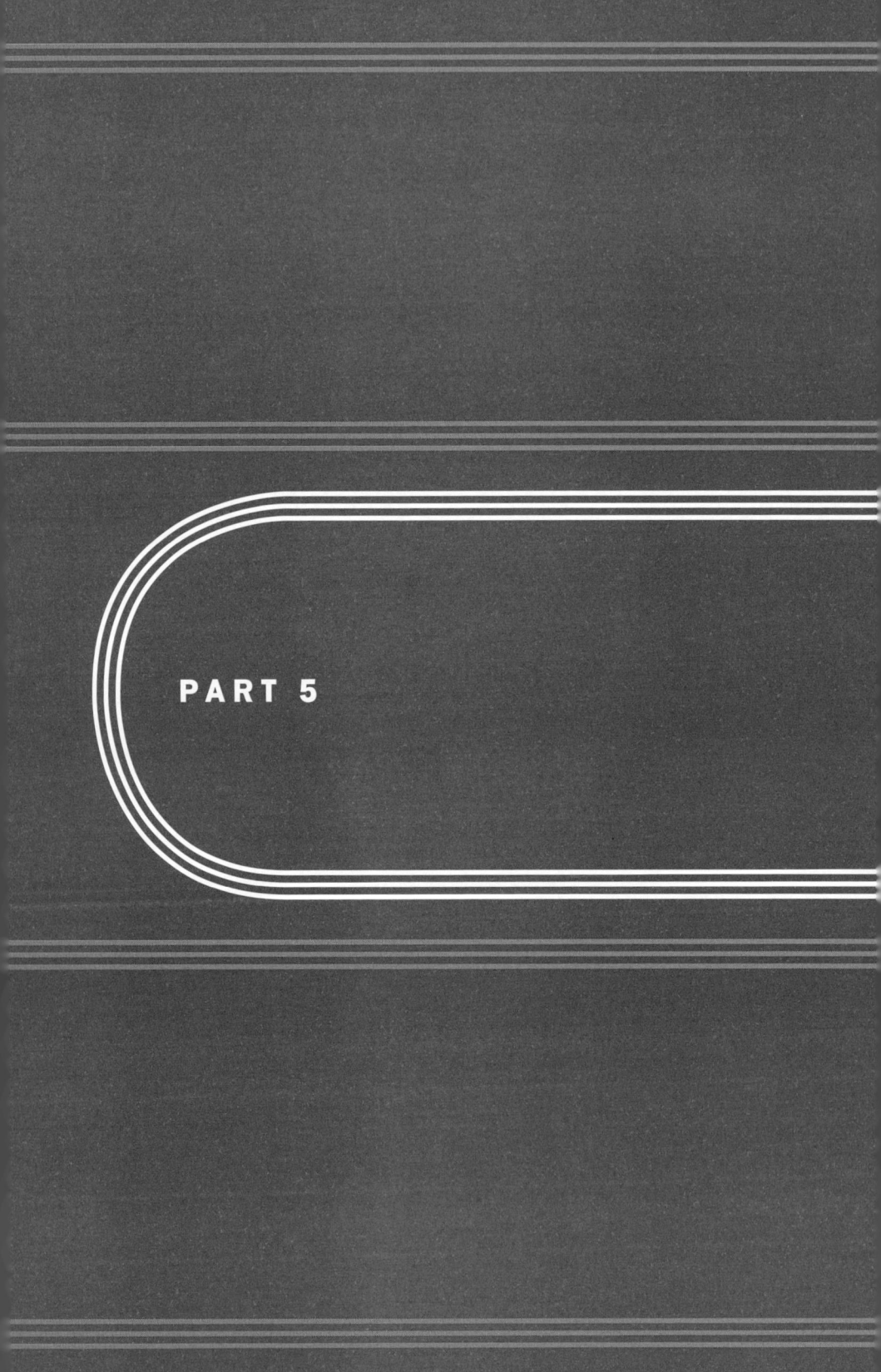

# 지속 가능한
# 성과 관리

# 데이터 기반 고객 경험 투자 전략

나는 항공기 조종에 매료되어 대학을 졸업하자마자 소형 단일 엔진 비행기 조종 면허를 취득했다. 직접 조종하지 않을 때가 훨씬 많지만, 승객으로 탑승해도 무척 즐겁다.

한번은 역사상 가장 빠른 여객기 아에로스파시알-BAC 콩코드 Aérospatiale/BAC Concorde를 타는 행운을 누린 적이 있다. 영국에서 돌아오는 길이었는데, 탑승 예정이던 항공사가 기계적인 문제로 항공편을 취소했다. 그들은 그날 밤 미국행 마지막 비행편이었던 영국항공 British Airways이 운영하는 콩코드 요금 대부분을 부담하겠다고 제안했다. 비행기는 음속의 거의 두 배 가까운 속도인 시속 1,350마일을 넘는다. 우리는 해가 지고 몇 시간 후에 이륙했는데, 너무 빨라서 뉴욕에 착륙했을 때 높은 하늘에 떠 있던 오후 태양을 따라잡았다. 태어나서 서쪽에서 해돋이를 본 유일한 날이다. 이는 약 30년 동안 운영된 후 운행이 중단된 비행기였다.

비행기 조종을 배우기 전까지 나는 조종사들이 모든 비행 관련 변수들을 어떻게 기록하는지 궁금했다. 나는 그 이후로 가장 중요한 여섯 가지 비행 특성이 있다는 것을 알게 됐다. 1920년대의 복엽기biplane든, 내가 주로 몰았던 현대적인 소형 비행기든, 초음속 콩코드든, 각각의 동역학dynamics을 반영하는 여섯 가지 지표가 계기판을 이루고 있는데, 이것을 '식스팩sixpack'이라 부른다. 식스팩을 빠르게 훑어보면 조종사는 항공기 속도, 고도, 상승/하강, 자세(각도), 방향 및 선회에 대한 정보를 알 수 있다.

중요한 것은 여섯 가지를 함께 해석해야 한다는 것이다. 예를 들어, 비행기를 매우 빨리 몰 수 있다면 이는 일반적으로 긍정적인 상황이다. 만약 급강하 중이라면, 식스팩은 속도가 너무 빠르다는 해석을 해준다. 속도, 회전, 상승 등 종합적으로 해석해야 한다.

고객 경험에도 이와 유사한 원칙이 있다. 실제로 무슨 일이 일어나고 있는지 이해하려면, 조직 내에서 주요 동역학 관계를 파악하는 것이 중요하다. 이러한 동역학 관계가 고객 경험에 어떻게 기여하고 있는가? 이들을 종합적으로 해석하면, 현재 상황, 앞으로의 전망, 그리고 주의가 필요한 영역에 대한 통찰을 제공한다.

이 장에서는 리더로서 주목해야 할 여섯 가지 동역학을 파악해 투자의 정당성을 입증하며, 비용-편익cost-benefit 분석 도구를 검토한 뒤, 고객 경험을 개선하여 얻게 되는 수익을 효과적으로 측정하는 방법에 대해 요약한다. 또한, 조치를 취하지 않을 경우 발생할 리스크와 비용을 측정하는 방법을 다룬다. 마지막으로, 투자 및 운영 예산에 정당성을 확보하기 위한 단계들을 개괄적으로 설명한다.

**그림 9-1** 리더십 프레임워크(9장): 데이터 기반 고객 경험 투자 전략

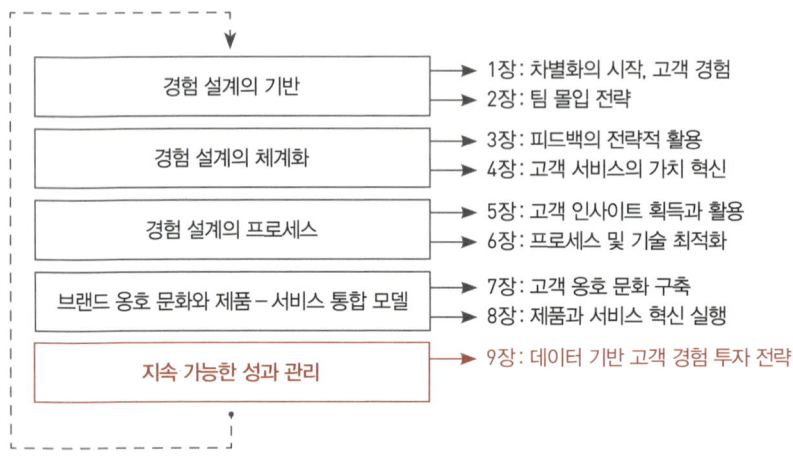

## 투자 결정을 위한 6가지 핵심 요소를 주시하라

조종사에게 필수적인 6가지 비행 특성이 있는 것처럼 고객 경험 리더에게도 6가지 동역학이 존재한다. 이를 'CX 식스팩'이라고 부르기로 하자. 그들 중 어느 하나라도 개별적으로는 오해를 불러일으킬 수 있지만, 종합적으로 해석하면 더 많은 의미를 발견할 수 있다. 수요, 공급, 품질, 직원 몰입, 고객 만족 및 혁신이 그것이다.

단편적인 방식이 아니라, 이러한 복합적 동역학을 강조하는 고객 경험 자료는 찾기 어려울 것이다. 적어도 나는 찾을 수 없었다. 요즘 같은

격변과 변화가 지속되는 시기에, 특히 이런 주제들은 이미 주요 이슈가 되었을 법하다. 내가 여러분에게 권하고 싶은 것은 어떤 상황에서도 이러한 동역학에서 파생되는 탐구하는 연습이다. 각각이 의미하는 바를 살펴보자.

그림 9-2 핵심 동역학 – 'CX 식스팩'

**수요**: 제품과 서비스에 대한 수요는 무엇이며 어떻게 변화하고 있는가? 예를 들어, 2020년 글로벌 팬데믹의 시작은 제품과 서비스의 수요에 큰 영향을 미쳤다. 식당, 민간 항공사, 헬스클럽과 같은 일부 조직에 대한 수요는 급격히 감소했다. 반면 해운 회사, 화물 항공사, 소비자 기술 공급업체, COVID-19 테스트 및 진료 관련 의료 시스템 분야에 대한 수요는 급격히 증가했다. 확진자 수와 입원률에 대한 예측은 뉴스의 주요 헤드라인이 되었다. 모든 조직은 수요를 주시해야 했다.

아무도 미래에 대해 완벽하게 예측할 수 없다. 그러나 고객 수요를 예측하는 데 능한 조직은 우선순위 설정과 자원배분에서 더 좋은 의사 결정을 내린다. 각자의 역할에 맞는 아주 세부적인 수준까지 수요를 관찰해야 한다. 예를 들어, 소매 회사의 CEO라면 모든 스타일의 청바지 스타일별 개별 수요보다는 전반적인 제품 수요를 이해하고 있어야 할 것이다. 컨택센터 관리자나 물류창고 운영 담당자는 보다 자세한 수준에서 수요를 읽어내야 한다.

**공급:** 진화하는 고객 수요를 충족시키는 제품, 서비스 및 지원의 공급은 무엇일까? 예를 들어, 병원은 수요를 충족시키는 데 필요한 의료 전문가, 장비 및 침대의 공급량을 예의 주시하며, 기존 예정 수술들을 축소하거나 중단하며, 새로운 수요를 충족시키기 위한 수용력을 늘려야 한다.

공급 조건은 항상 수요를 따른다. 수요를 잘 예측할수록, 필요한 공급에 대한 추정치가 더 정확해질 수 있다. 또한 수요와 마찬가지로 각자의 역할에 맞게 세부적인 수준의 정보를 파악할 필요가 있다.

**품질:** 다음 주요 역학은 제공되는 제품 및 서비스의 품질이다. 품질은 단독으로 평가할 수 없다. 품질은 항상 수요와 공급에 약간의 영향을 미칠 것이다. 예를 들어, 고품질 제품과 서비스는 수요를 감소시킬 수 있다. 의료의 질은 환자의 빠른 회복과 퇴원으로 이어질 수 있다. 첫 접촉 시 치료를 완료하는 서비스 및 지원 센터는 반복 작업을 줄이고 (수요 경감), 수용량을 확보(공급 개선)할 수 있게 된다.

고품질의 제품과 서비스가 수요를 자극하는 경우도 있다. 애플이 최근 키보드 기능이 개선된 노트북을 출시하자, 판매가 급증했다. 한 동료가 이 노트북의 구매자 중 한 명이었는데, 이전부터 그녀는 키보드 소음이 불쾌했던 노트북을 빨리 교체하고 싶다고 말하곤 했다. 그녀는 "나는 이제 다른 고객들의 눈치를 보지 않고 다시 커피숍에서 일할 수 있게 되었어요."라고 말했다. 몇 가지 개선점은 고객뿐만 아니라 주변 사람들에게도 유익하다.

**직원 몰입:** 직원 몰입에 대한 지표는 이미 3장 대시보드에 포함되어 있다. 그러나 환경이 변함에 따라 상황 변화를 더 빠르게 감지하고자 할 것이다. 나는 여러 기관과 협력하며, 직원들과 자주 직접 대화하며, 일이 어떻게 진행되고 있는지에 대한 귀중한 통찰력을 얻곤 했다. 강력한 직원 몰입 기반을 구축하면, 어려운 상황에서도 더 많은 이윤을 창출할 수 있다. 직원들은 계속 함께 할 것이다. 이를 위해서는 직원들이 필요로 하는 자원과 지원을 신속히 제공하기 위한 예측 능력과 책임감이 중요하다.

직원 몰입은 다른 범주, 특히 공급과 품질에 영향을 미친다. 또한 직원 몰입과 고객 만족도 및 혁신 사이에는 직접적인 상관관계가 있다.

**고객 만족:** CSAT, NPS, CES 또는 기타 측정 및 반영되는 고객 만족도는 3장에서 설정된 주요 성과 지표 중 하나다. 그러나 직원 몰입과 마찬가지로, 고객 만족도는 즉각적으로 주목해야 할 동역학이다. 특히 제품 및 서비스에 중대한 변화가 있는 시기에는 더욱 그러할 것이다.

고객 만족은 수요에 직접적인 영향을 미친다. 많은 기업과 학교가 온라인 환경으로 전환되면서, 사람들은 줌이 설치하고 사용하기가 쉽다는 것을 알게 되었다. 그들은 다른 프로그램보다 줌을 더 선호했고, 이는 곧 많은 사람들에게 필수적인 도구가 되었다. 이는 수요에 기여한

줌에게 좋은 일이었지만, 이용률이 늘면서 공급 및 품질 문제 등 줌에게 어려운 일들이 발생했다. 특히 보안 문제가 고객 만족도를 떨어뜨리며 일부 고객들의 이탈로 이어졌다. 줌은 다른 동역학들을 주시하면서 품질 문제를 해결하기 위해 현명하게 그리고 신속히 대응했다.

**혁신**: 제품 및 서비스가 고객의 요구사항을 만족하도록 진화하고 있는 것일까? 여러분의 고객, 특히 직원들은 혁신이 어떻게 진행되고 있는지 아주 잘 알고 있을 것이다. 그리고 다른 동역학 관계, 특히 고객 만족도, 수요 및 직원 몰입에서 혁신의 결과를 볼 수 있을 것이다.

세계 최고의 고급 레스토랑 중 하나로 인정받는 시애틀의 캔리스 레스토랑은 팬데믹 동안 문을 닫아야 했다. 많은 식당들이 버티기 위해 고군분투하는 동안, 캔리스 레스토랑은 그들이 할 수 있는 혁신의 방법들을 구상하고 실행했다. 예를 들어, 메뉴를 간소화하고 고객이 원하는 시간에 맞춰 식사를 배달할 수 있도록 하는 앱을 만들었다. 그들이 그들이 "현재 시애틀에는 멋진 외식보다 다른 것이 필요합니다. 우리는 당신에게 음식을 가져다드리겠습니다. 우리가 있어요, 시애틀." 라고 웹사이트에 올린 것처럼, 그들의 사업은 새로운 모델로 빠르게 회복되었다.

나는 이 여섯 가지 동역학을 따르는 것이 긍정적인 습관으로 자리잡을 것이라 예측한다. 변화의 영향을 종합적으로 고려하는 방법을 배우게 될 것이다. 그 전에, 이건 CX 지표가 아닌 것 같다는 의문이 생길 수도 있다. 그렇다. 제품과 서비스 제공과 관련된 주요 활동 범주를 나타낸다. 적어도 고객 경험을 선도하기 위한 목적은 아니기 때문에, 정확히 측정할 필요는 없다. 다만 일반적인 수준에서 상황이 어떻게 진행되고 있는지, 고객 경험에 어떻게 영향을 미치는지를 파악하기 위해 익숙해지기를 권한다.

일부 분야에 대한 책임과 권한은 다른 영역에 있기도 하다. 최고운영책임자, SCM 책임자 등은 수요예측과 제품의 재고를 직접적으로 책임지고 있을 가능성이 높다. 마케팅은 수요를 창출하고 고객 기대치를 세우는 업무와 많은 관련이 있다. CEO 또는 CFO는 투자 및 예산을 승인한다. 다시 말하지만, 이 분야 전부를 관리하라는 뜻이 아니다. 하지만 이러한 영역들을 고객 경험과 연결시키도록 의견을 내는 그런 목소리를 내기를 바란다.

가장 중요한 동역학 관계인 자금이 빠져있는데, 우리는 곧 돈에 대한 이야기를 하려고 한다. 비행에는 식스팩 외에도 계기 장치가 중요하다. 예를 들어 엔진이 제대로 작동 중인가? 연료는 충분한가? 이와 비슷하게, 재정적 결정은 전체 그림의 중요한 부분이며, 모든 주요 의사 결정에 항상 엮여 있는 경향이 있다. 하지만 이 여섯 가지 동역학을 잘 따라가면 깨달음을 얻기 시작할 것이다. 올바른 결정을 내리려면 더 잘 알고 있어야 한다.

이 장에 대한 내용을 작업할 때, 고객 경험에 열정적이고 지식이 풍부한 내 친구에게 여섯 가지 동역학 아이디어에 대한 의견을 물어봤다. "여섯 가지 동역학을 '데이터 기반 투자 전략'이라는 장에서 다룰 계획인데, 네 생각은 어때?"

그는 머뭇거렸다. 그리고는 "직원 경험과 고객 만족도는 물론 필요하지. 그런데 나머지는 CX 지표의 맥락에서 다른 사람들이 논의하는 것을 거의 들어본 적 없어."라고 말했다. "그리고 CX를 이끄는 사람들과 연결성도 별로 없어 보여."

"한번 테스트해봐." 내가 말했다. "아무 회사 이름이나 대봐."

내 친구는 잠시 생각하다가, 가장 좋아하는 델리카트슨 식당 중 하나인 저지 마이크의 샌드위치를 언급했다. 나는 고객 경험에 영향을 미칠 수 있는 문제를 제기했다. 그가 언급한 **몇 가지 가능성**과 6가지 동역학 관계가 어떻게 연결되는지 보자.

**긴 대기 시간:** 수요와 공급, 또는 혁신(더 빠른 결제 시스템, 예약 주문 접수 등)

**주문 실수:** 품질, 직원 몰입, 그리고 긴 대기 시간으로 인해 서두르게 되는 환경적 영향도 있을 수 있음.

**무례한 직원들:** 나는 저지 마이크에서 이런 직원을 본 적이 없다고 단언할 수 없다. 그러나 직원 몰입, 수요 및 공급이 엇나가는 상황으로 인한 압박과 실수 같은 영역을 조사할 필요는 있음.

**수준 이하의 품질:** 건조한 빵, 흐물흐물한 상추 등. 품질, 공급, 그리고 다른 분야를 살펴봐야 함.

간단한 예시들이지만, 어떤 사고방식인지 알 수 있을 것이다. 내 친구도 다음에 저지 마이크에서 점심을 사겠다고 하면서 이 아이디어에 동참하기 시작했다. 대부분의 고객 경험 문제는 이런 하나 이상의 동역학에서 비롯된다. 나의 조언은 동역학을 주시하고, 고객 경험 리더가 적응해감에 따라 효과가 있는지 관찰해 보아야 한다는 것이다.

앞서 설명한 6가지 동역학은 고객 경험 지표를 해석하여 투자 판단을 내릴 수 있는 강력한 배경이 된다. 리더십 팀이 이런저런 지표들을 번갈아 사용하는 것을 많이 봐왔다. 대다수의 경우, 이 여섯 가지 동역학에 대해 미리 알고 생각했다면 진단과 해결책을 더 빨리 찾았을 것이다.

## 개선 활동의 이익 극대화를 위한 비용편익 분석 도구를 사용하라

비용편익 고려 사항에 대해 살펴보자. 내가 주로 추천하는 것은 이익과 비용을 정량화해주는, 필요하다면 두 개 이상의 '분석 도구'를 구축하는 것이다. 재무 분석 도구에는 두 가지 범주가 있다. 고객 환경을 개선했을 때 실현될 이익과 아무것도 하지 않았을 때 발생할 위험과 비용이다(계산하여 정독해서 분석해 보기를 권한다 – 한 번 훑어보고 필요할 때 바로 사용하는 것도 괜찮다).

**그림 9-3** 고객 경험 개선을 통해 얻는 수익

| 개선을 통해 얻는 이익 | 현상 유지로 인한 비용 |
|---|---|
| • 고객 충성도<br>• 브랜드 홍보 효과<br>• 운영 개선<br>• 제품 및 서비스 혁신<br>• 직원 몰입도 향상 | |

좋은 것부터 시작해보자. 고객 만족도를 개선하면서 얻을 수 있는 5가지 잠재적 수익이 있다.

## 고객 충성도

충성 고객은 조직에 막대한 이점을 가져온다. 고객생애가치, 지출 점유율, 재구매 비율, 보유율, 고객 정서 등 충성도를 측정하는 방법은 다양하다. 각각 장단점이 있다.

고객생애가치CLV는 일반적으로 사용되는 접근방식이다. 한 번의 구매로 끝나는 개념이 아니라, 시간이 지나면서 한 고객이 조직에 얼마나 중요한지를 측정한다. CLV는 제품이나 서비스를 판매하는 모든 조직과 기부금으로 운영되는 비영리 단체에서 활용될 수 있다. 특히 CLV가 가지는 교육적인 가치 때문에 이를 선호한다.

CLV를 유도하는 방식에 대해 간단한 예를 들어 설명하겠다. 만약 여러분이 몇 개의 델리카트슨으로 작은 체인점을 운영한다고 가정해 보자. 첫 번째 단계는 평균 판매량을 계산하는 것이다. 30만 건의 결제 거래와 450만 달러의 연매출을 통해 평균 판매금액은 15달러(4,500,000/300,000)로 계산된다.

평균 판매 금액은 조직마다 천차만별이다. 차 한 대는 38,000달러이고 아이스크림은 4달러일 수도 있다. 대규모 조직에서는 동료와 협력해 서로 다른 부서의 고객 거래를 모아 정리해야 할 수도 있다. 하지만 근본적인 접근방식은 동일하다.

둘째, 구매 횟수를 고유 고객 수로 나누어 고객 구매 빈도를 계산한다. 델리 체인점이 10,000명의 고유한 고객을 보유하고 있다고 가정해보자(이 숫자는 계좌 정보, 결제 방법 또는 판매 정보에서 얻을 수 있다). 구매 빈도는 연간 30건(300,000/10,000)이다. 만약 높은 가격의 상품이나 서비스를 판매한다면, 판매는 몇 년에 한 번 이루어질지도 모른다. 괜찮다. 거래하는 고객의 일생을 통해 고객을 살펴볼 것이기 때문이다.

셋째, 고객생애기대치 CLE : Customer Life Expectancy를 추정한다. 일부 의료 서비스 업체에는 삶의 대부분을 이곳에서 보내는 고객들이 있어 몇 년 동안은 의료원 내 어린이집 수요가 있을 것이다. 일부 임원들은 20년 또는 30년 내로 그 사업은 더 이상 존재하지 않을 수도 있다고 예측하며 반발한다. 괜찮다. 편하게 계산해보면 된다. 다시 델리카트슨의 예로 돌아가서, 여러분의 델리카트슨 식당의 수명이 10년이라고 가정해 보자. 고객은 평균 15달러를 소비하고, 일 년에 30번 방문하며 약 10년 동안 함께 할 것이다. 이 수치를 종합하여 고객 평생 매출을 결정해보자. 이 고객은 평생 동안 4,500달러를 소비할 것이다!

CLV는 해당 기간 동안 고객에게 서비스를 제공하는 데 필요한 평균 비용을 차감하여 산출한다. 1,000달러로 추정된다고 가정해 보자. 그렇게 되면 CLV는 3,500달러($4,500-$1,000)가 된다.

대부분의 직원은 이런 숫자를 꽤 놀라워한다. 나는 숫자를 대입해 직접 계산해보기를 추천한다. 직원들의 기억에 반드시 남을 것이기 때문이다. 그런 다음, 그들이 업무 원칙을 이해할 수 있도록 해야 한다.

### 브랜드 홍보, 입소문

더 나은 고객 경험을 제공할수록 브랜드를 스스로 홍보하는 브랜드 옹호자를 만들 가능성이 높아진다. 브랜드 옹호자들은 친구와 가족에게 입소문을 내거나 게시물과 리뷰를 통해 조직의 비즈니스로 유입되는 것을 유도한다.

그렇다면, 브랜드 홍보를 어떻게 정량화할까? 먼저, 새로운 고객들이 어떻게 조직을 찾는지 알아야 한다. 고객 관리 시스템부터 POS 단말기까지 활용할 수 있는 다양한 기술 옵션이 있다. 시스템과 직원에게 "여기서 쇼핑해 본 적이 있나요? 우리에 대해 어떻게 알게 되었나요?"라는 질문을 일상적으로 하게 하라. 이러한 통찰력을 확보할 수 있는 방법들을 알아보고, 최대한 빨리 시작하라. 신뢰할 수 있는 추적 시스템이 없다면 고객 샘플로 시작하는 것도 좋은 방법이다.

다음으로 브랜드 프로모션을 통해 창출된 고객 수에 CLV를 곱하여 브랜드 프로모션의 가치를 계산한다. 브랜드 프로모션으로 지난해 400명의 신규 고객이 유입되었다고 가정하자. CLV가 3,500달러라면 브랜드 홍보 가치는 140만 달러(400×3,500달러)다. 그 가치는 여기서 끝나지 않는다. 이제 브랜드를 대신 홍보하고 훨씬 더 많은 고객을 창출할 수 있는 400명의 추가 고객을 확보하게 되었다.

이 지점에서 일반적으로 생길 수 있는 반대 의견은 이러한 고객 중 일부가 아무런 소개 없이도 여러분의 브랜드를 발견했을 수 있다는 것이다. 합리적인 가정에 따른 반대 의견이다. 이 경우 해당 숫자를 적당한 수준으로 할인하면 된다. 산출한 숫자가 어디에서 비롯되었는지 공유하기를 권한다. 이후 팀이 숫자를 조정하여, 더 정확한 데이터와 추정치를 얻을 수 있다.

마지막 단계는 좋은 고객 경험이 브랜드 홍보에서 어떤 역할을 하는지 평가하는 것이다. 모든 추천이 고객 경험 덕분이라고 합리적으로 가정할 수 있다. 하지만 제품이 완전히 독특하다면, 경험의 다른 측면들이 평균적인 수준일지라도 고객들은 이를 다른 사람들에게 추천하려 할 것이다. 이 경우 브랜드 홍보 가치의 절반을 제품 자체의 고객 경험을 개선하기 위한 투자 비용으로 되돌린다고 가정해 보겠다. 그래도 여전히 70만 달러의 가치가 남는다.

브랜드 옹호자들이 브랜드를 위해 비즈니스를 창출하고 있다. 고객들에게 리뷰 요청을 하고, 여기서 얻은 통찰력을 동료들과 공유하라. 또한 고객 경험이 브랜드 홍보에 미치는 영향을 조직이 이해하도록 해야 한다.

## 운영 개선

고객 경험의 향상은 종종 고객 서비스, 재고, 해상 운송, 기술 지원 등 운영상의 개선을 통해 이루어지는 측면도 있다. 가능성의 범위는 무궁무진하다. 두 가지의 사례를 살펴보자. 하나는 소매업이고 다른 하나는 정부 기관이다.

소매업의 경우, 온라인을 이용하는 고객들은 제품을 받는 데 걸리는 시간에 불만을 느꼈다고 가정해 보자. 고객 서비스 팀은 구매자들이 예상 배송 날짜를 알게 된 직후 주문의 25%를 취소시켰다는 사실을 확인했다. 15,000개의 버려진 카트와 평균 구매 금액이 100달러인 것을 토대로, 서비스 부서 임원은 연간 약 150만 달러(15,000개×$100)의 잠재적 매출 손실을 추정했다.

서비스 부서 임원은 문제의 원인이 배송에 소요되는 시간이 아니라 제품 주문 제작 시간이 지나치게 길다는 점임을 발견했다. 서비스 부서 임원과 팀은 조직의 다른 사람들과 협력하여 사용자 지정 옵션을 단순화하고 간소화했다. 이 작업은 고객이 진정 원하는 바를 바탕으로 진행되었다. 결국 그들은 배송 시간을 3분의 2로 줄일 수 있었고, 그 결과 버려진 온라인 카트 보관함의 70%를 복구할 수 있었다. 손실된 수익에 70%를 곱하면 연간 약 100만 달러($1,500,000×70%= $1,050,000) 이상의 수익이 증가하게 될 것이란 사실을 알게 되었다.

다음은 운영 개선 사례다. 한 정부 기관은 주민(고객)들이 시스템이 아닌 다른 방법으로 정보를 공유하고 있다는 사실을 일선 고객 서비스 직원들을 통해 알게 되었다. 주민들은 또한 정보를 반복할 필요성이 있는 건지에 대해 불평하고 있었다. 고객 서비스 팀은 IT 부서와 협력해 대화 중 사용하는 화면 Front-end과 데이터 필드 Back-end를 재설계했다. 이로 인해 상호 작용을 처리하는 평균 시간이 3% 단축되었다. 고객당 평균 비용이 9달러라면 3%는 27센트에 해당한다. 물론 별것 아닌 것 같다. 하지만 전체적인 영향을 계산하면서 관점이 바뀌었다. 이들은 효율성을 환산한 백분율에 접속당 비용 및 접속량을 곱하여 절감액을 추정해보았다. 연간 620,000건의 접속을 통한 개선의 가치는 연간 167,400달러(3% × $620,000)였다. 27센트라는 절감 금액은 6년도 채 안 되어 100만 달러를 넘어섰다.

### 제품 및 서비스 혁신

제품 및 서비스 혁신은 도구 toolkit에서 구현이 되길 바라는 또 다른 가치 평가 방식이다. 다음은 다양한 질문들이다. 부가가치가 없는 고객 연락을 얼마나 효과적으로 미연에 방지하고 있는가? 제품 및 서비스 개선이 고객 리뷰 및 추천에 미치는 영향은 어느 정도인가? 신제품이나 개선된 제품의 재정적 영향은 무엇인가?

2장에서 청소 제품의 어린이 보호용 마개 문제를 발견한 소비재 제조 회사를 언급했다. 고객이 마개가 잘 돌려지지 않아 강제로 열다가 스프레이 노즐이 손상되는 경우가 종종 있었다. 이를 알게 된 고객 서비스 팀은 포장 공급업체와 협력하여 마개를 재설계했다. 그 결과, 이 문제로 발생하던 상호 작용이 사라졌고, 많은 고객들이 같은 문제를 겪지 않게 되었다. 각각 7달러의 비용으로 연간 5,900건이 예방했다고 가정해 보자. 개선된 제품의 출시나 고객 응대 없이도 연간 41,300달러(5,900건×7달러)가 절감된다.

더 극적인 예로, 마개 문제를 해결한 팀은 이후 새로운 제품군 출시를 회사에 제안했다. 고객들은 클래식 자동차의 실내 패브릭과 같은 고가의 소재에도 사용할 수 있는 청소 상품을 문의했다. 고객 서비스 팀은 새로운 틈새 제품의 기회를 보았다. 새로운 제품 라인은 결국 연간 200만 달러 이상의 이익을 창출했다.

이러한 혜택에 대한 공식적인 연구 보고서는 없다. 개선의 구체적인 사례와 그 가치 추정에 초점을 맞추는 것이 중요하다. 이 분야를 발전시키며 고객 경험의 가치를 완전히 새로운 차원으로 끌어올릴 수 있다.

## 직원 몰입

고객 경험이 향상되면 대부분 직원 몰입도도 올라가게 된다. 반대의 경우도 마찬가지다. 직원 몰입의 가치를 계산할 때 고려해야 할 세 가지 중요한 구성 요소는 출근, 직원 유지 및 생산성이다. 출근율은 근로 관리이나 급여 시스템을 통해 파악할 수 있다. 근무 시간을 예정된 근무 시간으로 나눈다. 직원의 예정 근무 시간이 2,000시간이고, 실제 1,900시간을 근무했다면, 출근율은 95%(1,900/2,000)다.

출근율 증가로 인한 가치는 출근율 차이에 예정된 근무 시간을 곱하고 평균 급여율을 적용해 계산한다. 고객과 직원의 만족도를 눈에 띄게 향상시킨 새로운 지식 관리 시스템을 보유하고 있다고 가정해 보자. 이로 인해 연간 출근율이 83%에서 87%로 향상되었다. 시간당 20달러 기준으로 예정된 근로 시간이 100,000시간 이라면, 출근율 4% 증가의 가치는 80,000달러(4% × 100,000 × $20)다.

직원 유지 employee retention에 대해서 살펴보자. 올해 회사를 떠난 직원이 5명이라고 가정하자. 유지된 추가 직책 수에 재고용 비용을 곱한다. 예를 들어, 직원을 재고용하는 데 드는 비용이 20,000달러라면 몰입 증가로 인한 비용은 100,000달러(5×$20,000)다.

생산성은 고객 경험을 개선할 때 고려해야 할 또 다른 요소다. 이제 몰입된 직원들이 매년 고객과 30시간을 더 보내고 있다고 가정해 보자. 추가된 30시간에 직원 수와 평균 시간당 비용을 곱한다. 이 경우 30시간 곱하기 100명의 직원 곱하기 20달러는 60,000달러(30 × 100 × $20)이다.

일부 조직은 몰입된 직원들이 창출하는 창의적인 업무에도 가치를 둔다. 이를 입증할 데이터가 있다면 활용하면 된다. 그렇게 된다면 이제 어떤 직원도 여러분에게 "만약 개선을 해주신다면 제가 더 많이 출근해서 생산성이 높아질 것 같아요."라는 말을 하지 않을 것이다. 그러나 연구조사는 논란의 여지가 없다. 직원들이 더 많이 참여하고 몰입할수록 그들의 기여도는 더 높아질 것이다.

# 현상유지 편향에 따른
# 리스크-비용 요소를 도구에 반영하라

이제 비용편익 도구의 두 번째 범주인 현상유지 편향status quo bias으로 인한 위험과 비용을 살펴보자. 해링턴 컨설팅 그룹Harrington Consulting Group, Inc.의 공동 설립자인 로라 그라임스Laura Grimes는 나와 함께 여러 CX 프로젝트에 참여했던 금융 전문가다. 그녀는 리더들에게 "조직이 행동하도록 자극하기 위해 현상 유지 비용을 활용하세요. 이는 여러분의 계획에서 얻는 이점들이 더 이상 매출을 증대에 기여하지 않을 때 특히 중요하게 유용합니다."라고 조언한다.

**그림 9-4** 현상 유지 비용

| 개선에서 오는 보상 | 현상 유지로 인한 비용 |
|---|---|
|  | • 고객 이탈<br>• 브랜드 손상<br>• 반복되는 문제점들<br>• 규정, 안전, 법률 문제<br>• 직원 불만 |

필요한 개선과 조치를 하지 않으면 위와 같은 5가지 잠재적 비용이 발생할 수 있다.

## 고객 이탈

신규 고객 유치도 중요하지만, 기존 고객을 유지하는 것은 필수적이다. NPS를 창안한 프레드 라이콜드Fred Reichhold는 고객 유지율이 5% 증가하면 이익이 25~95%까지 늘어난다는 사실을 발견했다. 그렇다면 고객 감소로 인한 비용은 얼마나 될까?

얼마나 많은 고객을 잃었는지 파악할 수 있을 것이다. 보고서, 설문조사, POSPoint of Sale 데이터, 로열티 프로그램, 구독 기반 서비스 등에서 데이터를 얻을 수 있다. 만약 이러한 데이터 소스를 사용할 수 없다면, 다음 방식으로 고객 이탈을 계산할 수 있다. 우선, 연말에 보유하고 있는 고객의 수를 파악하라. 이 항목에서 연초에 파악된 고객 수와 신규 고객 수를 뺀다. 신용 조합이 연말에 160,000명의 회원을 보유했다고 가정하자. 150,000명의 회원으로 시작해 한 해 동안 20,000명의 새로운 고객을 확보했다. 이는 한 해 동안 10,000(160,000 - 150,000 - 20,000)명의 고객이 이탈했음을 나타낸다.

그런 다음 이탈한 고객 수에 CLV를 곱하면 장기적인 영향력을 계산할 수 있다. 평균 CLV가 500달러인 경우 해당 고객의 생애 동안 손실된 총 가치는 500만 달러(-10,000 × $500)다. 고객 이탈율은 이탈 고객 수를 초기 고객 수로 나누어 산출한다. 여기에서는 6.7%(10,000/150,000)가 된다.

모든 고객 이달이 고객 경험 부족으로 인한 것은 아니다. 예를 들어 이탈 고객은 서비스 지역에서 멀어졌기 때문에 이탈했을 가능성이 있다. 고객 피드백 샘플을 분석하여 원인을 파악해보자. 가능하면 하드

데이터를 확보하는 게 좋다. 그다음 더 나은 고객 경험을 통해 개선 가능한 고객 이탈 비율을 추정할 수 있다.

## 브랜드 손상

제품, 서비스 또는 조직에 대한 악평은 상당한 리스크다. 악평 리뷰의 비용은 어떻게 추정해야 할까? 누군가가 연락을 해서 "제품을 살까 했는데 부정적인 리뷰를 보고 다른 제품을 샀어요."고 직접 말해주는 경우는 드물다.

구글, 옐프, 트립어드바이저 등에서 리뷰 분석 데이터를 얻을 수 있다. 또한 고객이 자사 홈페이지에 리뷰를 남기도록 유도하면 이를 직접 추적해 통찰력을 얻을 수 있다. 악평 리뷰로 인한 평균 고객 이탈 수를 추정해 CLV를 곱한다. 따라서 CLV가 2,000달러이고, 조사 결과 악평 리뷰마다 30명의 고객이 이탈된다고 가정하면, 악평 리뷰로 인한 손실은 60,000달러(30 × $2,000)다. 예상치를 계산하여 이를 바탕으로 브랜드 손상을 방지하기 위해 고객 경험의 중요성을 논의하라.

## 반복되는 문제들

최근 여러 항공사를 이용해 아시아 여러 나라를 여행했다. 어찌 된 일인지 여행사에서 나의 여권 유효기간 한 자리를 잘못 입력했던 것 같다. 이로 인해 항공사와 출입국 관리자에게 몇 시간 동안 설명을 해야 했고, 여행사에 엄청나게 많은 도움을 요청해야 했다. 이 모든 것은 15초만 더 확인했다면 예방할 수 있었던 단순한 실수에서 비롯되었다.

형편없는 서비스나 단순한 제품 결함도 시간과 비용을 초래한다. 이러한 문제를 어떻게 정량화할 수 있는지에 대한 두 가지 예를 살펴보자. 한 가지 흔하게 발생하는 문제는 프로세스나 기술 부족에서 비롯된다. 최근 한 정부 기관의 고객 서비스 상호 작용을 관찰했다. 프로세스의 일부에 문제가 있어 여러 시스템에서 정보를 수집한 다음 수동 계산을 수행하는 데 많은 노력이 필요했다. 이 루틴은 고객 지원에 필요한 평균 시간을 2분 증가시켰다. 이 조직은 매달 약 30,000건의 고객 상호 작용을 처리하며, 고객 서비스 비용은 분당 1달러다. 문제의 이 루틴은 약 3분의 1(33%)의 추가 시간이 소요되고 있었다. 이들이 사용한 공식은 월간 상호 작용의 회수 × 건별 처리 소요 시간 × 발생 빈도수 x 분당 비용이다. 이 문제로 인해 발생하는 대가가 드러났다. 따라서, 30,000건의 월간 접촉 × 2분 × 33% × 1달러로 계산했을 때 결과는 20,000달러(30,000 × 2 × 33% × \$1)에 달했다. 연으로 환산하면 240,000달러(20,000 × 12)의 비용이다. IT 부서는 이 프로세스를 자동화하는 데 드는 비용이 25만 달러로 추정된다고 밝혔으며, 처음에는 그 금액이 너무 비싸다고 생각했다. 그러나 수리하지 않는 경우 발생하는 비용을 분석하며 약 1년 안에 손익분기점을 넘길 수 있다는 점을 깨달았다.

또 다른 흔한 문제와 이를 극복할 기회는 고객과의 커뮤니케이션에서 발생한다. 여행 보험을 판매하는 한 회사는 보험금 지급이 30일 이내에 이뤄진다는 사실을 고객에게 효율적으로 전달해 주로 청구 후 몇

주 내에 발생하는 매달 수천 건의 고객 문의를 예방했다. 한 투자회사는 세금 관련 서류 준비 시점을 고객에게 효율적으로 안내해 불필요한 문의를 방지하고 있다.

> "이런 기회는 나중에 보면 쉬워 보일 수 있지만, 대부분 처리 비용과 개선 비용이 서로 다른 예산에서 나오기 때문에 해결되지 않고 있다."

### 규정, 안전, 법률 비용

안전과 법률 이슈에서 고객 경험의 역할을 고려하면 몇 가지 사례가 떠오른다. 한 식품 회사가 오염된 제품을 유럽에 유통시킨 적이 있다. 문제는 어느 주말에 시작되었고, 고객 서비스 부서가 운영을 쉬는 바람에 회사로 들어오는 고객 문의에 응답하지 못해 주말 내내 상황이 빠르게 악화되었다.

> "이 식품 회사는 이후 직접적인 법적 비용, 손해배상금, 브랜드 손상으로 인해 발생했던 비용이 주말 고객 서비스에 100년 이상 투자할 수 있는 금액에 버금간다고 추정했다."

긍정적인 사례로는 한 유틸리티 회사가 전력망에서 발생할 수 있는 위험, 즉 화재 등을 신속히 감지하고 해결하기 위해 강력한 선제적 투자를 감행했다. 이 회사는 예방한 문제들 덕분에 불필요하거나 감지되지 못했던 최악의 비극들과 씨름하는 다른 유틸리티 회사들보다 수백만 달러를 절약했다고 추정한다.

효율적인 고객 서비스는 제품 결함, 보안 취약성, 커뮤니케이션 오류, 사람이나 자산의 위험으로 인해 발생할 수 있는 규제, 규정, 안전 및 법적 문제에 대한 조기 경고 시스템 역할을 한다. 리스크를 계산하려면 가능성 있는 시나리오를 파악해야 한다. 다음 사항에 유의해야 한다.

- 벌금
- 소송
- 영업정지
- 브랜드 손상
- 부도

한 이유식 제조사는 위조품 제조자를 신속히 찾아내기 위해 정부와 협력했다. 첫 번째 단서는 걱정스러운 목소리로 전화를 건 한 어머니였으며, 그 회사는 당시 신속하게 대처하지 않았다면 발생했을 법한 비용을 최소 700만 달러로 추산했다. 한 사람의 인생에 가격을 매길 수는 없지만, 이를 돈으로 환산하면 고객 서비스 연간 운영 예산의 2.5배에 달했다. 좋은 고객 서비스 접근성을 유지하는 것의 훌륭한 사례에 대해 이야기해보자.

제너럴 모터스$_{GM}$는 종종 부정적인 비즈니스 사례로 인용되어 왔지만, 현재는 훌륭한 발전을 이루고 있다. 몇 년 전 일부 소형차의 점화 스위치가 에어백 작동을 방해하는 문제가 있었다. GM의 느린 대응으로 인해 124명이 사망했고, 생명에 가치를 매길 수는 없지만 직접적인 비용만 25억 달러를 넘어섰다. 나머지 이야기는 이렇다. 새로운 리더십 아래 GM은 오늘날 조기 발견을 위해 고객 서비스를 활용하고 있다. 이러한 노력은 위험을 줄이고 문제를 조기에 발견하며 충성스러운 브랜드 옹호자를 만드는 데 기여하고 있다.

다른 조직에서 발생한 사례를 살펴보고 재무 및 마케팅 분야의 동료들과 협력해 가능한 시나리오를 구상하며 이러한 비용의 가능성과 규모를 조사할 수 있다. 이러한 리스크를 감지하고 회피하는 과정에서 고객 경험이 수행하는 역할의 리스크와 정의를 평가하는 것은 시간, 비극, 비용 절감에 기여할 것이다.

### 직원 불만

많은 조직이 열악한 고객 경험이 직원의 불만족으로 얼마나 이어지는지 제대로 인식하지 못하고 있다. 훌륭한 고객 경험을 방해하는 요소에 대해 직원들에게 물어보면, 주로 다음과 같은 점을 언급한다.

- 정책
- 해당 업무를 종결할 권한 없음
- 끊임없이 발생하는 예기치 못한 변화
- 상충하는 목표들

- 효용성이 떨어지는 기술
- 프로세스 또는 커뮤니케이션 장벽

시간이 지나면서 불만을 가진 직원들은 이탈하며, 좋은 직원들은 결국 조직을 떠난다. 무관심한 직원들은 남아 있을 수 있지만 좋은 성과를 내지 못한다. 연구에 따르면 남아있는 직원들은 일을 회피하거나 늦게 출근하며, 효과적으로 일하지 않을 가능성이 더 높다.

계산해볼 만한 중요한 항목 중 하나는 직원 이탈로 인한 소모 비용이다. 직원들이 떠날 때는 반드시 그 이유를 물어보아야 한다. 성장 기회 부족으로 떠나는 직원들은 종종 고객 경험 개선에 한계를 느꼈다고 말한다. 신규 채용에 드는 비용에 연간 퇴사하는 직원 수와 이탈 비율을 곱한다. 예를 들어 신입 사원을 고용하고 교육하는 데 드는 비용이 25,000달러이며, 매년 100명의 직원을 교체하고 퇴사 인터뷰 결과 35%가 퇴사한다고 가정하자. 직원 이탈로 인한 비용은 875,000달러 (25,000 × 100 × 35%)다. 이 돈은 직원 몰입을 유지하는 데 사용될 수 있는 큰 액수다.

고려해야 할 또 다른 비용은 근무 시간 중 업무이탈이다. HR 리서치 회사 맥린 앤 컴퍼니McLean & Company는 연간 임금 10,000달러당 방관자적 태도를 가진 직원에게 3,400달러의 비용이 발생한다고 추정한다. 이 추정치를 사용해 보자. 직원들이 연간 60,000달러를 버는 경우, 업무에 몰입하지 않는 직원들에게 소요되는 비용은 20,400달러 (($60,000/$10,000) × $3,400)다. 전일제환산고용률FTE : Full Time Equivalent 이 100이라고 가정할 때 그중 14%가 업무에서 이탈했다면 총 업무 이탈 비용은 285,600달러(20,400 × 100FTE × 14%)를 초과한다. 이는 이미 쓰고 있는 돈이다. 차라리 여기에서 더 많은 가치를 창출하는 것이 훨씬 만족스럽지 않을까?

**그림 9-5** 비용편익 도구의 완성

| 개선에서 오는 보상 | 현상 유지로 인한 비용 |
|---|---|
| • 고객 충성도<br>• 브랜드 홍보<br>• 운영 개선<br>• 제품 및 서비스 혁신<br>• 직원 몰입 | • 고객 이탈<br>• 브랜드 손상<br>• 반복되는 문제점들<br>• 규정, 안전, 법률 문제<br>• 직원 불만 |

이제 도구가 완성됐다. 이제 개선을 통한 보상과 현상 유지로 인한 비용을 모두 평가할 수 있는 완벽한 도구를 갖추게 되었다.

## 투자의 건전성을 입증하라

조직은 일회성 투자와 지속적 운영을 위한 자금 조달 결정을 내려야 한다. 각 항목을 살펴보자.

## 프로젝트 및 일회성 투자

잠재적 프로젝트들을 어떻게 평가해야 할까? 예를 들어, 서비스를 더 효과적이고 효율적으로 제공할 수 있는 새로운 기술, 프로세스 개선 비용, 또는 상당한 가치를 가져다줄 교육 프로그램이 있다. 새로운 비즈니스 사례로 발전시킬 수 있는 계획의 비용과 이점을 검토하는 방법을 살펴보자. 이 원칙들은 특정 개선 사례를 만들려는 프로젝트 리더나 잠재적 보상과 우선순위를 평가하고자 하는 CEO와 CFO들에게 적용된다.

## 프로젝트 단계

프로젝트에는 세 가지 단계가 있으며, 각 단계별로 파악해야 할 비용이 있다.

**그림 9-6** 프로젝트의 세 가지 주요 단계들

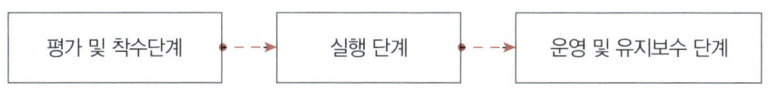

**평가 및 착수** 단계에서는 이를 지휘하는 데 필요한 모든 활동을 포함해야 한다. 예를 들어 새로운 지식 관리 KM 시스템 채택을 고려한다면, 잠재적 공급업체와 솔루션을 검토해 시스템을 평가할 수 있다. 따라서 조달 비용에 조사 비용이 포함되어야 한다.

**실행** 단계에는 내부 및 외부 비용이 모두 포함되어야 한다. 내부 비용은 프로젝트 준비, 기술 습득, 테스트, 시험 운영, 직원 교육 등으로 구성된다. 외부 비용에는 컨설턴트 및 솔루션 공급업체의 지원이 포함된다. 예를 들어 지식관리시스템의 실행 단계에는 기술 습득, 변경 준비, 기존 시스템에서 새 시스템으로 정보 전환, 직원 교육 비용 등이 포함된다.

**운영 및 유지보수** 단계에는 프로젝트가 완전히 구현된 후 발생하는 모든 비용이 반영된다. 인력 투입 시간도 라이선스 비용 및 유지 보수에 포함해야 한다. 이러한 비용은 매년 반복되며 증가할 수 있다. 지식관리시스템 프로젝트의 운영 및 유지관리 비용에는 관리 시간, 연간 라이센스 비용, 유지관리 비용이 포함된다.

비용을 파악하려면 재무팀과 협업하는 것이 좋다. 재무팀의 규칙이나 설정 사항에 맞춰야 한다. 예를 들어 재무팀이 3년 또는 5년짜리 비즈니스 사례를 요구할 수도 있다. 이를 확인해 초기부터 지원시스템을 구축해야 한다. 프로젝트를 진행 중 CFO가 동의의 표시로 고개를 끄덕이는 것만큼 좋은 일은 없다.

**현상유지비용**COI : cost of inactions과 **투자수익률**ROI : return on investment은 고객 경험의 영향을 설명해주는 두 가지 방법이다. ROI는 주로 새로운 프로젝트를 평가하는 데 사용된다. 실행 가능한 모든 것을 긍정적인 관점에서 바라보는 것이 중요하다. 예를 들어 직원 이직 비용 대신, 직원 유지를 통해 얻는 가치를 계산하는 방식이다. ROI 평가에 긍정적 효과로 얻을 수 있는 가치를 포함시키는 것이 좋다. 검토해야 할 큰 가치로는 고객생애가치 증가, 브랜드 프로모션 증가, 고객추천가치 증가, 운영 개선으로 인한 절감액, 반복되는 문제 해결로 인한 절감액 등이 있다.

지식 관리 시스템 구축 프로젝트를 예로 들어 투자수익률(ROI)을 계산하는 세 가지 단계를 살펴보자. 이 계획을 통해 직원들은 고객 문제를 빠르고 정확하며 일관되게 해결하기 위한 정보를 신속하고 효과적으로 이용할 수 있다.

첫 번째 단계는 프로젝트의 예상 비용을 계산하는 것이다. 첫해 Year 0 는 투자 단계다. 프로젝트를 실행하기 위해 필요한 모든 것을 포함시킨다. 다음 연도에는 지속적인 운영, 인건비 및 유지관리 비용을 포함시킨다. 지식 관리 시스템 구축 프로젝트에 135,000달러의 초기 투자가 필요하다고 가정해 보자. 지식 관리 시스템을 유지하려면 연간 유지비를 투자항목에 포함해야 한다. 또한 기술 지원 예상 인건비도 계획되어야 한다. 이 두 가지 비용 모두 시간이 지남에 따라 증가할 것이다.

**그림 9–7** 예상 비용

| 투자연도 | 년도 | | | |
|---|---|---|---|---|
| | 0 | 1 | 2 | 3 |
| 투자금액 | $ 135,000 | $ 13,500 | $ 14,000 | $ 14,500 |
| 인건비 | $ 0 | $ 60,000 | $ 62,000 | $ 64,000 |
| 연간비용 | $ 135,000 | $ 73,500 | $ 76,000 | $ 78,500 |

두 번째 단계는 프로젝트를 통해 얻을 수익을 요약하는 것이다. 예상 매출총이익 증가를 계산할 수 있도록 고객생애가치, 고객추천가치

및 브랜드 프로모션에 대한 계산을 포함한다. 고객 경험 향상으로 인한 총매출 증가는 순수익이 아니라는 점을 기억하라. 재무팀이 비용을 조정하는 데 사용할 수 있는 매출총이익율을 알려줄 것이다. 만약 70%인 경우, 직접비를 충당하기 위해 매출 1달러당 70센트로 추정할 수 있다. 이 예시에서는 첫 해의 매출총이익은 154,500달러이며 매년 증가한다.

**그림 9-8** **프로젝트 수익**

|  | | 년도 | | |
|---|---|---|---|---|
| 수익연도 | 0 | 1 | 2 | 3 |
| 추가 매출 대비 이익 | | $ 154,500 | $ 159,135 | $ 163,909 |
| 생산성 증대 | | $ 20,311 | $ 20,819 | $ 21,339 |
| 효율성 증대 | | $ 18,109 | $ 18,562 | $ 19,026 |
| 연간 수익 기여금액 | | $ 192,920 | $ 198,516 | $ 204,274 |
| 누적 수익 기여금액 | $ 0 | $ 192,920 | $ 391,436 | $ 595,710 |

다음으로, 추가로 예상되는 수익을 포함시킨다. 지식관리시스템 프로젝트를 통해 생산적이지 않은 시간을 일부 제거하여 직원들이 고객에게 더 많은 시간을 할애할 수 있을 것이다. 또한 고객과의 상호작용 중에 동일한 작업을 더 짧은 시간 내에 완료할 수 있어 효율성이 향상된다. 이러한 혜택은 계속 유지되며 향후 예산 확보의 정당성에 포함되어야 한다. 그런 다음 연간 가치 기여도를 합산해 누적 기여도를 계산할 수 있다.

마지막 단계인 3단계에서는 프로젝트 비용을 시간별 프로젝트 가치 기여도와 비교한다. 이 예시에서 프로젝트는 기술이 구현될 때까지는 어떠한 기여도 하지 못한다. 2년 차에는 비용을 회수했으며, 3년 차부터 이 프로젝트는 20만 달러 이상을 절약했다.

**그림 9-9** 누적 수익

| 비용흐름할인 NPV | 년도 | | | |
|---|---|---|---|---|
| | 0 | 1 | 2 | 3 |
| 비용할인<br>기여도 | $ 135,000<br>$ 0 | $ 71,707<br>$ 188,215 | $ 73,920<br>$ 188,950 | $ 75,681<br>$ 189,689 |
| 누적비용할인 | - $ 135,000 | - $ 18,492 | $ 97,168 | $ 211,176 |

ROI를 재조립하는 것은 비용과 기여도를 라인별로 추가하는 작업이므로 한 번에 한 단계씩 진행한다. 재무 부서에는 비즈니스 사례를 구조화하고 개발하는 데 도움이 되는 ROI 계산법이 있을 것이다. 그렇지 않다면 검색을 통해 다양한 템플릿을 찾을 수 있다. 프로젝트의 비용과 이점을 고려해 어떤 프로젝트가 효과적인 고객 경험을 지원하고 발전시키는지 현명하게 결정할 수 있을 것이다.

다음은 반대 의견을 극복하고 ROI의 신뢰성을 보장하기 위한 팁이다.

- **다른 사람들이 '정확하지 않은 것'으로 즉시 평가절하할 만한 숫자는 피하자.** 모든 재무 데이터에 접근할 수 없다면 재무 담당자의 도움을 받아야 한다. 현실적인 숫자가 신뢰를 얻는 데 도움이 된다.
- **'너무 좋아서 현실적이지 못한' 수익은 제시하지 않는 것이 좋다.** 얻게 될 이익을 이중으로 계산하지 않았는지 확인하자. 증분매출을

창출하고자 하는 경우, 고객생애가치나 연관 고객 가치를 제시하면 되지만 둘 다 제시할 필요는 없다. 만약 예상 투자수익이 지나치게 낙관적으로 느껴진다면, 수립한 가정들을 되돌아보자. 오히려 "우리가 그 예상 수익을 능가할 수 있다고 믿어."라는 반응을 듣는 것이 더 낫다.

- **현실적인 비용을 적시하도록 한다.** 프로젝트 구현에 컨설턴트가 필요할 가능성이 20%라면, 그 비용을 계산에 포함하자. 예산보다 적게 드는 편이 훨씬 낫다.

- **현실적인 일정을 적시하도록 한다.** 대부분의 CX 계획은 일회성 프로젝트가 아니다. 시간이 지나면서 점차 구축되어 고객 경험에 더 큰 영향을 미친다. 현실적인 기대치를 설정해야 한다.

- **계산상의 오류를 피하자.** 계산 실수는 무척 쉽게 발생하며, 부정확한 공식을 만드는 경우는 더 흔하다. 자신의 오류를 발견하기도 어렵다. 동료에게 프로젝트를 검토하고 계산이 맞는지 확인해 달라고 요청하자.

- **숫자의 출처를 설명할 준비가 되어 있어야 한다.** 가정과 그 이면의 논리를 문서화하라. 모든 내용을 제시하거나 모든 공식을 살펴볼 필요는 없다. 다만, 토론 중에 나오는 질문은 무엇이든 설명할 수 있어야 한다.

## 전략적 운영 예산을 확보하라

이제 운영 예산을 정당화하기 위해 분기별, 연도별 필요한 자금 확보에 대해 요약해보자. 좋은 고객 경험의 수익의 가치를 매기는 다섯 가지 방법이나 나쁜 고객 경험으로 인해 발생하는 다섯 가지 비용 중 하나를 사용할 수 있다. 이러한 원칙은 프로젝트를 재조립하거나 CEO나 CFO가 승인할 때 동일하게 적용된다.

10가지 방법 중 어떤 것을 선택해야 할까? 여행 계획을 세우는 것과 비슷하다. 친구와 저녁 식사를 위해 택시나 합승 서비스를 이용할 수도 있으며, 다른 지역으로 이동하려면 기차가 적합할 수도 있다. 더 먼 도시의 경우, 비행기가 적합할 것이다. 어떤 여행 계획에는 다양한 이동 수단이 필요할 수도 있다. 예산을 책정할 때, '당신을 그곳에 도달하게 하는' 방법, 즉 프로젝트를 가장 잘 구현하는 방법을 선택하는 것은 자신의 선택에 달려 있다.

첫째, 현상유지 편향 비용에 대한 논의를 진행하라.

- 브랜드 손상 및 고객 이탈이 수익, 고객 추천 및 고객생애가치를 어떻게 감소시키는지에 수치화한다.
- 지속적인 문제의 재정적 영향을 설명하고 그 원인을 강조한다.
- 유지 비용, 퇴직 비용 및 형편없는 고객 경험으로 평균 이하의 리뷰가 직원 몰입도를 저하시킬 수 있음을 상기시킨다.

- 규정 위반, 안전 문제 및 법적 위험을 정량화하고 잠재 비용을 추정한다.

그 후에는 훨씬 더 긍정적인 주제인 효과적인 고객 경험의 가치로 초점을 옮길 수 있다. 전년도 가치 기여와 비용 절감을 검토하자. 긍정적인 고객 경험이 제품 개선과 보다 효율적인 운영에 어떻게 기여했는지 몇 가지 구체적인 사례로 논의를 시작하는 것이 좋다. 그런 다음 고객 경험이 다음에 미치는 영향을 강조할 수 있다.

> "동료들이 행동하지 않아 발생하는 비용에 대해 스스로 불편함을 느끼게 해야 한다. 또한, 열악한 고객 경험으로 발생할 리스크와 부정적인 측면을 이해하게 해야 한다."

- 고객생애가치 CLV
- 브랜드 홍보
- 추천 고객
- 효율성 및 생산성 향상
- 직원 몰입

가치를 계산할 때는 합리적이며 보수적으로 접근해야 한다. CLV 등 예상 가치는 미래를 내다보며 종종 수년간에 걸쳐 진행된다. 이러한 값을 예산과 비교할 때, 1년 지출에 대한 1년 가치만 포함해야 한다. 분석 결과가 너무 좋아서 사실이 아닌 것처럼 느껴지면, 가정이 타당한지 확인해야 한다. 보통 상위 예상 가치 기여도 한두 개만 자세히 보여주고, 나머지는 간략히 언급한다.

마지막으로 목표를 잊지 말자. 소송에서 승리하려는 변호사처럼 행동하기보다는, 고객 경험의 진정한 영향을 이해하는데 집중해야 한다.할 것이다. 좋은 경험과 나쁜 경험의 함축적 의미는 자연스럽게 드러난다. 대화에 그러한 내용을 포함하고 있는지만 확인하면 된다.

### 효과적인 예산 편성하기

예산은 특정 목적을 위해 특정 기간 동안 제안되거나 합의된 지출의 요약한 것이다. 매우 재미없게 들릴 수 있다. 많은 리더들이 예산 편성을 지루하고 시간이 많이 걸리며, 더 중요한 업무를 방해한다고 생각한다. 잊지 말자. 이 프로세스의 결과는 고객 경험 목표 달성을 위한 자금이다. 특별히 도움이 될 조언은 다음과 같다.

- **예산을 기회로 삼아야 한다.** '예산'이라고 하면 숫자의 행과 열만 떠올리는 것은 핵심을 놓치는 일이다. 조직의 우선순위를 살펴보고 모두가 승리할 수 있는 결정을 내릴 수 있는 아주 좋은 기회다.
- **펀딩은 전략을 지원하는 역할일 뿐, 전략의 방향을 결정하지 않는다는 점을 명심하자.** 즉, 예산 편성은 비전과 목표를 설정한 뒤 필요한 자원을 결정한 후에 이루어져야 한다. 그래야 자금 조달 요건을 이해할 수 있다. 제트블루항공 JetBlue Airways은 무료 와이파이와

같은 승객들이 높이 평가할 만한 서비스와 특전을 중심으로 브랜드를 구축했다. 스피릿항공Spirit Airlines은 저가항공사로서 서비스가 없는 항공권 가격을 제시한 뒤 가방부터 좌석 선택에 이르기까지 모든 것에 대한 수수료를 추가한다. 어느 한쪽이 옳고 다른 쪽이 그른 것은 아니다. 둘 다 고객 경험 비전을 차별화하고 있을 뿐이다. 무엇을 성취하고 싶은지 알기 전에 자금을 결정해서는 안 된다.

- **교차 기능적 자원을 최대한 활용할 방법을 찾아라.** 때로는 한 영역에 더 많은 투자를 통해 조직 전체의 결과를 개선할 수 있다. 예를 들어, 제품 개발 영역에서 고객 경험과 피드백의 분석을 개선하기 위해 고객 서비스 영역에 예산을 편성하기도 한다.

- **운영 예산이 자원 계획의 확장 여부를 확인하라.** 업무량 예측, 스케줄링 및 비용 분석과 같은 계획 활동은 항상 현재진행형이다. 예산은 동일한 업무량을 기초로 예측되므로, 예산 프로세스에서 많은 작업이 필요하다. 따라서 이질적인 별도의 계획 활동을 만들지 않는 것이 좋다.

- **투자 기회를 강조하라.** 유망한 신기술, 교육 및 코칭 계획 등 실용적인 분야에서 잠재적으로 높은 효율성을 낼 수 있는 투자를 파악하라. 건전한 투자 수익을 창출하며 고객 기대치를 초과할 수 있는 분야에 집중하는 것이 핵심이다.

- **중요한 결과에 계속 집중하라.** 300만 명의 고객에게 서비스를 제공하거나 목표 지역 내 해상 운송을 유지하는 것은 단지 목적을 위한 수단이다. 위대한 고객 경험은 고객 만족도, 수익성, 시장 점유율 및 입소문을 비롯하여 비즈니스 결과에 실질적인 영향을 미친다.

- **예산 책정 프로세스는 완벽히 정직해야 한다.** 고객 만족도가 목표를 달성한 부분과 목표를 달성하지 못한 부분에 대해 현실적이고 솔직해야 한다. 자원 결함을 숨기면 실제로 필요한 자원이 드러나지 않을 수 있다.
- **인간적이어야 한다.** 실제 사례를 섞어 대화하자. "사라 존스는 시애틀에 있는 중소기업 오너이자 4년 차 고객이다. 그녀는 이런 점을 걱정한다…"와 같은 실제 사례를 섞어 얘기하면 토론에 활기를 불어넣을 수 있다.

예산 책정 프로세스는 고객 경험의 가치를 더 잘 이해할 수 있는 좋은 기회다. 대다수가 기피하는 예산 업무를 긍정적이고 발전적인 대화로 바꿀 수 있을 것이다.

---

**주요 권장 사항**

- 투자 결정을 위한 6가지 핵심 요소를 주시하라.
- 개선 활동의 이익 극대화를 위한 비용편익 분석 도구를 사용하라.
- 현상유지 편향에 따른 리스크-비용 요소를 도구에 반영하라.
- 투자 건전성을 입증하라.
- 전략적 운영 예산을 확보하라.

# 경험 설계의 선순환 구축

나는 몇 년 동안 한 금융 서비스 회사의 평가 및 경영 세미나를 진행했다. 새로운 관리자들을 대상으로 일주일 과정의 교육을 매년 실시했다. 매년 열리는 이러한 교육을 통해, 나는 타임랩스 사진처럼 일정한 시간 간격으로 촬영된 연속 이미지를 보는 관점으로 이 회사를 바라볼 수 있었다. 처음에 나를 데려온 부서의 부사장은 카리스마가 넘치고 외향적인 성격의 소유자였다. 회사는 좋은 결과를 만들어냈고, 부사장은 유능한 지도자로 높이 평가되었다.

그러나 부사장이 다른 회사로 떠나자, 그 조직은 곧 어려움을 겪었다. 힘든 시기였다. 마침내, 그의 역할을 이어받은 새로운 부사장이 입지를 다졌다. 새로운 부사장은 조용하고 절제된 리더십 스타일을 지녔다. 그녀의 감독 아래 회사는 힘을 회복하기 시작했다. 새로운 부사장 역시 결국 다른 자리로 옮겼지만, 조직의 성공은 계속되었다.

첫 번째 부사장은 효과적인 리더였다. 그는 명확한 목표를 설정하고, 몰입 환경을 조성했으며, 팀이 높은 수준의 성과를 달성할 수 있도록 지원했다. 그러나 그가 회사를 떠나자 그 조직은 쇠락하기 시작했다. 지휘하는 사람이 없는 느낌이었다. 반면, 그의 후임 부사장은 자신이 떠난 뒤에도 회사가 번창할 수 있는 문화와 관행을 확립했다. 이것이 좋은 리더십과 훌륭한 리더십의 차이다.

이 장의 내용은 짧고, 달콤하다. 이 장에서 다룰 논의는 약간 개인적인 것이며, 이 책을 읽은 사람만이 대답할 수 있는 몇 가지 질문을 하는 것으로 끝을 맺고자 한다. 아직도 나는 리더십에 대해 배워야 할 것이 많다. 이 부분에 대한 논의는 시급하지는 않지만 진짜 중요한 것이라고 생각한다. 현재 고객 경험 리더들에게 많은 것이 달려 있다. 우리의 조직, 고객, 직원들이 고객 경험 리더들에게 의지하고 있다.

**그림 10-1** 리더십 프레임워크(10장): 경험 설계의 선순환 구축

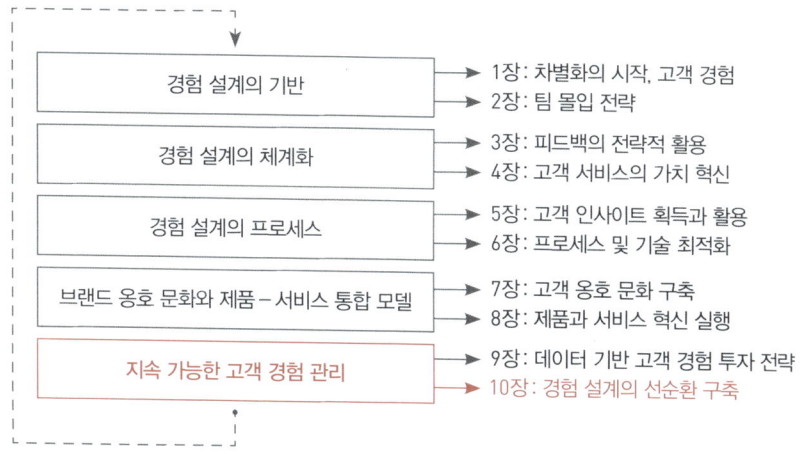

## 최고 수준의 리더십을 추구하라

몇 년 전, 나는 열두 명의 행운의 낙찰자들이 포함된 자선 경매를 통해서, 드류 브리스Drew Brees, 카슨 팔머Carson Palmer, 체이스 대니얼Chase Daniel, 드류 스탠튼Drew Stanton 이 네 명의 NFL 쿼터백과 골프를 칠 기회가 생겼다. 골프를 거의 치지 않지만, 한 자리를 차지하게 되어 참여했다. 막상 가보니 압박감이 없었고, 스크램블 방식으로 진행된 게임은 매우 재미있었다.

나는 카트 운전을 맡았고, 카트가 뒤집혀 저녁 뉴스에 나오지 않도록 조심히 운전했다. 무엇보다 쿼터백들의 내면적 관점과 이야기에 완전히 매료되었다. 드라마, 정치, 압박감. 어떤 사람들은 단지 게임일 뿐이라며 그들의 역할을 대단치 않게 여기지만, 그들은 천문학적인 연봉을 받는다. 나는 이들이 가장 순수한 형태의 리더십을 보여준다고 생각한다. 프로 쿼터백으로 뛰는 것을 꿈꾸며 자란 수백만 명의 아이들 중에서 오직 32명만이 매주 게임을 뛸 수 있다. 만약 그들이 좋은 실력을 보이지 않거나 팀을 승리로 이끌지 못하면 곧 자리에서 물러난다.

드류 브리스는 슈퍼볼 MVP 출신이다. 그가 대학리그와 NFL에서 보유한 수많은 상과 기록은 내가 그날 친 골프 스코어만큼이나 많다. 그는 스태프, 리시버 또는 공격수 등에게 모든 것이 잘 될 것이라는 신뢰감을 주며, 일이 뜻대로 되지 않을 때는 모든 것을 책임진다. 이것이야말로 짐 콜린스Jim Collins 교수가 말하는 '레벨 5' 리더십이다.

짐 콜린스와 그의 팀은 《좋은 기업을 넘어 위대한 기업으로Good to Great》에서 리더십을 5단계로 나눈다. 20년이 지났지만, 이 책은 여전히 가장 영향력 있는 비즈니스 서적 중 하나로 꼽힌다. 상위 두 단계의 리더십은 모두 효과적이다. 레벨 4 리더는 비전을 향한 헌신을 이끌고 높은 성과를 달성하도록 지원한다. 레벨 5 리더는 겸손과 강한 의지로 조직을 탁월하게 변화시키는 사람이다. 이들은 조직을 더 강하게 만드는 데 모든 초점을 맞춘다. 레벨 5 리더는 자신이 없어지더라도 조직이 성공을 유지할 수 있도록 만든다.

시간이 지나더라도 번창할 수 있는 강력한 조직은 어떻게 만들 수 있을까? 나는 몇 가지 중요한 해답이 있다고 믿는다.

하나는 오늘날 고객이 필요로 하고 기대하는 것을 뛰어넘어, 조직 내부에 초점을 맞추는 것이다. 이러한 기대감은 어디로 가고 있는가? 이러한 부분을 충족시키고 넘어서기 위해 지금 무엇을 해야 할까? 고객 피드백(3장)이 중요하긴 하지만, 고객 옹호 문화를 구축하는 것(7장)이 경쟁에서 앞서가는 비결이라고 생각한다.

또 다른 해답은 직원들이 성장하며 잠재력을 발휘할 기회를 제공하는 것이다. 지난 몇 년간 가장 영향력 있었던 리더, 선생님, 코치들은, 아마 나와 비슷했을 것이다. 그들은 확실히 진지하게 신뢰를 보냈고, 잠재력을 인정했으며, 실수로부터 배우고 성장할 수 있는 기회를 주었다. 그것은 인생을 바꾸는 것이다. 내가 서론에서 언급한 나의 강한 신념 중 하나는 고객 경험은 반드시 매력적이고 포괄적이어야 한다는 것이다. 지속적인 변화를 만들기 위해, 여러분은 직장의 모든 사람들이 잠재적으로 가지고 있는 최고의 재능이 필요할 것이다. 또한, 자신도 모르는 능력을 발견하도록 도와야 한다.

또한 강력한 시스템과 프로세스를 구축해야 한다. 도요타, 애플, 로레알, 아마존, 디즈니와 같은 기업들의 지속적인 성공은 그들이 실행한 시스템과 프로세스 덕분이다. 기술은 항상 빠르게 변하지만, 고객 중심의 단순함에 집중했기에 이러한 조직들이 올바른 투자를 결정할 수 있었다. 10명 남짓한 직원을 보유한 회계 법인이나 치과에서도 글로벌 거대 기업들이 사용하는 기능과 동일한 것들을 사용할 수 있다. 강력한 기술 플랫폼의 비결은 기술 그 자체에만 있는 것이 아니다. 기술을 길들이기 위한 노력, 기술을 구현하는 데 필요한 프로세스에 그 비결이 있다.

마지막으로 가장 중요한 해답은 겸손이다. 자신감의 부족이 아닌, 혼자서는 모든 것을 할 수 없다는 것을 아는 겸손함이다. 모든 사람의 통찰력, 몰입 및 헌신이 필요하다. 짐 콜린스는 거울과 창문을 비유로 사용한다. 레벨 5에 도달하지 못한 리더들은 실패 요인을 창밖에서 찾고, 일이 잘 될 때는 공헌을 차지하려고 거울을 본다. 레벨 5의 리더들은 성공 시 창밖에서 다른 사람들의 신뢰를 받고, 실패 시 책임을 지기 위해 거울을 본다.

## 데이터와 직관을 결합한 의사결정 전략을 활용하라

나는 고객 경험 전략을 고객 경험의 비전을 지원하고 장기적인 목표를 달성하기 위해 고안된 실행 계획으로 정의한다. 책에서 다룬 주제와 권장 사항이 팀의 고객 경험 전략을 수립에 도움이 되었기를 바란다. 그림과 설명으로 전략에 대해 설명해보면 좋을 것이다. 이미 독특하고 특별한 전략이겠지만, 지금까지 살펴본 필수 구성 요소를 반드시 포함해야 한다.

"고객 경험 전략 : 고객 경험의 비전을 지원하고 장기적인 목표를 달성하기 위해 고안된 실행 계획"

일반적으로, 훌륭한 결과를 달성하는 조직은 이해와 활용 측면에서 잘 정리된 전략을 가지고 있다. 고군분투하는 조직은 대개 명확한 방향성이 부족하다. 하지만 예외는 있다. 때로는 어려움을 겪는 조직에서도 확실한 고객 경험 계획이 보이지만, 전략의 방향성 부족으로 영향력을 제대로 발휘하지 못한다. 고객 경험 전략이 효과적인지 확인하는 방법은 무엇일까? 도움이 될 몇 가지를 살펴보자.

**전략을 습관적으로 확인하라.** 한 보험회사와 일했을 때, 그들은 방향성을 정하지 못하고 여러 계획을 추진하려고 애쓰고 있었다. 나는 그들에게 우선순위를 정하기 위해, 고객 경험 전략을 사용하는 습관을 가지도록 조언했다. 한 리더는 "매번 회의 전에 꺼내서 참고하면 될까요?"라고 물었다. 그렇다. 한동안은 모든 미팅과 팀에게 보내는 주요 메시지를 비전과 전략으로 간략히 시작하는 게 바람직하다.

모든 미팅에서 전략을 살펴보는 행위를 영원히 지속해야 할까? 물론 아니다. 전략은 결국 익숙해지기 마련이고 유기적인 결정을 내릴 수 있게 될 것이다. 보험회사의 경우, 전략이 지나치고 상세하고 복잡해 쉽게 설명할 수 없어 이를 간소화하자 더 유용하고 창의적으로 변했다. 다른 사람들을 참여시킬 때 고객 경험 접근방식의 모든 단계를 자세히 설명할 필요는 없다. 그것은 불가능하며 사람들의 의욕을 꺾는다.

**전략이 폭넓게 사용될 수 있도록 하라.** 전략을 인트라넷(조직의 직원만 접근이 가능한 사설망)이나 내부 커뮤니케이션 문서 등에 눈에 띄게 게시하는 것이 좋다. 일부 조직들은 전략을 눈에 띄게 게시하여 고객을 포함한 누구나 알 수 있도록 한다. 사우스웨스트항공, 무닷컴Moo.com, 클리블랜드 클리닉, 리츠칼튼, 페덱스FedEx 등의 조직들은 자사 웹사이트에서 고객 경험 전략에 대한 중요한 세부 정보와 자신들의 원칙을 가르치는 공개 교육 프로그램과 컨퍼런스를 제공하고 있다.

일부 리더는 전략을 경쟁의 비밀로 여긴다. 재무, 경쟁력 등 세부 사항 중 어떤 부분을 공개할지 판단하는 것은 각 조직의 몫이다. 하지만 최소한 직원들에게는 전략이 수수께끼가 되지 않도록 해야 한다. 가장 성공한 조직의 전략은 매우 명확하다.

**신규 입사자들에게 전략을 소개하라.** 퀵큰론스Quicken Loans 설립자이자 회장인 댄 길버트Dan Gilbert는 오랜 세월 동안 직접 8시간 오리엔테이션을 열어 신규 입사자들이 전략을 이해하고 실행할 수 있도록 도움을 주었다. 댄 길버트의 목표는 모든 직원이 회사의 가치와 방향, 그리고 성공에 있어 자신의 중요성을 이해하도록 하는 것이다. 이러한 그의 방식은 회사를 미국에서 가장 큰 부동산 담보 대출 회사mortgage loan 로 성장시키는 데 도움을 주었다. 일부 조직들은 채용 과정에서 예비 직원들에게 전략을 설명한다. 이는 신규 입사자가 자신의 역할에 대한 감을 얻고, 회사와 상호 적합성을 판단하는 데 도움을 준다.

**선택과 집중을 위해 전략을 활용하라.** 어떤 조직도 모든 것을 할 수는 없다. 시간과 자원 간 상충관계가 존재한다. 이는 전략의 핵심 용도 중 하나로, 가장 중요한 경영 계획과 우선순위를 정하는 데 도움을 준다. 좋은 아이디어가 나왔지만 전략에 맞지 않는 경우, 선택의 여지가 있다. 아이디어가 적합하지 않다고 판단하거나 전략을 재검토할 수 있지만, 여러분의 고객 경험 전략과 개별 의사 결정 간 충돌은 피해야 한다.

## 과를 축하하고 팀의 사기를 올려라

스포츠 경기를 보며 팀이 이길 때까지 응원을 미루는 사람은 없다.

뛰어난 고객 경험을 지속적으로 제공하려면 집중된 업무와 변함없는 헌신이 필요하다. 그러한 과정에서 발전 과정을 기념하는 것은 확실히 일을 더 재밌게 만들 수 있기 때문에 필수적이다. 승리가 크든 작든 이를 기념하는 것은 여러 중요한 이점을 제공한다.

- 첫째, '성공 마인드'로 이어진다. 작은 성취를 인정하는 것이 성공의 핵심이다. 일을 진전시켜 가는 과정에서 이룬 성공들을 통해 위닝 멘탈리티가 익숙해지고, 이는 더 큰 성공의 토대가 되어준다.
- 큰 그림을 볼 수 있게 한다. 성과를 축하할 때, 계획이 어떻게 고객, 직원, 조직을 돕고 있는지 살펴볼 수 있는 기회를 제공하며, 이는 전체적인 사명을 강조하는데 도움이 된다.
- 동기부여가 된다. 모든 세대의 직원들은 가치 있는 일을 하기를 원한다. 특히 더 큰 그림을 고려할 때 이정표적인 성공을 기념하는 것은 그들이 제공한 기여의 가치를 강화시켜준다.
- 축하를 통해 팀의 단결심을 키운다. 팀이 이루어가는 진보를 기념하기 위해 일을 잠시 쉬게 하는 것은 공동체 의식을 만드는 좋은 방법이다.

가장 성공적인 리더들에게는 과정을 축하하고 기념하지 않는 이유들이 있다. 첫 번째 이유는 '우리가 올바른 목표에 집중하고 있다는 것을 사람들이 알고 있다고 확신한다'는 사고방식이다. 직원들은 고객 경험 계획의 다른 측면에 집중하고 있을 가능성이 높다. 직원들은 자신이 올바른 목표에 집중하고 있는지 통찰하지 못할 수도 있다.

또 다른 이유는 '일이 잘 풀린다고 생각하면 사람들이 안일해질 것이다'라는 사고방식이다. 승리를 축하하면 동기부여가 되고, 오히려 안주를 막는 효과가 있다. 큰 목표를 달성해야만 기념할 수 있다는 생각은 완전히 잘못된 것이다.

그리고 가장 흔한 변명은 '시간이 충분하지 않다'이다. 그러나 중요한 일을 할 시간은 항상 있다. 리더십의 핵심 책임은 팀이 올바른 목표를 향해 지속적으로 몰입하도록 돕는 것이다.

> "축하는 강력한 힘을 지니며, 특히 고객에게 긍정적인 영향을 미칠 때 더욱 효과적이다."

경기의 종료 신호를 기다리지 마라. 확실한 종료 버저라는 것은 존재하지 않는다. 우리는 그런 버저를 기다려서는 안 된다. 지금 당장 축하할 방법을 찾아 보자.

## 스스로에게 묻는 3가지 질문

여정의 막바지에 생각해볼 만한 질문을 하겠다.

- 고객 경험을 이끌고자 하는 심층적이고 개인적인 원동력은 무엇

인가? 효과적인 리더십을 위해 강한 울림을 만들어내는 것이 필수적이다.
- 어느 수준까지 헌신할 수 있는가? 고객 경험은 하루아침에 이루어지지 않으며 결코 쉽지 않다. 여정을 시작하기 전에 시간과 우선순위를 신중히 고려해야 한다.
- 남기고 싶은 유산은 무엇인가? 선도적인 고객 경험의 가장 보람 있는 측면 중 하나는 조직이 지속 가능하며 우수한 결과를 창출하는 과정이다. 이는 권고 사항을 검토할 때 반드시 염두에 둬야 할 관점이다.

고객 경험은 크고 다면적이며 지속적인 것이다. 다양성, 문제, 후퇴와 성공을 겪게 될 것이다. 이는 효과적인 리더십을 요구하며 진정한 보상으로 돌아올 것이다.

## 지속 가능한 다음 여정을 설계하라

다음 여정을 위해 몇 가지 최종 제안을 한다. 먼저, 정말로 성취하고 싶은 목표에 대해 대담하게 생각해보라. 예를 들어, 고객 경험에 집중하면 조직과 직원이 어떻게 최상의 결과를 얻을 수 있을까? 향후 몇 개월 또는 몇 년 동안 조직이 적응하고 번창하도록 어떻게 위치시킬 것인가?

다음으로, 비전 수립, 팀 참여, 피드백 활용, 고객 옹호 문화 구축 등 주요 영역에서 조직의 공백이나 사각지대를 살펴본다.

접근방식을 철저히 분석하다 보면 다른 방식들을 도입하고 싶어질 것이다. 스스로 경쟁에서 뒤처져 있다고 느끼는 조직에서도 잘 진행되고 있는 강점 사례를 많이 봐왔다. 구축하려는 새로운 강점과 이미 작동 중인 강점들이 있을 것이다. 이를 버리지 말고, 더 크고 응집력 있는 접근방식으로 통합해야 한다.

마지막으로 진행 중인 프로세스를 정리하는 데 이 책을 활용하라. 비전부터 시작하여 각 장에서 다루는 10가지 주제를 검토한 후, 접근방식을 확립하면 설득력을 얻고 승리를 다지게 될 것이다. 10개의 주제(장)를 검토하여 진행하다 보면, 다시 비전으로 돌아오게 될 것이다. 이러한 순환 과정을 통해 성공을 거듭하게 된다.

최근 한국과 북한을 가르는 비무장지대DMZ를 방문했다. DMZ는 세심하게 관리된 관광 프로그램을 통해서만 접근할 수 있는 곳으로, 내가 고객 경험에서 영감을 얻기를 기대했던 지구상의 마지막 장소였다. 그날 그룹에는 네덜란드의 KLM항공사 파일럿, 상하이의 내분비학자, 프랑스 학생들, 루이지애나 가족이 포함되어 있었다. 비무장지대가 상징하는 공식적으로 끝나지 않은 갈등을 이해하기 위해 서로 의견을 공유했다.

우리의 첫 번째 목적지는 도라산전망대였다. 좋은 날씨 덕분에 멀리 북한기를 지나 지평선의 도로와 마을, 산업 지역까지 볼 수 있었다. 북한 사람들의 가난과 억압, 공포를 생각하면 가슴이 아팠다. 최첨단 국가인 한국의 역동성과 뚜렷한 대조를 이루었다.

우리 투어의 종착역은 도라산역이었다. 1906년에 처음 문을 열었고, 한때 서울과 평양을 연결했던 철도역이다. 1950년대 한국 전쟁 때 파괴되었지만, 수천 명의 민간 기부자들의 도움으로 2013년에 복원되었다. 현재는 어떤 기차도 통과하지 않는다. 철도는 남북 재결합에 대한 희망과 사랑으로 재건된 것이었다. 일부는 섬뜩할 정도로 텅 빈 이 역이 북한과 주변국 사이의 분리를 상징한다고 여겼다.

역 내부 벽에는 강력한 비전을 담은 지도가 걸려 있다. 한국과 평양을 연결하는 철도가 북한을 지나 중국, 러시아, 몽골, 그리고 그 너머로 연결되어 있었다. 우리의 안내를 맡은 젊은 한국인 가이드는 "언젠가 이 역은 북한, 중국, 러시아, 유럽을 연결하는 시스템의 일부가 될 것입니다."라고 말했다. 그녀는 미소 지으며 덧붙였다. "그렇게 되면 많은 사람들에게 많은 기회를 열어줄 것입니다."

아름답고 텅 빈 역을 둘러보며 언젠가 많은 사람들이 새로운 기회와 자유를 경험하기 위해 이 역을 거쳐가는 모습을 상상했다. 산업이나 조직에 관계없이, 고객 경험 개선 노력은 예상치 못한 방식으로 다른 사람들의 삶에 영향을 미칠 것이다. 궁극적으로 고객 경험은 우리 모두가 갈망하는 핵심이다.

이 여정에 있어 가이드 역할을 할 수 있었던 것은 나에게 특권이었다. 이 책이 앞으로도 고객 경험의 목적지를 향한 여행에서 도움이 되길 바란다.

**주요 권장 사항**

- 최고 수준의 리더십을 추구하라.
- 데이터와 직관을 결합한 의사결정 전략을 활용하라.
- 성과를 축하하고 팀의 사기를 올려라.
- 스스로에게 묻는 3가지 질문.
- 지속 가능한 다음 여정을 설계하라.

---
### 감사의 말
---

많은 사람의 도움으로 이 책을 완성할 수 있었다. 나는 말로 표현할 수 없을 만큼 감사함을 느낀다(만약 내가 여기서 누군가에 대한 언급을 빠뜨렸다면, 그것은 실수로 인한 것이다).

코건 페이지Kogan Page 출판사의 편집국장인 캐시 스웨이는 이 책을 쓰도록 나를 초대했고 처음부터 영감을 주었다. 우리가 나눈 초기의 대화는 서론에 자세히 언급되어 있다. 그래픽을 담당한 에릭 베크만은 깔끔하고 효과적인 디자인에 대한 탁월한 안목을 보여주었다. 데이빗 레비, 낸시 월러스, 마리아 캔필드, 헤더 우드 그리고 오랜 동료 데비 한은 모두 편집과 교정 작업에 기여했다.

고객 경험 분야에서 떠오르는 스타이자 가장 빛나는 인물 중 한 명인 네이트 브라운은 이 책에 엄청난 영향을 끼쳤다. 그는 9장에서 언급된 친구로, 저지마이크 식당에서 나에게 점심을 빚지고 있지만, 그의 통찰력과 공헌에 나는 훨씬 더 많은 빚을 지고 있다. 레베카 깁슨 역시 중요한 의견을 제공했다. 나는 레베카와 수년간 함께 일했고 그녀는 우리가 많은 결승선을 통과하도록 도왔다. 그녀와 함께했기에 항상 더 나은 결과를 얻을 수 있었다.

각각 중요한 기여를 해주신 크리스틴 앨런과 밥 앨런, 제이미 베이커, 맷 벡위드, 로리 보크룬트, 로라 그라임스, 제이 미누치, 저스틴 로빈스, 제프 토이스터 앨런 와이스에게도 감사의 말을 전한다. 사례 중 하나에 대한 의견을 주신 로리에게 특별한 감사를 드린다. 비범한 리더이자 친구인 데이브 워튼은 초안을 검토해 주었다. 수년간 고객 경험에서 영감을 얻은 마이카 솔로몬도 격려를 아끼지 않았다. 로리 프로는 흔쾌히 5장에서 소개할 이야기를 공유해주었다. 콘텐츠 매니저인 스콧 밀래드는 Linked In Learning 강사로서 전 세계 청중에게 고객 경험의 원칙들을 전달할 수 있는 기회를 계속 열어주고 있다.

서문을 써준 스콧 맥케인은 내가 더 나은 작가, 연설가, 컨설턴트, 그리고 인격이 되도록 항상 도움을 주었다. 그는 이 책의 모든 장을 검토하는 과정에서 도움되는 의견들을 제시해 주었다. 그가 나의 친구라는 사실에 깊이 감사한다.

출간 전 책을 검토해주신 모든 분들께 감사를 드린다. 나는 내가 어떤 분들께 이런저런 부탁을 드렸는지 일일이 확인했다 - 모두가 나와 내 경력에 영향을 끼쳤다. 알파벳 순서로:

에어튜터스Air Tutors의 설립자이자 CEO인 하산 알리는 모든 연령대의 학생들이 성공할 수 있도록 돕는 놀라운 조직을 만들었다.

데브라 벤트손 박사는 주요한 원칙을 배우고 적용하는 데 있어 팀을 어떻게 참여시키는지에 대한 뛰어난 사례를 보여준다.

진 블리스는 고객 경험 전문가의 진정한 개척자다. 그녀의 조언을 구하는 나를 포함한 모든 사람들은 고객 경험에 대해 더 현명해진다.

나의 친구이자 존경받는 정기주 교수는 한국과 전 세계의 리더 중 한 명이다.

캐년바이크Canyon Bicycles USA의 회장 블레어 클라크는 이러한 원칙들을 알고 있기 때문에, 경쟁이 치열한 시장에서 회사의 급성장을 이루고 있다.

맷 클락은 호주 정부 내에서 고객 중심의 변화를 주도하고 있는 매우 헌신적인 리더 중 한 명이다.

제니 뎀프시의 고객 경험에 대한 모든 열정은 나와 많은 사람들에게 영감을 주고 있다.

타라 깁은 내가 설립을 도왔던 ICMI International Customer Management Institute의 소장을 맡고 있으며, 항상 영감을 주는 그녀와 ICMI 커뮤니티와 함께 계속 일하는 것은 매우 영광스러운 일이다.

세스 고딘은 나에게 엄청난 영향을 끼쳤다. 나는 수년간 그의 작품으로부터 혜택을 얻었고 그의 의견을 들을 수 있어서 영광이다.

존 굿맨은 현명하고 근거 있는 조언을 주는 친구이자 동료 작가이다.

피터 헨드릭스는 모든 사람이 본받을 만한 리더다. 그는 항상 듣고, 관심을 기울이고, 일을 완수한다.

피에르 마르끄 자스민은 우리와 같은 직업에 종사하는 많은 사람들에게 긍정적인 영향을 끼친 카리스마 있는 리더이다.

도미닉 키내건은 수년간 중동의 고객 경험 분야를 이끌었고, 그와 함께 일하는 것은 특권이다.

라디오플라이어 Radio Flyer의 CEO인 로버트 패신 Robert Pasin은 내가 아는 가장 자상하고 선견지명이 있는 지도자 중 한 명이다.

돈 페퍼스는 CRM 운동을 시작하는 데 기여했고, 그의 작품은 계속해서 지침의 빛이 되고 있다. 그는 나의 경력 내내 깊은 영향을 끼쳤다.

마크 샌본은 내가 생각하는 리더십에 대해 가장 영감을 주는 작가이자 연설가다. 나는 그의 의견에 매우 감사한다.

애나 토이카와 오드 매그너스 바스태드는 북유럽의 시장을 선도하는 보험 회사인 이프If의 리더들이다. 이들이 구현한 문화는 내가 여태껏 봐온 가장 참여적이고 긍정적인 문화 중 하나다.

제프 토이스터는 재능 있는 연설가이자 작가이며, 수년간 나에게 없어서는 안 될 조언을 해 준 친구이기도 하다.

유년기를 함께 보낸 세 명의 친구와 나는 적어도 일 년에 한 번은 모이려고 노력한다. 마이크 퍼렐, 마이크 멜런신, 랜디 밀스는 1장의 초안을 검토해 주었다. 나는 그들이 솔직하게 말해 줄 것임을 알았다. 그들의 격려, 긍정적인 피드백, 그리고 지속적인 우정에 감사한다.

부모님의 사랑과 격려에 감사드린다. 아버지 더그는 이 책과 내 경력의 기초가 된 커뮤니케이션에 대한 관심을 불러일으키는 데 중요한 역할을 했다. 애니는 놀라운 어머니다. 친절하고, 상냥하고, 현명하다. 이 책은 나의 어머니, 애니에게 헌정되었다.

마지막으로, 아내 커스틴과 현재 18세인 우리 딸 그레이스에게 깊이 감사한다.

나는 이 책의 초안을 드라이브 여행 중에 그들에게 읽어주었다. 한 마디 한 마디. 10시간 동안 책을 읽었다. 커스틴과 그레이스가 교대로 운전하는 동안 나는 뒷좌석에 앉아 큰 소리로 책을 읽었다. 아내와 딸은 명확성, 흥미 요소 및 유용성에 대한 의견을 주었다. 결코 만만한 사람들이 아닌 그들의 전반적인 평가는 "훌륭해!"였다. 이 말은 내가 가장 중요하게 생각한 피드백이었다.

# 참고문헌

1. Bliss, J (2015) Chief Customer Officer 2.0: How to build your customer-driven growth engine, Jossey-Bass, United States

2. Brown, N (2019) Developing a customer-centric culture, ICMI

3. Byrne, A and Womack, J (2012) The Lean Turnaround: How business leaders use lean principles to create value and transform their company, McGraw-Hill Education, United States

4. Carlzon, J (1989) Moments of Truth, Harper Business, United States

5. Christoffersen, T (2020) Memorable onboarding for new hires, the Zappos way, Zappos

6. Cleveland, B (2019) Contact Center Management on Fast Forward: Succeeding in a new era of customer experience, ICMI Press, United States

7. Collins, J (2001) Good to Great, Harper Business, United States

8. Deming, W E (1982) Out of the Crisis, MIT Press, United States

9. Denning, S (2011) The Leader's Guide to Storytelling: Mastering the art and discipline of business narrative, Jossey-Bass, United States

10. Dixon, M, Toman, N and DeLisi, R (2013) The Effortless Experience: Conquering the new battleground for customer loyalty, Portfolio, United States

11. Drucker, P F (2002) The Discipline of Innovation, Harvard Business School Publishing, United States

12. Goler, L, Gale, J, Harrington, B and Grant, A (2018) Why people really quit their jobs, Harvard Business Review

13. Goodman, J (2014) Customer Experience 3.0, AMACOM, United States

14. Harter, J (2020) 4 factors driving record-high employee engagement in U.S., Gallup

15. Home Depot (2002) Tree House (Online video)

16. Kober, J (nd) Disney's Four Keys To A Great Guest Experience, Disney at Work

17. Markey, R (2019) Are you undervaluing your customers?, Bain and Company
18. McCaskill, A (2015) Recommendations from friends remain most credible form of advertising, Nielsen
19. National Business Research Institute (2012) Employee Engagement + Customer Satisfaction = Financial Performance
20. Pink, D H (2009) Drive: The surprising truth about what motivates us, Riverhead Books, United States
21. Poon, A (2004) Poor service standards: 85% of Singapore call centres mismanaged, The Straits Times, p A17
22. Qualtrics XM Institute (2017) Employee Engagement Benchmark Study, 2017
23. Qualtrics XM Institute (2019) The State of Customer Experience Management, 2019
24. Ramesh, R (2019) AI & You: How to think, transform, and thrive in an artificial intelligence future, Wise Media Group, United States
25. Razeghi, A (2019) Business According to Chuck: The leadership of Charles Schwab, American Management Association
26. Schwartz, B (2015) Why We Work, Simon & Schuster, United States
27. Schwantes, M (2017) Steve Jobs once gave some brilliant management advice on hiring top people, Inc.
28. The Finnegan Institute (nd) Stay Interview Certification Courses and Learning Modules
29. Thompson, B (2018) An inconvenient truth: 93% of customer experience initiatives are failing, Customer Think
30. Thompson, S (2018) Delivering remarkable experiences is how you win more customers, Entrepreneur
31. Undercover Boss, CBS, 7 February 2010 to present
32. Welch, J (2015) Three ways to take your company's pulse, LinkedIn
33. Wyndham Hotels & Resorts (2020) Our Awards
34. Zwillich, T (2019) The Man Who Knew the Way to the Moon, Audible Originals, United States

── 용어 해설 ──

| | |
|---|---|
| **24/7** | 연중무휴로 운영되는 비즈니스(하루 24시간, 일주일 내내). |
| **B2B** Business-to-Business | 기업 간의 비즈니스 또는 상호 작용. |
| **B2C** Business-to-Consumer | 기업과 소비자 간의 비즈니스 또는 상호 작용. |
| **C-레벨** | 최고 경영자(CEO), 최고 재무 책임자(CFO), 최고 운영 책임자(COO) 등 최고위 리더 직책. 최고 고객 책임자(CCO)는 고객 경험 관리를 감독. |
| **CES** (고객 노력 지수) | 고객이 문제를 해결하는 데 얼마나 용이했는지를 평가하는 설문 조사를 기반으로 한 고객 만족도 지표. 일반적으로 "매우 어려움"에서 "매우 쉬움"까지 7점 척도로 측정. |
| **CIO** (최고 정보 책임자) | 조직의 정보 시스템을 책임지는 최고 책임자의 일반적인 직함. |
| **CLE** (고객 생애 예상 가치) | 평균 고객 수명. 고객이 조직과 관계를 맺거나 활동하는 평균 시간(일, 월, 년 단위)을 의미. |
| **CLV** (고객 생애 가치) | 고객이 조직과 상호 작용할 가능성이 있는 전체 기간 동안 해당 고객이 조직에 제공하는 가치를 나타냄. |
| **CRM** (고객 관계 관리) | 고객과 조직 간의 관계를 전체적으로 발전시키는 프로세스. 고객으로서의 이력, 조직과의 비즈니스 깊이와 폭, 기타 요소를 고려해야 함. |
| **CX** (고객 경험) | 제품, 서비스, 프로세스, 정책, 기대치 및 기타 요소를 포함하여 고객이 조직과 맺는 모든 경험을 의미. 더 구체적으로, 고객 경험은 잠재 고객 또는 고객이 조직에 대해 듣는 모든 것, 조직 및 제품/서비스와 맺는 모든 상호 작용, 그리고 궁극적으로 조직에 대해 느끼는 감정을 의미. |
| **CXM** (고객 경험 관리) 플랫폼 | 고객의 소리 데이터를 하나의 시스템으로 통합하고, 구성, 태그 지정, 추세 표시, 점수 설정, 대시보드 생성, 투자 수익률(ROI)을 설명하고, CX 개선에 대한 제안을 제공하는 등 핵심 고객 경험 관리 작업을 수행하도록 설계된 기술 플랫폼. |

| | |
|---|---|
| EX (직원 경험) | 고객 경험과 유사하지만 직원을 대상으로 함. 직원이 조직과의 전체적인 상호 작용을 어떻게 인식하는지를 나타냄. |
| FCR (최초 접촉 해결) | 최초 상호 작용에서 완료까지 처리되는 연락의 비율. 고객이 조직에 다시 연락할 필요가 없으며 조직 내 누구도 후속 조치를 취할 필요가 없음. |
| FTE (정규직 상당) | 스케줄링 및 예산 책정에서 사용되는 용어로, 예정된 시간 수를 전체 근무 시간으로 나눈 값. 여러 파트타임 상담원의 시간은 1 FTE로 합산될 수 있음. |
| IT (정보 기술) | 컴퓨터 및/또는 통신 시스템 및 기술, 또는 이러한 시스템을 개발 및 관리하는 직업을 나타내는 일반적인 용어. |
| IVA (지능형 가상 비서) | 인간의 대화를 에뮬레이트하고 고객 서비스, 기술 지원, 마케팅 및 기타 애플리케이션에 사용되는 봇. 이 용어는 종종 고급 챗봇 애플리케이션을 설명하는 데 사용됨. |
| IVR (대화형 음성 응답) | IVR 시스템은 기존 컴퓨터가 키 입력 또는 마우스 클릭에 응답하는 방식과 매우 유사하게 발신자가 입력한 숫자 또는 음성 인식에 응답함. IVR이 데이터베이스 애플리케이션과 통합되면 고객은 데이터베이스와 상호 작용하여 현재 정보 (예: 계정 잔액)를 확인하고 거래 (예: 계정 간 이체)를 완료할 수 있음. |
| KPI (핵심 성과 지표) | 성과에 대한 높은 수준의 측정 지표. 일부에서는 KPI를 부서 또는 부서에서 가장 중요한 단일 측정 지표로 해석함. 그러나 일반적으로 대부분의 조직에는 여러 KPI가 있음. |
| KM (지식 관리) | 직원이 "바퀴를 재발명"할 필요가 없도록 조직의 지식 자원을 개발하고 활용하는 것. |
| 가망 고객 | 아직 고객이 아닌 잠재 고객. |
| 고객 성공 | 고객이 공급업체의 제품 또는 서비스를 사용하여 목표를 달성하는 데 성공하도록 보장하는 방법 또는 접근 방식. 종종 고객 경험과 상호 교환적으로 사용됨. 그러나 이 용어는 일반적으로 고객이 기술 관련 제품 및 서비스를 사용하는 경우에 사용됨. |
| 고객 옹호 | 고객에게 최선을 다하기 위해 조직이 취하는 조치를 의미하며, 이는 |

|   |   |
|---|---|
|   | 조직에 충성스러운 고객으로 보상하고 조직의 제품 및 서비스에 대한 옹호자 (브랜드 옹호자)가 됨. |
| 고객 여정 | 고객이 조직과 맺는 모든 상호 작용 및 접점. |
| 고객 참여 | 다양한 기능의 조직 이해 관계자가 고객의 니즈를 이해하고 비즈니스 관계를 강화하기 위해 함께 노력하는 것. |
| 고객 충성도 | 일반적으로 고객의 재구매 행동, 재구매 의사 또는 조직 추천 의사 측면에서 정의. |
| 고객 페르소나 | 비즈니스가 제공하거나 목표로 하는 다양한 고객 세그먼트에 대한 서면 및 그래픽 표현. |
| 고객 만족도 | 고객이 조직 및 조직의 제품과 서비스에 대해 갖는 만족도 수준. |
| 고객 세분화 | 차별화된 마케팅, 관계 및 서비스 전략을 적용하기 위해 고객에 대해 알고 있는 것을 기반으로 고객을 그룹화하는 프로세스. |
| 고객 센티멘트 | 제품, 서비스 및 조직에 대해 고객이 느끼는 감정을 반영함. 다양한 유형의 피드백 분석을 통해 추적할 수 있는 고객 센티멘트 지표를 생성함. |
| 고객 접근 전략 | 고객이 조직과 상호 작용하는 방식을 정의하는 전체 전략. ICMI에 따르면 "고객과 조직이 상호 작용하고 필요한 정보, 서비스 및 전문 지식에 액세스할 수 있도록 하는 수단을 설명하는 일련의 표준, 지침 및 프로세스"임. |
| 고객 접촉 기록 | 고객과 조직 간의 상호 작용 기록으로, 일반적으로 고객 정보 시스템에 기록되고 저장됨. |
| 관리 차트 | 프로세스의 변화에 대한 정보를 제공하는 품질 도구. |
| 거점 | 조직이 사업을 운영하는 물리적 시설(온라인과 반대). |
| 거버넌스 | 고객 경험 목표, 표준, 정책 및 우선 순위를 감독하는 프레임워크 및 팀. |
| 경력 경로 | 경력 경로는 부서 또는 조직 내에서 체계적인 발전 기회를 통해 개별 직원의 개발을 안내함. |
| 계층 구조 | 기업의 운영 및 관리 구조. |

| 고유 가치 | 조직이 직원, 고객 및 공급 업체와 비즈니스를 수행하는 방식을 결정하는 일련의 원칙. |
|---|---|
| 공동 탐색 | 상담원과 고객이 웹 페이지를 동시에 보고 탐색 및 데이터 입력을 공유할 수 있는 기능. |
| 교차 판매 | 현재 고객에게 추가 제품 또는 서비스를 제공하는 제안 판매 기술. |
| 구축 요소 | 조직의 고객 경험을 지원하는 요소. |
| 대시보드 | 중요한 KPI 및 지원 지표를 이해하기 쉬운 그래픽으로 보고함. |
| 데이터 마이닝 | 일반적으로 추세 및 인과 관계를 식별하는 등 데이터를 분석하기 위해 분석 기능을 사용하는 것을 의미함. |
| 디지털 전환 | 효율성을 개선하고 고객과 직원을 위한 새롭거나 더 나은 경험을 창출하기 위해 디지털 기술을 활용하는 것. |
| 리스크 | 특정 이벤트가 발생할 가능성 및 해당 이벤트의 잠재적 영향. |
| 로봇 프로세스 자동화 RPA | 소프트웨어 "로봇"을 사용하여 반복적인 작업을 자동화하는 기술. |
| 마케팅 | 제품 또는 서비스를 홍보하고 판매하는 프로세스. |
| 메타버스 | 물리적 세계와 디지털 세계가 융합된 가상 현실의 세계. |
| 목표 | 특정 기간 내에 달성하고자 하는 구체적인 결과. |
| 모범 사례 best practice | 많은 조직 또는 상황에서 옳거나 가장 효과적인 것으로 입증된 관행 또는 절차. |
| 브랜드 | 회사의 제품, 서비스 또는 조직에 대한 고객의 전반적인 인식. |
| 브랜드 옹호자 | 회사의 제품 또는 서비스를 옹호하고 홍보하는 고객. |
| 빅 데이터 | 소프트웨어 도구를 사용하여 특정 문제 또는 변수에 대한 추세, 연관성 또는 통찰력을 식별하기 위해 분석할 수 있는 대규모 데이터 세트. |
| 비용 편익 분석 | 잠재적 프로젝트의 가치를 프로젝트 구현과 관련된 비용과 비교하는 프로세스를 설명하는 데 사용되는 용어. |
| 비용 센터 | 이익을 창출하지 않는 조직의 부서 또는 기능을 나타내는 회계 용어. |
| 비용/편익 분석 | 잠재적 프로젝트의 가치를 프로젝트 구현과 관련된 비용과 비교하는 |

| | |
|---|---|
| | 프로세스를 설명하는 데 사용되는 용어. |
| 상향 판매 | 고객에게 더 비싼 버전의 제품 또는 서비스를 판매하는 기술. |
| 성과 | 목표 달성 정도. |
| 성과 표준 | 성과를 평가하는 데 사용되는 측정 기준. |
| 소셜 미디어 | 사용자가 콘텐츠를 만들고 공유할 수 있는 온라인 플랫폼. |
| 수익 센터 | 조직에서 이익을 창출하는 부서 또는 기능. |
| 스킬 경로 | 특정 직무에 필요한 기술을 개발하기 위한 교육 및 경험의 순서. |
| 실패 비용 COF | 품질이 낮은 제품 또는 서비스로 인해 발생하는 비용. |
| 엔드 투 엔드 End-to-End | 처음부터 끝까지 전체 프로세스를 포괄하는 것. |
| 예측 정확도 | 실제로 발생한 것과 비교하여 예측의 정확도를 측정하는 공식. |
| 옴니채널 | 고객이 다양한 채널 (예: 웹사이트, 앱, 소셜 미디어)을 통해 원활하게 상호 작용할 수 있는 고객 서비스 전략. |
| 완전 고용 | 이용 가능한 모든 노동 자원이 사용되는 경제 상황. |
| 웹사이트 | 인터넷에서 액세스할 수 있는 페이지 모음. |
| 워크플로우 | 작업이 완료되는 순서. |
| 위험 | 특정 이벤트가 발생할 가능성 및 해당 이벤트의 잠재적 영향. |
| 유지율 | 특정 기간 동안 유지되는 고객의 비율. |
| 이탈률 (고객) | 고객 이탈이라고도 함. 주어진 기간 동안 손실된 고객의 비율. |
| 인공 지능 AI | 의사 결정, 음성 인식 및 번역 등에서 인간의 지능을 시뮬레이션하는 컴퓨터 시스템. |
| 인터넷 오브 씽즈 IoT | 세탁기, 초인종, 냉장고와 같은 일상적인 물건으로 인터넷 연결을 확장하는 것. |
| 자동화 | 인간의 개입 없이 작업을 수행하는 기술. |
| 자동 응답 | 전화 통화에 자동으로 응답하는 시스템. |
| 장애 | 의도된 기능에서 벗어나는 모든 것. |

| 재해 복구 | 재해 발생 시 비즈니스 운영을 복원하는 프로세스. |
|---|---|
| 적용 | 새로운 기술 또는 프로세스를 사용하는 프로세스. |
| 전략 | 목표를 달성하기 위한 계획. |
| 전화 회신 | 고객에게 다시 전화하는 프로세스. |
| 정보 | 사실, 수치 또는 기타 데이터의 모음. |
| 정보 기술IT | 컴퓨터 및 통신 시스템과 기술을 모두 나타내는 일반적인 용어. |
| 정량적 | 숫자로 표현할 수 있는 것. |
| 정성적 | 숫자로 표현할 수 없는 것. |
| 제조 | 상품을 생산하는 프로세스. |
| 제품 | 판매할 수 있는 상품 또는 서비스. |
| 직무 설명 | 특정 일자리의 기능, 책임 및 요구 사항에 대한 개요. |
| 직무 역할 | 조직 내 특정 직위와 관련된 기능 또는 책임. |
| 직원 참여 | 직원이 조직과 자신이 하는 일에 갖는 열정 또는 감정적 헌신을 정량적으로 표현한 것. |
| 직원 옹호자 | 브랜드 옹호자인 고객과 유사하게 자신이 일하는 회사를 홍보하고 옹호하는 직원. |
| 직원 이직 | 회사를 떠나는 직원의 수. |
| 직원 이직률 | 주어진 기간 동안 회사를 떠나는 직원의 비율. |
| 지불 거절 | 판매자가 지불을 받기 전에 구매자가 신용 카드 거래에 이의를 제기하는 것. |
| 지표 | 성과를 측정하는 데 사용되는 값. |
| 채널 | 고객이 조직과 상호 작용하는 방법. |
| 챗봇 | 텍스트 또는 음성 명령을 통해 인간 사용자와 대화할 수 있는 채팅 로봇. |
| 코칭 모델 | 상담원, 코치 및 관리자의 기대를 설정하고 코치가 책임을 지도록 유지하는 성과에 대한 지속적인 피드백을 개인에게 제공하는 체계적인 |

| | 접근 방식. |
|---|---|
| 협업 도구 | 사용자 그룹이 쉽게 통신하고 정보를 공유할 수 있도록 하는 광범위한 기술 |
| 기능·품질 표준 | 성과를 평가하는 데 사용되는 측정 기준. |
| 해시태그 | 소셜 미디어에서 해시 기호 (#)가 앞에 오는 단어 또는 구문으로, 사용자가 그룹 또는 주제를 찾거나 정렬하거나 식별할 수 있음 (예 : #고객경험). |
| 현장 | 조직이 사업을 운영하는 물리적 위치. |

# 경험 설계자
고객을 끌어당기는 입소문 전략

**초판 발행** 2025년 6월 18일
**펴낸곳** 유엑스리뷰
**발행인** 현호영
**지은이** 브래드 클리브랜드
**옮긴이** 윤태수
**편집** 이유리
**디자인** 이하나
**주소** 서울특별시 마포구 월드컵북로58길 10, 더팬빌딩 9층
**팩스** 070.8224.4322

ISBN 979-11-94793-08-3

Leading the Customer Experience
ⓒ Brad Cleveland, 2025
This translation of Leading the Customer Experience is published by arrangement with Kogan Page.

이 책의 한국어판 저작권은 골드스미스와 Kogan Page의
독점계약으로 한국 내에서 보호를 받습니다.
무단전재 및 복제를 금합니다.

* 출판사의 허가 없이 본 도서를 편집 또는 재구성할 수 없습니다.
* 잘못 만든 책은 구입하신 서점에서 바꿔 드립니다.

좋은 아이디어와 제안이 있으시면 출판을 통해 가치를 나누시길 바랍니다.
uxreviewkorea@gmail.com